# 从零开始玩转
# 活动策划

张宇微 / 等编著

電子工業出版社
Publishing House of Electronics Industry
北京•BEIJING

## 内 容 简 介

本书以还原真实操作情境为主，深度剖析线上线下活动主题、活动流程、活动备选方案、活动策划原则，以及各类型活动、各行业活动、线上线下联动活动的策划方法、要注意的问题，并给予详细讲解，让你从活动策划小白变成活动策划老手。

本书侧重于讲解活动实操方法，还原真实情境，让阅读者能够感同身受、学完就用，遇到问题时便于及时查阅解决办法。本书内容共鸣感强、实战性强、可借鉴性强，符合现代市场工作需要。

本书实用性强，既是活动策划新人的入行宝典，又是职场老手的借鉴用书，更可以帮助企业家快速明白活动策划之道，解决传统企业常见的棘手问题。



**图书在版编目（CIP）数据**

从零开始玩转活动策划 / 张宇微等编著. —北京：电子工业出版社，2018.4

ISBN 978-7-121-33536-5

Ⅰ. ①从… Ⅱ. ①张… Ⅲ. ①活动—组织管理学Ⅳ. ①C936

中国版本图书馆 CIP 数据核字（2018）第 013647 号

策划编辑：高洪霞
责任编辑：牛 勇　　　　特约编辑：赵树刚
印　　刷：北京七彩京通数码快印有限公司
装　　订：北京七彩京通数码快印有限公司
出版发行：电子工业出版社
　　　　　北京市海淀区万寿路 173 信箱　　邮编：100036
开　　本：720×1000　1/16　印张：17　字数：326.4 千字
版　　次：2018 年 4 月第 1 版
印　　次：2023 年 2 月第 12 次印刷
定　　价：69.80 元

凡所购买电子工业出版社图书有缺损问题，请向购买书店调换。若书店售缺，请与本社发行部联系，联系及邮购电话：（010）88254888，88258888。

质量投诉请发邮件至 zlts@phei.com.cn，盗版侵权举报请发邮件到 dbqq@phei. com.cn。

本书咨询联系方式：010-51260888-819，faq@phei.com.cn。

# 前言

在与客户沟通活动策划需求时，你是否也因为没有“爆点”而被婉拒？为了举办好一场活动，你是否也曾因为活动场地而挠头？当活动现场出现突发事件时，你是否也曾束手无策？面对传统企业遇到的瓶颈与困难，你是否也曾感到无助？现在，这一系列问题都有了答案。

本书将从活动前期筹备、活动步骤、活动主题、活动流程、活动地点的选择、活动备选方案、活动策划原则等方面帮助你认清企业现状，做好活动策划，搞清各行业、各类型活动策划的重点与细节，让你从活动策划门外汉迅速成长为活动策划高手。

现在，新媒体时代已然来临，是不是也曾有客户问过你：“你们如何在活动中融合互联网+？”在工作中，是不是总被老板抱怨传统活动没新意，想要与线上活动相结合？不懂新媒体和互联网的你，是不是感觉活动策划越来越难，工作起来越来越没动力？

不用着急，本书笔者结合海量实操经验，深度分析现代活动策划中所遇到的问题，帮助你迅速了解新媒体和线上活动，策划出迎合时代发展潮流的 O2O 活动，让你成为新媒体时代必不可少的活动策划高手。

## 本书特色

（1）共鸣感强。本书内容全部依托实操经验，总结分析操作痛点，代入感强，能够解决实际问题。

（2）实操性强。本书所有案例皆源自一线工作实操，逐个分析讲解，让阅读者能够还原于工作中，拿来就用。

（3）与时俱进。新媒体时代已经来临，原有活动策划方案已经无法满足现代企业的需求。无论线上活动还是线下活动，都势必面临改革与融合。本书依托实操经验，解决你遇到的棘手问题，让你在工作中游刃有余。

（4）通俗易懂。本书运用浅显易懂的语言阐述专业营销策划奥义，帮助你快速从活动策划小白变成活动策划老手。

## 本书内容及体系结构

**第 1 章：如何做好活动策划前的筹备工作**

本章着重讲解活动策划前的筹备工作，帮助你明确发起活动的原因，迅速了解企业现状，梳理企业现有资源，学会人员调度，确认活动载体，做好活动排期，进而为后续的活动策划与执行做好充分准备。

**第 2 章：活动策划的步骤**

本章将着重讲述活动目的、成本计算、团队架构搭建、活动时长安排、活动构思、明确活动细节等问题，旨在教会职场新人活动策划的步骤，让你快速发起活动，梳理清楚活动细节，为活动执行做好准备。

**第 3 章：如何确定活动主题**

在策划活动时，有很多人都会纠结活动主题该如何确定，总感觉主题没有创意。一旦企业一整年做了多个活动，又会陷入思维枯竭的尴尬窘境。那么，你知道活动主题到底该如何确定吗？本章根据过往实操经验，总结了 13 种确定活动主题的思路方法，帮助你轻松打破思维壁垒，想出中意的活动主题。

**第 4 章：如何安排活动流程**

紧凑的活动流程是一个活动能否成功举办的关键。在本章，笔者凭借多年实战经验，总结了一套活动流程的敲定方法，告诉你活动时长、活动各模块时长、活动内容等该如何安排，帮助你做好活动推演，使活动内容安排得更加合理。

**第 5 章：如何选择活动地点**

活动地点的选择，有时候也会决定一个活动能否成功举行。在本章，笔者就来告诉你活动地点该如何选择，教给你根据活动类型选择合适的活动地点，使整个活动达到事半功倍的效果。

**第 6 章：活动中增加客户逗留时长的方法**

企业在发布活动时经常会遇到“参与者众多，但逗留时间不长”的尴尬局面，从而导致企业的整个活动都在向参与者反复介绍企业与品牌，无法与参与者产生情感互动和逼单。在本章，笔者就来教你活动中增加客户逗留时长的方法，进而提高活动的成交率。

**第 7 章：如何确定活动备选方案**

在活动的执行过程中，往往会出现这样或者那样的意外和突发事件，那么当这些事情来临的时候，你知道该如何解决吗？本章从时间、场地、安保、人员、物料、后勤、责任规避等多方面来为你详细讲解，告诉你设置应激计划的必要性，以及该如何针对上述细节设置应激计划。

**第 8 章：活动策划的原则**

如果想让一个活动成功举办，那么也要遵循一定的原则。在本章，笔者根据海量实操经验，为你总结了举办活动时所必须遵守的一些原则，帮助你从活动小白快速成长为活动老手，策划出可以落地、便于执行、切实具备营销力的活动。

**第 9 章：如何策划不同类型的活动**

就像世界上永远无法找到相同的两片叶子一样，不同类型的活动也有着不同的侧重点。在本章，根据不同的活动类型，为你详细讲解它们的侧重点，帮助你迅速了解不同活动类型所对应的侧重点，使你在活动策划中游刃有余。

**第 10 章：如何策划不同行业的活动**

活动并非千篇一律，不同行业的活动，策划的方式也不尽相同。作为企业家，我们该如何策划出符合自己行业特点的活动呢？在策划本行业活动的同时又该注意哪些问题呢？在本章，笔者根据多年实操经验，为你针对不同行业总结了不同的活动侧重点，帮助你快速熟络本行业的活动策划方法，策划出具备行业特色的活动。

**第 11 章：传统行业如何通过发起活动进行自救**

现代商海危机四伏，稍不注意就会落入竞争对手的圈套。当企业陷入危机、面临各种诋毁和挤对时，当企业面临信任危机时，你知道该如何处理吗？在本章笔者根据实操经验，教给你传统企业该如何通过活动进行自救。

**第 12 章：传统企业展开 O2O 活动时如何突出优势**

随着时代的发展，O2O 活动正被广泛应用。作为传统企业来讲，在展开 O2O 活动时该如何突出优势，刺激参与者到店体验呢？本章从传统店铺的服务、环境卫生、文化氛围等多方面为你进行详细总结，帮助你弄清自身优势，赢在 O2O 时代。

**第 13 章：哪些线上活动可以与线下活动相结合**

在新媒体时代，每个企业都离不开互联网。因此，就传统企业而言，学会线上线下相结合就显得尤为重要。那么，到底有哪些线上活动可以与线下活动相结合，进而使大众拥有眼前一亮的感觉呢？本章就来教给你几个小活动技巧，帮助你快速融入现代市场。

**第 14 章：传统企业展开 O2O 活动时应注意的问题**

当传统企业开始试水 O2O 活动时，难免会出现这样或者那样的问题。当问题来临时，我们又该如何应对呢？在本章，笔者根据实操经验，从微信公司选择、客服人员培训、突发事件处理等多方面来为你进行详细讲解。

**第 15 章：举办活动时应注意的其他问题**

众所周知，良好的体验是参与者能否长时间逗留在活动现场的关键。就算企业在活动开始之前进行了精心的策划和布置，也难免会出现这样或者那样的纰漏。本章针对登记参与人员信息、设置茶水区域、选取小礼品等多方面为你详解举办活动时其他应注意的问题，让你的活动圆满举办。

本书主要由张宇微编著，其他参与编写的人员还有张昆、张友、赵桂芹、张金霞、张增强、刘桂珍、陈冠军、魏春、张燕、孟春燕、项宇峰、李杨坡、张增胜，在此表示感谢。

# 目　录


第 1 章　如何做好活动策划前的筹备工作..........1
1.1　明确策划活动的原因..........2
1.1.1　策划活动的原因..........2
1.1.2　利用表格解析策划活动的原因..........3
1.1.3　案例：以王经理的软装公司为例剖析策划活动的原因..........4
1.2　针对企业运营现状进行分析..........4
1.2.1　如何针对企业运营现状进行分析..........4
1.2.2　图解企业运营现状分析..........5
1.2.3　案例：以方经理的熟食店为例解析企业运营现状分析..........6
1.3　梳理企业现有资源..........7
1.3.1　如何梳理企业现有资源..........7
1.3.2　利用表格解析企业现有资源的梳理..........7
1.3.3　案例：以 HK 公司为例解析企业现有资源的梳理..........8
1.4　制定活动预算..........9
1.4.1　如何制定活动预算..........9
1.4.2　利用公式详解活动预算的制定..........9
1.4.3　案例：以李经理的办公用品公司为例解析活动预算的制定..........10
1.5　抽调活动参与人员..........10
1.5.1　如何抽调活动参与人员..........11
1.5.2　抽调活动参与人员时应注意的问题..........11
1.5.3　案例：以王经理的牛奶公司为例解析如何抽调活动参与人员..........12

1.6 敲定邀请嘉宾/团队......13
1.6.1 如何敲定邀请嘉宾/团队......13
1.6.2 利用表格详解邀请嘉宾/团队的敲定......14
1.6.3 案例：以吴经理的酒会为例详解如何敲定邀请嘉宾/团队......14
1.7 选择适宜的活动时间......15
1.7.1 如何选择适宜的活动时间......15
1.7.2 选择适宜的活动时间时应注意的问题......16
1.7.3 案例：以李经理的玩具公司为例解析如何选择适宜的活动时间......16
1.8 确定活动载体......17
1.8.1 如何确定活动载体......17
1.8.2 确定活动载体时应注意的问题......18
1.8.3 案例：以张经理的教育公司为例解析活动载体的确定......18
1.9 做好活动前的宣传工作......19
1.9.1 如何做好活动前的宣传工作......19
1.9.2 做好活动前的宣传工作应该注意的问题......20
1.9.3 案例：以王经理的科技公司为例解析如何做好活动前的宣传工作......20
1.10 制定活动排期规划表......21
1.10.1 如何制定活动排期规划表......21
1.10.2 制定活动排期规划表应注意的问题......22
1.10.3 案例：以阮经理的食品促销活动为例解析活动排期规划表的制定......23
**第 2 章 活动策划的步骤......24**
2.1 确定策划活动的目的......25
2.1.1 策划活动的目的......25
2.1.2 如何根据策划活动的原因找出策划活动的目的......25

2.1.3 案例：以张经理的果品公司为例解析如何确定策划活动的目的 ........ 26
2.2 计算活动所需成本 ........ 26
2.2.1 如何计算活动成本 ........ 26
2.2.2 活动成本计算清单 ........ 27
2.2.3 案例：以王经理的展会活动为例解析如何计算活动成本 ........ 27
2.3 搭建活动团队架构 ........ 28
2.3.1 搭建活动团队架构的原则 ........ 28
2.3.2 图解如何搭建活动团队架构 ........ 29
2.3.3 案例：以王经理的茶叶促销会为例解析如何搭建活动团队架构 ........ 29
2.4 合理设置活动总时长 ........ 30
2.4.1 如何合理设置活动总时长 ........ 30
2.4.2 合理设置活动总时长时应注意的问题 ........ 31
2.4.3 案例：以王校长的校园招聘会为例解析如何合理设置活动总时长 ........ 31
2.5 确认活动整体构思 ........ 32
2.5.1 活动整体构思的内容 ........ 32
2.5.2 构思活动时应注意的问题 ........ 33
2.5.3 案例：以刘经理的饮料促销活动为例解析如何确认活动整体构思 ........ 33
2.6 核对活动细节 ........ 34
2.6.1 如何核对活动细节 ........ 34
2.6.2 核对活动细节需要注意的问题 ........ 35
2.7 与各方人员确认预约 ........ 35
2.7.1 如何与各方人员确认预约 ........ 35
2.7.2 与各方人员确认预约时应该注意的问题 ........ 36

**第 3 章 如何确定活动主题 ........ 37**

3.1 节假日依托法 ........ 38

3.1.1 什么是节假日依托法 ........ 38

3.1.2 节假日依托法的优势 ........ 38

3.1.3 节假日依托法的惯用公式 ........ 38

3.1.4 使用节假日依托法应注意的问题 ........ 39

3.1.5 案例：以刘女士的礼品公司为例解析节假日依托法 ........ 39

3.2 自拟节日法 ........ 40

3.2.1 什么是自拟节日法 ........ 40

3.2.2 自拟节日法的优势 ........ 40

3.2.3 自拟节日法的创意思路 ........ 41

3.2.4 使用自拟节日法应注意的问题 ........ 41

3.2.5 案例：以方经理的门业公司为例解析自拟节日法 ........ 42

3.3 故事编排法 ........ 42

3.3.1 什么是故事编排法 ........ 43

3.3.2 故事编排法的优势 ........ 43

3.3.3 故事编排法的惯用公式 ........ 43

3.3.4 使用故事编排法应注意的问题 ........ 44

3.3.5 案例：以王经理的银饰品公司为例详解故事编排法 ........ 44

3.4 促销优惠法 ........ 45

3.4.1 什么是促销优惠法 ........ 45

3.4.2 促销优惠法的优势 ........ 45

3.4.3 使用促销优惠法应注意的问题 ........ 46

3.4.4 案例：以张经理的服装公司为例解析促销优惠法 ........ 46

3.5 公益行动法 ........ 47

3.5.1 什么是公益行动法 ........ 47

3.5.2 公益行动法的优势 ........ 47

3.5.3 公益行动法的惯用撰写思路......48
3.5.4 使用公益行动法时需注意的问题......48
3.5.5 案例：以王经理的教育公司为例解析公益行动法......48
3.6 理念灌输法......49
3.6.1 什么是理念灌输法......49
3.6.2 理念灌输法的优势......49
3.6.3 理念灌输法的惯用撰写思路......50
3.6.4 使用理念灌输法应注意的问题......50
3.6.5 案例：以张经理的素食餐厅为例解析理念灌输法......51
3.7 团建竞赛法......51
3.7.1 什么是团建竞赛法......52
3.7.2 团建竞赛法的优势......52
3.7.3 团建竞赛法的主题撰写模板......52
3.7.4 使用团建竞赛法应注意的问题......52
3.7.5 案例：以刘经理的旅游公司为例解析团建竞赛法......53
3.8 开会展览法......53
3.8.1 什么是开会展览法......54
3.8.2 开会展览法的优势......54
3.8.3 开会展览法的主题撰写模板......54
3.8.4 使用开会展览法应注意的问题......55
3.8.5 案例：以王经理的饺子店为例解析开会展览法......55
3.9 讲座授课法......56
3.9.1 什么是讲座授课法......56
3.9.2 讲座授课法的优势......56
3.9.3 讲座授课法的主题撰写模板......56
3.9.4 使用讲座授课法应注意的问题......57
3.9.5 案例：以王经理的物业公司为例解析讲座授课法......57

3.10 资源对接法 ......58
3.10.1 资源对接法的优势 ......58
3.10.2 资源对接法的主题撰写模板 ......58
3.10.3 使用资源对接法应注意的问题 ......59
3.10.4 案例：以王经理的传媒公司为例解析资源对接法 ......59
3.11 结婚接吻法 ......60
3.11.1 什么是结婚接吻法 ......60
3.11.2 结婚接吻法的优势 ......60
3.11.3 结婚接吻法的主题撰写模板 ......61
3.11.4 使用结婚接吻法应注意的问题 ......61
3.11.5 案例：以张经理的婚庆公司为例解析结婚接吻法 ......61
3.12 关爱孩子法 ......62
3.12.1 什么是关爱孩子法 ......62
3.12.2 关爱孩子法的优势 ......62
3.12.3 关爱孩子法的主题撰写思路 ......63
3.12.4 使用关爱孩子法应注意的问题 ......64
3.12.5 案例：以柳经理的早教机构为例解析关爱孩子法 ......64
3.13 兴趣同好法 ......65
3.13.1 什么是兴趣同好法 ......65
3.13.2 兴趣同好法的优势 ......65
3.13.3 兴趣同好法的主题撰写思路 ......65
3.13.4 使用兴趣同好法应注意的问题 ......66
3.13.5 案例：以王经理的书店为例解析兴趣同好法 ......66
**第 4 章 如何安排活动流程 ......68**
4.1 根据活动时间确定活动模块时长 ......69
4.1.1 活动模块时长的分解 ......69
4.1.2 图解活动模块时长的设置 ......70

4.1.3 案例：以王经理的义演活动为例解析活动模块时长的设定 .... 71
4.2 根据活动目的确定活动内容 .... 71
4.2.1 不同活动目的所适合的活动内容 .... 72
4.2.2 确定活动内容时需注意的问题 .... 72
4.2.3 案例：以王经理的卤制品公司为例解析活动内容的确定 .... 73
4.3 根据企业现状确定宣传方向 .... 74
4.3.1 如何确定企业宣传方向 .... 74
4.3.2 确定企业宣传方向时需注意的问题 .... 75
4.3.3 案例：以方经理的体育用品公司为例解析企业宣传方向的确定 .... 75
4.4 根据媒介资源确定活动样式 .... 76
4.4.1 企业现有媒介资源能够决定活动样式的原因 .... 76
4.4.2 企业该如何依据现有媒介资源确定活动样式 .... 76
4.4.3 案例：以王经理的食品公司为例详解根据媒介资源确定活动样式 .... 77
4.5 根据嘉宾及团体情况设定致辞环节 .... 78
4.5.1 嘉宾致辞环节的设定规则 .... 78
4.5.2 设定致辞环节时应注意的问题 .... 78
4.5.3 案例：以王经理举办的业内交流会为例解析嘉宾致辞环节的设定 .... 79
4.6 通过模拟推演更改活动内容 .... 80
4.6.1 模拟推演的优势 .... 80
4.6.2 模拟推演时应注意的问题 .... 81
4.7 注意活动内容的主次穿插 .... 81
4.7.1 如何使活动内容主次分明 .... 81
4.7.2 使活动亮点突出的技巧 .... 82
4.7.3 案例：以赵经理的楼盘老客户维系活动为例解析活动内容的主次穿插 .... 82

**第 5 章 如何选择活动地点** ......83

5.1 促销类活动地点的选择 ......84

5.1.1 促销类活动的常见地点 ......84

5.1.2 为促销类活动选择活动地点时应注意的问题 ......84

5.1.3 案例：以刘经理的果品促销活动为例解析促销类活动地点的选择 ......85

5.2 会展展览类活动地点的选择 ......86

5.2.1 会展展览类活动的常见地点 ......86

5.2.2 为会展展览类活动选择活动地点时应注意的问题 ......86

5.2.3 案例：以吴经理的书画展为例解析会展展览类活动地点的选择 ......87

5.3 分享讲座类活动地点的选择 ......87

5.3.1 分享讲座类活动的常见地点 ......88

5.3.2 为分享讲座类活动选择活动地点时应注意的问题 ......88

5.3.3 案例：以阮经理的心理健康讲座为例详解分享讲座类活动地点的选择 ......88

5.4 团建竞赛类活动地点的选择 ......89

5.4.1 团建竞赛类活动的常见地点 ......89

5.4.2 为团建竞赛类活动选择活动地点时应注意的问题 ......90

5.4.3 案例：以某运输公司的团建活动为例解析团建竞赛类活动地点的选择 ......90

5.5 儿童成长类活动地点的选择 ......91

5.5.1 儿童成长类活动的常见地点 ......91

5.5.2 为儿童成长类活动选择活动地点时应注意的问题 ......92

5.5.3 案例：以夏经理的婴儿奶粉公司为例详解儿童成长类活动地点的选择 ......92

5.6 宴会晚会类活动地点的选择......93
5.6.1 宴会晚会类活动的常见地点......93
5.6.2 为宴会晚会类活动选择活动地点时应注意的问题......94
5.6.3 案例：以方经理的老客户维系宴会为例解析宴会晚会类活动地点的选择......94
5.7 品牌推广类活动地点的选择......95
5.7.1 品牌推广类活动的常见地点......95
5.7.2 在为品牌推广类活动选择活动地点时应注意的问题......96
5.7.3 案例：以孙经理的A服饰店为例解析品牌推广类活动地点的选择......96
5.8 公益关爱类活动地点的选择......96
5.8.1 公益关爱类活动的常见地点......97
5.8.2 在为公益关爱类活动选择活动地点时应注意的问题......97
5.8.3 案例：以周经理的送书活动为例解析公益关爱类活动地点的选择......98
5.9 根据受众选择活动地点......98
5.9.1 常见的受众与活动地点匹配表......99
5.9.2 根据受众选择活动地点时应注意的问题......99
5.9.3 案例：以郑经理的饮料促销活动为例解析如何根据受众选择活动地点......100

**第6章 活动中增加客户逗留时长的方法......101**

6.1 小服务堆砌......102
6.1.1 可以增加参与者逗留时长的小服务种类......102
6.1.2 通过小服务堆砌增加参与者逗留时长时应注意的问题......103
6.1.3 案例：以冯经理的汽车博览会为例解析小服务堆砌......103
6.2 大师炫技......104
6.2.1 可以增加参与者逗留时长的大师炫技的方法......104

6.2.2 通过大师炫技增加参与者逗留时长时应注意的问题 ......104
6.2.3 案例：以钱经理的方便面促销路演为例解析大师炫技 ......105
6.3 不断抽奖 ......105
6.3.1 如何设定抽奖环节 ......105
6.3.2 设定抽奖环节时应注意的问题 ......106
6.3.3 案例：以李经理的楼盘倾销活动为例解析抽奖环节的设定......106
6.4 名人讲堂 ......107
6.4.1 如何应用名人讲堂法 ......107
6.4.2 使用名人讲堂法留住参与者时应注意的问题 ......107
6.4.3 案例：以王经理的婴儿游泳馆为例解析如何利用名人讲堂法留住意向客户 ......108
6.5 搞定孩子 ......108
6.5.1 在活动中搞定孩子的方法 ......108
6.5.2 使用搞定孩子法留住参与者时应注意的问题 ......109
6.5.3 案例：以史经理的家电促销活动为例解析如何搞定孩子......110
6.6 提供水和食物 ......110
6.6.1 如何为参与者提供水和食物 ......110
6.6.2 在为参与者提供水和食物时应注意的问题 ......111
6.7 比赛竞技 ......111
6.7.1 比赛竞技在实操中如何应用 ......112
6.7.2 使用比赛竞技方法时应注意的问题 ......112
6.7.3 案例：以王经理的乐器公司为例解析如何应用比赛竞技方法......113
6.8 歌舞表演 ......114
6.8.1 如何利用歌舞表演增加参与者的逗留时长 ......114
6.8.2 利用歌舞表演留住意向客户时应注意的问题 ......114
6.8.3 案例：以孙经理的促销活动为例解析歌舞表演......115
6.9 限时优惠 ......115

6.9.1 如何使用限时优惠增加参与者的逗留时长 ......115
6.9.2 使用限时优惠方法时应注意的问题 ......116
6.9.3 案例：以吴经理的宠物用品商店为例解析限时优惠 ......116
6.10 过节庆生 ......117
6.10.1 如何应用过节庆生 ......117
6.10.2 应用过节庆生时应注意的问题 ......117
**第 7 章 如何确定活动备选方案 ......118**
7.1 做好时间应激 ......119
7.1.1 如何做好时间应激 ......119
7.1.2 做时间应激时应注意的问题 ......119
7.1.3 案例：以安经理的酒会为例解析时间应激的必要性 ......120
7.2 做好场地应激 ......121
7.2.1 如何做好活动场地应激 ......121
7.2.2 做活动场地应激时应注意的问题 ......121
7.2.3 案例：以王经理的奶制品促销为例解析活动场地应激 ......122
7.3 做好安保应激 ......122
7.3.1 如何做好安保应激 ......122
7.3.2 做安保应激时应注意的问题 ......123
7.4 做好人员应激 ......124
7.4.1 如何做好人员应激 ......124
7.4.2 做人员应激时应注意的问题 ......124
7.5 做好物料应激 ......125
7.5.1 如何做好活动物料应激 ......125
7.5.2 做物料应激时应注意的问题 ......125
7.5.3 案例：以王经理的图书签售会为例解析活动物料应激 ......126
7.6 做好后勤应激 ......126
7.6.1 如何做好后勤应激 ......127

7.6.2 做后勤应激时应注意的问题......127
7.7 做好责任规避......128
7.7.1 大型活动需要办理的保险种类......128
7.7.2 做责任规避时应注意的问题......128

第 8 章 活动策划的原则......130
8.1 便于实操落地......131
8.1.1 使创意实操落地的方法......131
8.1.2 使创意实操落地时应注意的问题......131
8.2 植入创意......132
8.2.1 如何在活动中植入创意......132
8.2.2 在活动中植入创意时应注意的问题......133
8.3 确保活动内容吻合主题......133
8.3.1 确保活动内容吻合主题的小技巧......134
8.3.2 确保活动内容吻合主题时应注意的问题......134
8.4 刺激大众踊跃参与......134
8.4.1 刺激大众踊跃参与的手段......135
8.4.2 刺激大众踊跃参与时应注意的问题......135
8.5 形成转化......136
8.5.1 如何在活动中形成转化......136
8.5.2 形成转化时应注意的问题......137
8.6 达到轰动效应......137
8.6.1 使活动达到轰动效应的方法......138
8.6.2 使活动达到轰动效应时应注意的问题......138
8.7 迅速处理危机......139
8.7.1 如何做到迅速处理危机......139
8.7.2 迅速处理危机时应注意的问题......140
8.8 满足舒适需求......140

8.8.1 如何满足参与者的舒适需求 ......141
8.8.2 满足参与者的舒适需求时应注意的问题 ......142
8.9 确保活动现场安全 ......142
8.9.1 如何确保活动现场的安全 ......142
8.9.2 确保活动现场的安全应注意的问题 ......143
8.10 有效搜集反馈信息 ......143
8.10.1 如何做好反馈信息的有效搜集 ......144
8.10.2 有效搜集反馈信息时应注意的问题 ......145
第 9 章 如何策划不同类型的活动 ......146
9.1 如何策划公关活动 ......147
9.1.1 策划公关活动的核心 ......147
9.1.2 策划公关活动时应注意的问题 ......147
9.1.3 案例：以 N 公司的公关活动为例详解如何策划公关活动 ......148
9.2 如何策划大学生活动 ......148
9.2.1 策划大学生活动的核心 ......149
9.2.2 策划大学生活动时应注意的问题 ......149
9.2.3 案例：以 W 服饰公司的校园推广活动为例详解如何策划大学生活动 ......150
9.3 如何策划会展展览类活动 ......150
9.3.1 策划会展展览类活动的核心 ......150
9.3.2 策划会展展览类活动时应注意的问题 ......151
9.3.3 案例：以 Y 公司的会展活动为例详解如何策划会展展览类活动 ......151
9.4 如何策划促销类活动 ......152
9.4.1 促销活动的种类 ......152
9.4.2 策划促销活动的核心 ......153
9.4.3 策划促销活动时应注意的问题 ......153

9.4.4 案例：以刘经理的奶昔促销为例详解如何策划促销类活动...153
9.5 如何策划分享讲座类活动...154
9.5.1 策划分享讲座类活动的核心...154
9.5.2 策划分享讲座类活动时应注意的问题...154
9.6 如何策划团建竞赛类活动...155
9.6.1 策划团建竞赛类活动的核心...155
9.6.2 策划团建竞赛类活动时应注意的问题...155
9.6.3 案例：以王经理的公司团建活动为例解析如何策划团建竞赛类活动...156
9.7 如何策划儿童成长类活动...157
9.7.1 策划儿童成长类活动的核心...157
9.7.2 策划儿童成长类活动时应注意的问题...157
9.7.3 案例：以赵经理的儿童图书推广活动为例详解如何策划儿童成长类活动...158
9.8 如何策划公益关爱类活动...158
9.8.1 策划公益关爱类活动的核心...159
9.8.2 策划公益关爱类活动时应注意的问题...159
9.8.3 案例：以李经理的助学活动为例详解如何策划公益关爱类活动...160
9.9 如何策划兴趣同好类活动...161
9.9.1 策划兴趣同好类活动的核心...161
9.9.2 策划兴趣同好类活动时应注意的问题...161
9.9.3 案例：以夏女士的朗诵活动为例详解如何策划兴趣同好类活动...162
9.10 如何策划旅行类活动...162
9.10.1 策划旅行类活动的核心...162
9.10.2 策划旅行类活动时应注意的问题...163

9.10.3 案例：以夏女士的郊游活动为例详解如何策划旅行类活动 ......163

## 第 10 章 如何策划不同行业的活动 ......165

10.1 策划互联网行业的活动 ......166
10.1.1 如何策划互联网行业的活动 ......166
10.1.2 策划互联网行业的活动时应注意的问题 ......167
10.1.3 案例：以王经理的传媒公司为例详解如何策划互联网行业的活动 ......167
10.2 策划教育行业的活动 ......168
10.2.1 如何策划教育行业的活动 ......168
10.2.2 策划教育行业的活动时应注意的问题 ......170
10.2.3 案例：以方老师的英语培训机构为例详解如何策划教育行业的活动 ......170
10.3 策划餐饮服务行业的活动 ......171
10.3.1 如何策划餐饮服务行业的活动 ......171
10.3.2 策划餐饮服务业的活动时应注意的问题 ......172
10.3.3 案例：以刘经理的串店为例解析如何策划餐饮服务业的活动 ......173
10.4 策划旅游行业的活动 ......173
10.4.1 如何策划旅游行业的活动 ......174
10.4.2 策划旅游行业的活动时应注意的问题 ......174
10.4.3 案例：以 F 旅行社为例详解如何策划旅游行业的活动 ......175
10.5 策划健康医疗行业的活动 ......176
10.5.1 如何策划健康医疗行业的活动 ......176
10.5.2 策划健康医疗行业活动时应注意的问题 ......176
10.5.3 案例：以吴医生的 D 眼科诊所为例详解如何策划健康医疗行业的活动 ......177

10.6 策划文化影视行业的活动......178
10.6.1 如何策划文化影视行业的活动......178
10.6.2 策划文化影视行业的活动时应注意的问题......178
10.7 策划自有产品企业活动......179
10.7.1 如何策划自有产品企业的活动......179
10.7.2 策划自有产品企业的活动时应注意的问题......180
10.7.3 案例：以王经理的罐头厂为例详解如何策划自有产品企业的活动......181

**第 11 章 传统行业如何通过发起活动进行自救......182**

11.1 企业卷入价格战......183
11.1.1 企业卷入价格战时该如何做......183
11.1.2 企业卷入价格战时该发起何种活动......183
11.1.3 案例：以刘经理的服饰公司为例详解企业卷入价格战时该如何发起活动......184
11.2 企业遭遇渠道抢夺......185
11.2.1 企业遭遇渠道抢夺时该如何做......185
11.2.2 企业遭遇渠道抢夺时该发起何种活动......186
11.3 企业发现产品同质化严重......187
11.3.1 企业发现产品同质化严重时该如何做......187
11.3.2 企业发现产品同质化严重时该策划何种活动......188
11.3.3 案例：以马经理的 U 盘促销活动为例详解企业发现产品同质化严重时该如何策划活动......188
11.4 企业产生信任危机......189
11.4.1 企业产生信任危机时该如何做......189
11.4.2 企业产生信任危机时该策划何种活动......189
11.4.3 案例：以刘经理遭遇的有毒物危机为例详解企业产生信任危机时该如何策划活动......190

11.5 企业被线上电商冲击 ......190
11.5.1 企业被线上电商冲击时该如何做 ......191
11.5.2 企业被线上电商冲击时该发起何种活动 ......191
11.6 企业预算少 ......192
11.6.1 企业预算少时该如何做 ......192
11.6.2 企业预算少时该发起何种活动 ......192
11.6.3 案例：以张经理的矿泉水公司为例详解企业预算少时该如何发起活动 ......193
11.7 企业想要吸纳经销商却没有信任基础 ......194
11.7.1 企业想要吸纳经销商却没有信任基础时该如何做 ......194
11.7.2 企业想要吸纳经销商却没有信任基础时该发起何种活动 ......194
11.7.3 案例：以赵经理的烤串店为例详解企业想要吸纳经销商却没有信任基础时该如何发起活动 ......195
第 12 章 传统企业展开 O2O 活动时如何突出优势 ......196
12.1 突出现场模拟性 ......197
12.1.1 如何突出现场模拟性 ......197
12.1.2 哪些企业适合突出现场模拟性 ......197
12.1.3 突出现场模拟性时应注意的问题 ......198
12.1.4 案例：以庄经理的咖啡店为例详解如何突出现场模拟性 ......198
12.2 突出可反悔性 ......199
12.2.1 如何突出可反悔性 ......199
12.2.2 突出可反悔性时应注意的问题 ......199
12.3 突出归属感和温馨感 ......200
12.3.1 如何突出归属感和温馨感 ......200
12.3.2 突出归属感和温馨感时应注意的问题 ......201
12.3.3 案例：以王经理的电脑配件店为例详解如何突出归属感和温馨感 ......201

12.4 突出文化与层次感 ......202
12.4.1 如何突出文化与层次感 ......202
12.4.2 突出文化与层次感时应注意的问题 ......202
12.4.3 案例：以纪经理的西餐厅为例详解如何突出文化与层次感 ......203
12.5 突出定制特殊性 ......203
12.5.1 如何突出定制特殊性 ......204
12.5.2 突出定制特殊性时应注意的问题 ......204
12.5.3 案例：以刘经理的床业制作公司为例详解如何突出定制特殊性 ......204
12.6 突出服务品质 ......205
12.6.1 如何突出服务品质 ......205
12.6.2 突出服务品质时应注意的问题 ......206
12.7 突出靠谱踏实 ......206
12.7.1 如何突出靠谱踏实 ......206
12.7.2 突出靠谱踏实时应注意的问题 ......207

**第 13 章 哪些线上活动可以与线下活动相结合 ......208**

13.1 线上线下同时抽奖 ......209
13.1.1 如何发起线上线下同时抽奖活动 ......209
13.1.2 活动中应注意的问题 ......209
13.2 线上游戏线下兑奖 ......210
13.2.1 线上游戏线下兑奖的方式 ......210
13.2.2 执行过程中应注意的问题 ......211
13.3 留言上墙 ......211
13.3.1 留言上墙如何操作 ......211
13.3.2 执行过程中应注意的问题 ......212
13.4 晒状态写好评 ......212
13.4.1 晒状态写好评活动如何操作 ......212

13.4.2　执行过程中应注意的问题 ......213

13.5　关注即享免费 Wi-Fi ......214

13.5.1　关注即享免费 Wi-Fi 如何操作 ......214

13.5.2　执行过程中应注意的问题 ......214

13.6　资料大礼包推送 ......215

13.6.1　资料大礼包推送如何操作 ......215

13.6.2　执行过程中应注意的问题 ......215

13.7　线下客户线上维护 ......216

13.7.1　线下客户线上维护如何操作 ......216

13.7.2　执行过程中应注意的问题 ......217

13.8　攒积分得优惠 ......217

13.8.1　攒积分得优惠如何操作 ......218

13.8.2　执行过程中应注意的问题 ......218

**第 14 章　传统企业展开 O2O 活动时应注意的问题 ......220**

14.1　选择靠谱的微信公司 ......221

14.1.1　如何分辨靠谱的微信公司 ......221

14.1.2　选择靠谱的微信公司时应注意的细节 ......222

14.2　做好活动组件的测试 ......222

14.2.1　如何做好活动组件的测试 ......223

14.2.2　做活动组件测试时应注意的问题 ......223

14.3　对客服人员进行培训 ......224

14.3.1　传统企业如何对客服人员进行培训 ......224

14.3.2　对客服人员进行培训时应注意的问题 ......224

14.4　做好对店内人员的告知与培训 ......225

14.4.1　对店内人员进行哪方面的告知 ......225

14.4.2　对店内人员进行告知与培训时应注意的问题 ......225

14.5　兑奖方式明晰 ......226

14.5.1 使兑奖方式明晰的方法 ......226
14.5.2 执行过程中应注意的问题 ......226
14.6 实体店相关信息的告知 ......227
14.6.1 活动中应告知实体店的哪些信息 ......227
14.6.2 执行时应注意的问题 ......228
14.7 不要隐藏二次消费 ......229
14.7.1 哪些属于二次消费 ......229
14.7.2 执行时应注意的问题 ......229
14.8 注意客户的留存率 ......230
14.8.1 如何在活动中找出客户 ......230
14.8.2 留住客户时应注意的问题 ......230
14.9 突发事件的处理 ......231
14.9.1 如何处理突发事件 ......231
14.9.2 处理突发事件时应注意的问题 ......231
14.10 进行二次营销的方式 ......232
14.10.1 企业进行二次营销的方式 ......232
14.10.2 进行二次营销时应注意的问题 ......233

**第 15 章 举办活动时应注意的其他问题 ......234**

15.1 将服务人员和参与人员区分开 ......235
15.1.1 如何将服务人员和参与人员区分开 ......235
15.1.2 将服务人员和参与人员区分开时应注意的问题 ......235
15.2 做好参与人员信息登记 ......236
15.2.1 如何做好参与人员的信息登记 ......236
15.2.2 进行参与人员信息登记时应注意的问题 ......236
15.3 设置茶水区域 ......237
15.3.1 如何设置茶水区域 ......237
15.3.2 设置茶水区域时应注意的问题 ......238

15.4　为突发事件预留绿色通道 ......238
15.4.1　如何为突发事件预留绿色通道 ......239
15.4.2　为突发事件预留绿色通道时应注意的问题 ......239
15.5　选取小礼品 ......239
15.5.1　如何选取小礼品 ......240
15.5.2　选取小礼品时应注意的问题 ......240
15.6　为服务人员设置休息区 ......241
15.6.1　如何为活动服务人员设置休息区 ......241
15.6.2　为服务人员设置休息区时应注意的问题 ......241
后　记 ......243

第 1 章

# 如何做好活动策划前的筹备工作

提到活动策划，很多人都能说得头头是道。但如果问你在进行活动策划之前应该做些什么，可能会有 80%的人一头雾水。本章就来教你如何进行活动策划前的筹备工作，让你为活动做好充足准备，规避活动策划与执行方面可能出现的问题。

# 1.1 明确策划活动的原因

在策划活动之前，我们首先要明白为什么要策划这次活动。可能有些人会说，策划活动是为了促销和推广产品。如果你也这么想，那就大错特错了。

策划活动的原因很多，如果你在策划活动之前没有明确具体原因，那么就会直接导致你的活动目的出现偏颇，进而使整个活动无法达到预期效果。下面笔者就来和你进行详细探讨。

## 1.1.1 策划活动的原因

策划活动的原因如下。

（1）**内部培训**。这样的活动在大型企业里很常见，当有新产品上市时，为了使宣传效果达到最佳，在投入市场之前需要企业内部人员率先对产品进行了解，所以需要通过活动的形式向内部员工讲解产品，增强其对产品的认知。当然，当企业有某种精神需要贯彻时，也会发起活动。

（2）**团队建设**。这样的活动在企业中很常见，目的只有一个：使员工之间互相了解，方便日后的跨部门合作，增加员工之间的默契度。一般在员工生日、年会等场合举办。

（3）**合作伙伴维系**。这种活动一般是企业在年中或者年终，为了维系与合作伙伴的关系、增进情感而发起的。一般以舞会、酒会为主。

（4）**公益行动**。这样的活动一般是企业为了树立正面形象而发起的，是企业承担社会责任的一部分，也是企业向社会各界彰显影响力、树立知名度的一种手段。

（5）**新品推广**。这样的活动一般是针对促销而言的，即当企业想要将新产品推入市场时所做的活动，主要围绕新上市的产品来做。

（6）**节日促销**。这样的活动很常见，凡是到了元旦、春节、劳动节、国庆节、端午节等节假日，企业都会进行促销活动。

（7）**特惠促销**。这样的活动一般是在企业想要将福利/特惠回馈给新老客户时发起的，主要是通过活动告知新老客户企业现在的优惠政策，吸引新老客户进行购买。

**（8）促销节点来临。**这样的活动一般在大型企业比较常见，每个企业都会在年初或者年终制定整个年度的销售节点。那么，每到一个销售节点结束前一周，企业就会集中精力发起活动，短期内促成大量订单，争取完成这个销售节点的销售任务。

**（9）资源互换。**这样的活动一般都是企业为了谋求一些外部资源而发起的，是为了找到企业想要的资源，以进行互通有无。

**（10）公关危机处理。**这样的活动一般都是围绕企业现有危机而发起的，是为了化解大众对于企业的误会，重新树立企业的社会形象。

**（11）任务型。**这种活动最为常见，即如果企业长期没有发起过任何活动，或者有些企业规定策划人员必须定时发起活动，那么这类活动就是为了完成任务而发起的。

当然，企业策划活动的原因不止以上几种，需要结合企业自身情况来进行决策。本节只是针对企业发起活动的常见原因进行简单汇总，仅供参考，切不可一味地照本宣科。

### 1.1.2　利用表格解析策划活动的原因

鉴于有些读者可能分不清企业内部活动和企业外部活动，下面笔者总结了一个表格，供大家在日后的工作当中参考使用。

| 内部活动 | 外部活动 |
|---|---|
| 内部培训（新品认知、精神贯彻等） | 公益行动 |
| | 新品推广 |
| | 节日促销 |
| | 特惠促销 |
| 团队建设（员工生日、年会等） | 促销节点来临 |
| | 资源互换 |
| 合作伙伴维系 | 公关危机处理 |
| | 任务型 |

### 1.1.3 案例：以王经理的软装公司为例剖析策划活动的原因

王经理经营一家软装公司，细心的人力资源部门人员发现，9月份公司有5名外地员工要过生日。王经理认为，这是一次营造员工归属感的好机会。于是，他责成人力资源部门在9月份组织一次内部活动，为过生日的员工庆生。那么，你知道策划这次活动的原因是什么吗？

根据上面的案例背景资料可知，王经理公司的人力资源部门人员发现9月份公司有5名员工要过生日，王经理认为这是一次营造员工归属感的好机会。因此，发起这次活动的原因是5名员工在9月份过生日，隶属于团队建设的范畴。

到这里可能有人会问，我们既然已经知道了活动策划的原因，那么又该如何确定活动的目的呢？本书2.1节将会针对这一问题为你进行详细解读。

Tips：明确策划活动的原因，是成功发起活动的基础。只有我们明确了为什么要发起活动，才能使得活动目的不至于产生偏颇，进而通过活动达成想要的结果。本节给出了企业策划活动的几个常见原因，仅供大家在日后的工作当中参考使用。当然，企业策划活动的原因有时也不止一个，这就需要大家在工作当中进行摸索。

## 1.2 针对企业运营现状进行分析

明确策划活动的原因后，我们需要对企业的运营现状进行分析。

### 1.2.1 如何针对企业运营现状进行分析

一般情况下，在策划活动之前，我们应该针对企业的以下现状进行分析。

**（1）重大时间节点分析。**在策划活动之前，一定要查阅企业的各类时间节点（如营销节点、新客户维系节点、团队建设节点、店庆节点、节假日节点等），看看此时策划活动是否迎合了企业的某一时间节点。如果迎合，那正好可以趁机以节点为由发起活动。除此之外，还能看出此时发起活动是否与企业的大型惯性事件“撞车”，从而能够集中人力办好活动。

**（2）组织架构人员分析。**在策划活动之前，还要查阅组织架构中的人员安排是否合理、各部门人员的工作任务有多少，从而能够挑选出相对比较轻松的人员/部门来专门举办这次活动。

**（3）企业营收现状分析。**做好重大时间节点分析与组织架构人员分析还不够，在策划活动之前还要针对企业营收现状进行分析。这样企业就可以根据可抽调的资金量来进行活动策划，从而避免活动执行到一半却发现资金不足的尴尬。

**（4）产品营销情况分析。**因为策划活动的最终目的是营销，所以我们必须针对产品的营销现状进行分析，从而得出当下企业哪款产品卖得比较好，哪款产品卖得比较差。然后企业就可以有侧重性地针对滞销产品进行促销，进而拉动购买，清理库存。

**（5）既往活动情况分析：**作为一个较具规模的企业，发起活动时最尴尬的就是发现这次活动与既往活动类似。因此，在策划活动之前，还需要针对企业这一年度的既往活动情况进行分析，从而避免活动创意“撞车”的现象，策划出更具吸引力的活动。

## 1.2.2　图解企业运营现状分析

下面笔者总结了一个企业运营现状分析对照图，供大家在日后工作中参考使用。

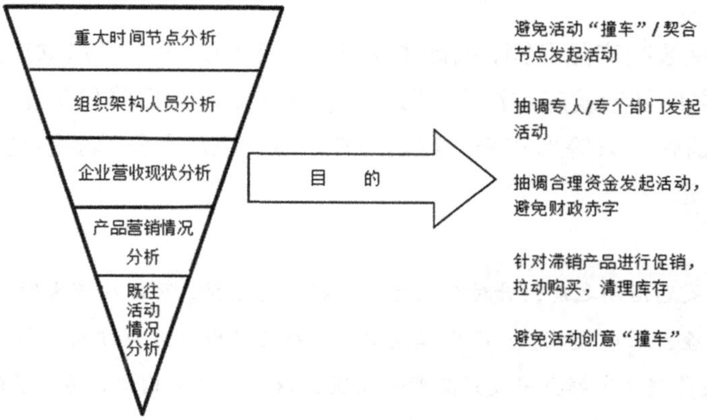

由上面的对照图可以看出，企业在策划活动之前需要针对企业的重大时间节点、组织架构人员、企业营收现状、产品营销情况、既往活动情况等现状进行分析，从而实现集中人力、避免公司财政赤字、清理库存、避免活动创意“撞车”等目的，进而使企业实现更理想的活动效果。

### 1.2.3 案例：以方经理的熟食店为例解析企业运营现状分析

方经理经营一家熟食店，之前一直没有做过活动。现在，他发现店内的熏酱鸭出现了滞销情况，于是他想要发起一次促销活动来促进熏酱鸭的销售。但是，店里一共就 6 个人，每月也仅有 10 000 元的利润，这让方经理非常头疼，不知道该如何发起活动。如果你是方经理，该如何发起活动呢？

上面的案例套用 1.2.2 节所给出的对照图可以得出，方经理的企业面临如下现状。

- 重大时间节点分析：熟食店尚未发起过任何活动。
- 组织架构人员分析：一共有 6 个人。
- 企业营收现状分析：每月有 10 000 元的利润。
- 产品营销情况分析：熏酱鸭滞销。
- 既往活动情况分析：尚未发起过活动。

接下来我们需要思考的是，方经理的熟食店日常运营需要多少个人？答案很简单：一共需要 3 个人（1 名收银员，1 名服务人员，1 名货物管理员）。那么，方经理就可以抽调出 3 个人来专门负责本次活动。

由于店内熏酱鸭产品滞销，因此本次活动需要围绕熏酱鸭这款产品来进行促销。因为店内之前从未发起过活动，因此，本次活动可以以降价促销、优惠折扣、满 100 元送熏酱鸭一只等形式来进行。另外，活动主题可任选。活动预算可以为 5 000 ~ 10 000 元。

Tips：在策划活动之前，针对企业运营现状进行分析，可以从重大时间节点、组织架构人员、企业营收现状、产品营销情况、既往活动情况五大方面入手，目的是要让活动发起人员深度了解公司及产品营销状况，以及组织架构中各方人员的工作量，从而在最大程度上调取合适的人力及财力来做好本次活动。

# 1.3　梳理企业现有资源

除明确策划活动的原因，以及针对企业运营现状进行分析外，在策划活动之前还应该梳理企业现有资源。

## 1.3.1　如何梳理企业现有资源

在策划活动之前，我们应该梳理企业的哪些现有资源呢？下面就来进行详细阐述。

**（1）梳理物料资源。**在策划活动之前，我们可以去库房查看组织既往活动时所剩下的物料（如条幅、彩带、带公司 Logo 的纪念品、文化衫、桌椅板凳等）。这样，既可以进行废物利用，将组织既往活动时所剩下的纪念品和小物件处理掉，又能在一定程度上减少开销，缩减活动成本。

**（2）梳理媒体资源。**好的宣传是活动成功的开始，因此在策划活动之前我们还要对公司现有的媒体资源进行梳理。这样，一方面能够初步估算活动效果；另一方面，便于活动相关人员掌握现有资源，选择合适的契机对活动进行宣传。

**（3）梳理人力资源。**除梳理物料资源和媒体资源外，在进行活动策划之前，我们还要针对企业的人力资源进行梳理。针对人力资源的梳理，主要是帮助企业弄清楚策划与执行本次活动的人员总数，以及助力人员都擅长哪些方面。除此之外，还可以帮助企业建立活动现场突发事件的应急预案。让活动相关人员清楚地知道，除了我们自己还有哪些人力资源可以随时调配，以及合作企业都能给我们带来哪些好处和帮助，以确保活动的有序进行。

## 1.3.2　利用表格解析企业现有资源的梳理

下面，我们把如何梳理企业现有资源的相关内容整理成表格，从而方便大家理解和记忆。

<table>
<tr><th>需分析的资源</th><th>包含内容</th><th>目　　的</th></tr>
<tr><td rowspan="3">物料资源</td><td>条幅、彩带、文化衫、桌椅板凳（活动现场可用物料）</td><td rowspan="3">减少开销、清空既往已购奖品物料及积压产品</td></tr>
<tr><td>带公司 Logo 的纪念品、可作为奖品的产品（公司赠品物料）</td></tr>
<tr><td>既往活动所剩奖品（既往活动奖品物料）</td></tr>
<tr><td rowspan="2">媒体资源</td><td>线上资源（包括广告位、大 V、门户网站等发稿资源）</td><td rowspan="2">掌握现有资源，估算活动效果，选择合适契机进行宣传</td></tr>
<tr><td>线下资源（合作伙伴的出资与支持情况等）</td></tr>
<tr><td rowspan="3">人力资源</td><td>现有活动人员的擅长点分析</td><td rowspan="3">深度了解活动团队人员情况，建立应急预案，进行紧急资源调拨，确保活动顺利进行</td></tr>
<tr><td>公司内部可随时调配的人员情况</td></tr>
<tr><td>合作公司的物料及人员支持情况</td></tr>
</table>

在策划活动之前，你只需按照上方表格，针对企业的现有资源进行逐一梳理，就能够对已有资源进行初步认知。这样，在真正策划活动时才能够做到缩减成本、调用自如，进而确保活动的顺利进行。

### 1.3.3　案例：以 HK 公司为例解析企业现有资源的梳理

HK 公司需要策划一次周年庆活动，于是抽调行政部门负责此次活动。行政部长小王了解到，库房有 20 件文化衫、2 个条幅、10 套桌椅。此外，之前的活动中有 20 个公司玩偶没有派发出去。而且，总裁许诺可以把乐可这款产品作为赠品派发，上限为 1 000 瓶。现在有 Q 媒体和 A 媒体负责全程报道此次活动。此外，还可以临时从市场部抽调 10 个人来负责活动的现场服务。如果你是小王，你知道自己已经拥有哪些资源了吗？

根据上面给出的案例资料，套用 1.3.2 节给出的表格可知，小王已经拥有的资源如下。

- 物料资源：20 件文化衫、2 个条幅、10 套桌椅、20 个公司玩偶、1 000 瓶乐可。
- 媒体资源：Q 媒体和 A 媒体，活动全程跟踪报道。
- 人力资源：市场部的 10 个人。

Tips：梳理企业现有资源的目的是让策划人员对已有资源做到心中有数，进而便于他们进行资源调配，选择合适的契机做合适的事情。同时，也能够在一定程度上缩减开支、清理库存。但是，这并不代表策划人员只能利用这些资源来进行活动策划。本节所给出的表格仅供参考，如遇具体问题，还应根据实际情况来进行分析。

# 1.4　制定活动预算

在策划活动之前，除要对企业的资源进行梳理外，还需要了解活动的预算。只有明确了活动的整体预算，才能够有侧重性地发起活动，从而在最大程度上保证活动效果。那么，我们该如何制定活动预算呢？本节就来为你详细阐述这一问题。

## 1.4.1　如何制定活动预算

一般情况下，我们需要通过两种渠道得知活动预算：第一种，公司每年的预算报备；第二种，自己制定。

**（1）预算报备：** 这在大企业中很常见。凡是具有一定规模的企业，都会在年初或者年终制定全年的活动预算，事先将一部分钱拿出来，专门用于活动，策划人员只需将这部分钱平均分配到每次活动中即可。

**（2）自己制定：** 这一般在小企业中比较常见。每个企业都需要根据一年的营收或者拿出几个月的营收来举办活动，以便获取更大的利益。

## 1.4.2　利用公式详解活动预算的制定

关于活动预算的制定，下面笔者总结了一个公式，供大家在日后的工作中参考使用。

可用于活动的预算＝总收益－总成本－日常开销－意外开销

**注意：** 这里的“总收益”为未减去各类成本的公司总体收益；“总成本”为公司所付出的总体人力成本+总体物料成本。

除此之外，还有一点需要注意：意外开销要预留出足够的数额。这样才能在企业遇到突发情况（如员工福利、旅游、意外伤害赔付、危机公关等）时有足够的资金调拨，切不可为了活动效果而缩减意外开销。

### 1.4.3 案例：以李经理的办公用品公司为例解析活动预算的制定

李经理经营一家办公用品公司，全年总收益为 5 000 万元，总成本为 2 000 万元，平均每月给员工的工资需要 5 万元，每月房屋租赁费、水电费大约需要 3 万元。现在李经理想要通过发起活动的形式对办公用品进行促销，但不知道活动预算该如何制定。那么，如果你是李经理，你知道该如何制定活动预算吗？

根据上面的案例资料显示，李经理的总收益为 5 000 万元；总成本为 2 000 万元；每年工资开销为 5 万元 × 12 个月 = 60 万元；每年房屋租赁、水电费为 3 万元 × 12 个月 = 36 万元。我们套用 1.4.2 节给出的公式可以得到下面的数字。

（1）总收益：5 000 万元。

（2）总成本：2 000 万元。

（3）日常开销：60+36 = 96 万元。

（4）从剩余的 2 904 万元中留出 2 000 万元作为意外开销。

那么，李经理的全年活动预算为 904 万元，折合每次活动预算为 5 万 ~ 10 万元。

Tips：在确定活动预算时一定要将成本、日常开销、意外开销都减去，并且留足意外开销的经费，这样才能在确保企业正常运转的前提下策划活动，不至于让企业因为发起活动而陷入被动。

## 1.5 抽调活动参与人员

提到抽调人员，作为决策者，似乎总会感到头疼。毕竟，企业每天都有任务要完成，如果抽走了几个人，日常工作任务完不成怎么办？但如果不抽出专门的人员来负责活动，那么举办活动的意义就不存在了，权责不明，自然也就不会有人对活动上心。那么企业到底应该怎样确定活动的参与人员呢？本节就针对这一问题进行详细阐述。

### 1.5.1　如何抽调活动参与人员

从企业内部抽调人员专门负责活动，一定要记住一个原则，即确保日常工作任务的完成度。只有在企业日常工作任务完成的基础上发起活动，才能起到促进销售、锦上添花的作用。

关于如何抽调人员，笔者总结了如下几个方案供大家参考。

**（1）行政部与市场部主打。**企业中最熟悉公司与产品的部门是行政部与市场部，因此，如果发起内部团建、老客户维系等活动，就应该以行政部为主打，多挑一些行政部的人员来做活动；如果发起促销、新客户拓展类的活动，就应该以市场部为主打，多挑一些市场部的人员来做活动。这样，才能确保活动效果。

**（2）抽调各部门边缘人员。**如果不想大动干戈，那么还可以从企业的各部门当中抽调一些边缘人员来负责本次活动，如行政部负责日常文件复印的新人、市场部不太懂产品的新销售、技术部工作量不大的员工等。这样不但能够确保活动责任到人，而且还能够帮助这些边缘人员对公司产品拥有全面的认知，加速职业发展，营造他们的主人翁意识，同时考核他们的职业素养。

**（3）抽调将要晋升的人员。**对于将要晋升的人员来讲，他们的工作能力有目共睹，而且其日后的工作重心与现在所从事的工作关联度不会太大。成功策划活动，正好给了这部分人一个可以晋升的理由。恰好以活动的名义，为这部分人的晋升进行过渡。

### 1.5.2　抽调活动参与人员时应注意的问题

抽调活动参与人员时应注意的问题如下。

**（1）新老员工搭配。**抽调出来的活动参与人员中，至少有一人应该是老员工，从而确保活动与公司的贴合度，不至于造成活动主题与效果产生偏颇。

**（2）技能搭配。**活动参与人员团队中的人员技能搭配要合理。一般情况下，应该有一个人擅长统筹调度，一个人擅长结算资金，一个人擅长主持及活跃气氛，一个人擅长处理突发事件，一个人擅长搜集整理数据，从而使活动参与人员的技能互补，进而策划出一个非常好的活动。

**（3）责任到人。**在确定好活动的参与人员之后，还要注意责任到人。将活动的每个步骤都分配到对应的责任人身上，才能够使所有参与者都有责任感，从而调动大家的参与度和积极性。

**（4）直接管辖。**成立好活动策划与执行小组以后，作为企业家，一定要做到直接管辖，这样才能够确保活动效果。否则，会造成活动主旨与企业家意愿相违背的尴尬局面，进而使活动效果偏离想象。

### 1.5.3 案例：以王经理的牛奶公司为例解析如何抽调活动参与人员

王经理经营一家牛奶公司，现在有一款荔枝味的酸奶即将打入市场。他想要通过发起活动的形式来为这款产品进行促销，但却在抽调活动参与人员上犯了难。研发部为了研制新产品忙得不可开交，行政部近期也为了团体旅游而忙前忙后，一线的送奶师傅更是每天早出晚归。市场部为了开拓市场，也在全国各地走访洽谈，而且还要承担新进市场人员培训的任务。那么，如果你是王经理，应该抽调哪些人来发起和执行本次活动呢？

首先，分析上面的案例资料可知，王经理需要发起的活动为推广荔枝味酸奶的营销活动。那么试想一下，哪个部门对这款新产品最为熟悉，并且能够向别人介绍得最详细呢？没错，一定是市场部。

其次，根据市场部需要针对新进人员进行培训的现状可以得出，公司内市场部的新人目前没有实质性的日常工作任务，并且对产品熟悉度不够。

因此，王经理可以抽调 1 名市场部的老员工与市场部的所有新进员工一起组成这次活动的策划与执行团队。这样不仅使新进员工为公司创造了价值，同时还能在潜移默化中让新进员工对公司的产品形成一定认知，可谓一举两得。

Tips：抽调活动参与人员时，首先一定要确保公司日常工作任务可以被完成。只有这样，你所发起的活动才能够起到辅助销售、锦上添花的作用。否则，会造成公司运营重心偏颇、顾此失彼的尴尬局面。其次，在选择用人方面，一定要大胆和充分信任，做到新老员工搭配、技能搭配、责任到人和直接管辖这四点，才能使活动效果可观。

# 1.6　敲定邀请嘉宾/团队

在策划活动之前，还有一项重大事情要处理，即敲定邀请嘉宾/团队。到这里，可能有人会问，举办活动都应该邀请哪些人群呢？下面就让我们针对这一问题进行简单的梳理和探讨。

## 1.6.1　如何敲定邀请嘉宾/团队

在敲定邀请嘉宾/团队之前，我们首先要解决一个问题，即明确活动目的。因为邀请的嘉宾/团队是由你的活动目的所决定的，而非固定不变的。一般情况下，发起活动的目的有如下几种。

**（1）新老客户维系。**针对这一活动目的，邀请来的嘉宾/团队自然是之前与本公司合作过的老客户，以及有购买意向的新客户。这样，发起活动不仅能够起到维系新老客户的作用，同时还能针对意向客户起到逼单作用。

**（2）新品促销。**针对新品促销，我们可以邀请老客户及合作伙伴、分销商来为活动助力。这样，既能够让老客户知道公司有新品上市，还能够让合作伙伴与分销商看到公司的前景，增加对公司的信任。

**（3）团队建设。**团队建设一般是公司内部的活动，因此有必要邀请公司管理层一起来参与活动。这样，一方面能够让管理层与一线员工拉近距离，增加员工的归属感及认同感；另一方面，也能让管理层看到员工风貌，更好地了解员工。

**（4）年终庆典。**企业年终庆典不仅是对一年业绩的总结，同时也是维系老客户和大客户的绝佳时机。因此，我们有必要同时邀请老客户、大客户，以及优秀员工的家属来参与活动。这样，不仅能够让老客户和大客户看到企业风貌，对企业整体情况有所了解，增加信任感，还能够让优秀员工增加对企业的归属感，让员工家属对企业也拥有认同感。

**（5）新品发布。**新品发布，意味着要让新品被更多的人了解。因此，我们有必要邀请老客户、媒体及业界精英人物/公司。只有这样，才能够起到宣传作用。当业界的精英人物/公司对企业新品产生好感时，就会吸引更多的人来关注新品。

**（6）行业交流。**既然是行业交流，自然就少不了行业精英人物与公司。除此之外，一些行业内的公益性团体、自由评论员、媒体也应该在被邀请的范围之内。这样，才能够起到轰动及专业技术交流的作用，将大众目光吸引过来。

**（7）资源对接。**资源对接，也就意味着你邀请来的企业要与本企业拥有一定的互补性，这样才能够起到对接、合作的作用，因此我们有必要根据企业自身情况邀请合适的嘉宾/团队。比如，电商平台可以邀请物流公司来进行资源对接；服装设计公司可以邀请服装厂、广告公司、新闻媒体、物流公司进行资源对接。

### 1.6.2 利用表格详解邀请嘉宾/团队的敲定

关于如何敲定邀请嘉宾/团队，笔者总结了一个表格，供大家在日常工作中参考使用。

| 活动目的 | 需邀请的嘉宾/团队 |
|---|---|
| 新老客户维系 | 已合作过的老客户+有购买意向的新客户 |
| 新品促销 | 老客户+合作伙伴+分销商 |
| 团队建设 | 公司管理层 |
| 年终庆典 | 老客户+大客户+优秀员工家属 |
| 新品发布 | 老客户+媒体+业界精英人物/公司 |
| 行业交流 | 行业精英人物/公司+公益性团体+自由评论员+媒体 |
| 资源对接 | 与本企业拥有一定互补性的企业 |

### 1.6.3 案例：以吴经理的酒会为例详解如何敲定邀请嘉宾/团队

一转眼又到年终，吴经理想要通过酒会的形式增进与新老客户之间的友谊，同时进行资源对接，洽谈新一年度的合作。但是，他却在邀请嘉宾/团队上犯了难，他不知道该邀请哪些人参与酒会比较合适。如果你是吴经理，该邀请哪些人参加酒会呢？

根据上面的案例资料可知，吴经理举办酒会的目的是维系新老客户并进行资源对接（洽谈新一年度的合作）。因此，吴经理的酒会可邀请下列人员参加：①公司现有客户；②公司现有客户的业界同行；③公司现有客户的亲朋好友。

Tips：在敲定邀请嘉宾/团队之前，一定要清楚活动目的，然后再根据活动目的敲定邀请嘉宾/团队。本节只是针对常见的活动目的进行汇总与梳理，仅供大家在日常工作中参考使用，具体嘉宾名单还需要根据实际情况进行修正，切不可一味照搬。

# 1.7　选择适宜的活动时间

一次活动的发起能否成功，除与活动的创意、礼品有关外，还有一项因素不容忽视，即活动时间。如果活动时间选择得好，就会很容易形成引爆效应，甚至还可能用极小的付出获取很大的回报。那么，活动时间应该如何选择呢？下面就让我们针对这一问题进行详细解析。

## 1.7.1　如何选择适宜的活动时间

下面介绍两种选择活动时间的方案：抽空法和追随法。

**（1）抽空法。**简而言之，就是选择没有领军企业做活动的时间段发起活动。这种方法比较适合中小型企业。毕竟，每个行业都有响当当的领军企业，如果它们做活动时你也在做，那么很显然你的活动会被淹没，甚至无人问津。但是，如果你选择的时间段没有领军企业在做活动，那么就价格、优惠、外观等因素考虑，购买者就会将你的企业和领军企业进行对比，这时你就拥有了取胜的优势，进而吸引一批忠实用户。

**（2）追随法。**简而言之，就是追随领军企业一起做活动。这种方法常见于节假日促销，这个时段每个企业都在打折促销，都在做活动，如果你不做活动就显得没有竞争力，从而也就没有曝光度，因此你也要追随领军企业一起做活动。

### 1.7.2 选择适宜的活动时间时应注意的问题

**（1）是否有节假日。**在选择追随法确定活动时间时，一定要清楚此时是否有节假日可以让企业作为噱头。如果没有，则需要思考此时行业内是否有文化节可以让企业彰显实力、争取行业地位或曝光度。如果还是没有，那么企业就需要好好思考一下是否需要跟风追随在这个阶段发起活动了。

**（2）是否有名企已经发起活动。**如果发起活动的时间不是在节假日，行业内也没有举办文化节，那么就需要思考此时是否已经有名企发起活动。如果没有，则可以放心大胆地发起活动；如果有，就需要慎重思考了。毕竟，名企的话语权比较大，如果企业与名企一起发起活动，则很有可能被抢风头，陷入被动局面，甚至无人问津。

**（3）企业内部是否已有活动。**如果企业在发起活动之前，发现企业内部已经在搞团队建设、酒会或促销活动，那么便不适宜再发起活动了，从而确保企业的精力不被分散，使活动效果最大化。

**（4）明确企业的核心优势。**在发起活动之前，一定要明确企业的核心优势。只有这样，才能够让活动目的更明晰，让大众一目了然地记住产品及其优势，进而形成购买。

### 1.7.3 案例：以李经理的玩具公司为例解析如何选择适宜的活动时间

李经理经营一家玩具公司，正值7月份，现在有一款智能运动早教机需要打入市场，于是他想要在8月份发起活动。但是，李经理得知在9月份行业内有一个大型玩具展会。而且，8月份行业内颇有声望的A公司也会搞活动。另外，现在李经理的公司正在举行大型招聘会。这让李经理犯了难，到底该将活动时间选择在什么时候比较合适呢？如果你是李经理，该如何选择呢？

根据上面的案例背景资料可知，李经理面临的现状是：①9月份行业内有大型玩具展会；②现在公司正在招聘；③8月份行业内颇有声望的A公司也会搞活动。

所以，如果李经理选择在8月份搞活动，那么风头势必会被A公司抢走；而且公司内部现在正在招聘，8月份应该也属于新人培训阶段，精力势必会被分散；

9 月份行业内还要举行大型玩具展会，为了彰显行业地位，李经理的公司势必要参与，那么在 8 月份就需要着手准备这次展会，也要分散一部分人力。

综上考虑，李经理应该集中人力与精力，选择在 9 月份的玩具展会上发起新品上市的推广活动比较合适，资金也不会造成浪费。

Tips：选择适宜的活动时间时，一定要考虑到行业领军企业、行业展会、企业内部人员精力等情况，要避开行业领军企业举办活动的风口期，这样才能确保你的企业活动风头不被抢走。另外，针对业内大型展会，除为了彰显行业地位一定要参与外，还要明确企业的核心优势，这样你的企业才能够在展会上拔得头筹。

## 1.8　确定活动载体

在策划活动之前，除做好一系列准备工作外，还需要确定活动载体，即弄清楚这次活动到底是在线下做还是在线上做；到底是要发布在微博、微信这类新媒体平台，还是要发布到门户网站及垂直类网站，这样才能使活动效果达到最佳。那么，活动载体到底该如何确定呢？本节就来为你进行详细阐述。

### 1.8.1　如何确定活动载体

一般情况下，活动载体取决于要推广的对象。

（1）大众消费类。如衣服、帽子、饮料、快餐等，这些日常生活中经常用到的产品与服务，适合使用微博、微信等新媒体平台来推广，并且推广重点要放在线上。在线上发布活动，然后引流到线下。这样，意向客户就会被圈定在新媒体账号中，进而便于二次营销。

（2）大额消费类。如房产、汽车等，对于普通家庭来讲，也许一生只能购买一次，因为消费数额巨大。这样的产品类型适合线上、展会、线下的综合性载体。广告布局要全面，融入百姓生活的方方面面。这样，才能增加曝光率，加深购买者的印象，进而在有需要的时候想起品牌。

（3）机械与工程类。如车床、基坑支护等机械与工程类的产品，适合在搜索引擎、垂直网站、B2B网站上发布广告。这样，有合作意向的企业就能够搜索到该企业，进而产生合作。

**（4）旅游保养类。**如景区、旅行社，或者面膜、皮肤保养类型的企业，就比较适合在新媒体平台上进行推广，这是树立品牌形象的关键。当然，传统的门户网站也不能放弃。除此之外，还要借助电视广告、户外广告等载体。这样，才能够起到增加曝光度、树立品牌形象的作用。

下面笔者通过表格来帮助你清晰地确定活动载体。

| 受众方向 | 活动载体 |
|---|---|
| 大众消费类 | 线上（微博、微信、自媒体）+线下（实体店） |
| 大额消费类 | 线上+展会+线下的综合性载体 |
| 机械与工程类 | 搜索引擎+垂直网站+B2B网站 |
| 旅游保养类 | 新媒体平台+电视广告+户外广告 |

### 1.8.2 确定活动载体时应注意的问题

一般情况下，确定活动载体时应注意如下问题。

**（1）注意受众方向。**发起活动的成功与否和活动的载体息息相关。只有我们掌握了受众的方向、年龄层次，以及是企业还是个人，才能够确认活动载体，使活动达到预期效果。

**（2）争取最大曝光。**一次成功的活动，就是想尽一切办法，争取最大曝光。如果企业拥有很多免费的媒体资源，也应该结合实际情况进行利用。

**（3）掌握意向客户的习性。**在确定活动载体之前，一定要充分了解客户的习性。如果你的客户喜欢上社交网站，那么你的活动就需要到社交网站上来做。如果你的客户喜欢上业内论坛，那么你的活动就要到业内论坛上来做。总之，确定活动载体时要迎合客户的习性，切不可凭空想象。

### 1.8.3 案例：以张经理的教育公司为例解析活动载体的确定

张经理经营一家K12教育公司，现在想要将小学生托管班打入市场，让没时间接孩子放学和寒/暑假没时间照顾孩子的家长把孩子送来，由机构教师统一管理，统一教授一门艺术。但是，张经理却在发布托管班招生大促活动时犯了难，他不知道该选择怎样的活动载体来进行宣传。如果你是张经理，该如何确定活动载体呢？

根据上面的资料显示，张经理主营的是 K12 教育，也就意味着受众是幼儿园学生及家长、小学生及家长、中学生及家长。张经理想要做的事情是将小学生托管班打入市场，那么受众则缩减为小学生及家长。

此时我们应该思考的是，小学生与小学生家长都会做什么？没错，看电视、登录社交网站、看报纸等。因此，本次活动的载体就应该确定为电视、新媒体和报纸等。

Tips：确定活动载体之前，一定要确认受众，并掌握受众的习性。只有这样，我们才能够确保活动载体选择得充分全面。当然，本节所给出的载体选择仅供参考，若遇到具体问题还应该结合实际情况具体调整，不可一味生搬硬套。

# 1.9　做好活动前的宣传工作

在策划活动之前，还应该做好前期的宣传工作。在信息“爆炸”的今天，“酒香不怕巷子深”的现象已经不复存在，加大力度做好活动宣传才能确保活动达到预期效果。

## 1.9.1　如何做好活动前的宣传工作

活动前的宣传工作可分为三大类：内部宣传、外部宣传和补充宣传。

**（1）内部宣传**。这一般是指针对公司内部员工的宣传。针对公司内部员工，我们只需在活动前发布动员大会，动员他们主动将活动信息发送给身边的朋友即可。

**（2）外部宣传**。这一般是指针对新客户与意向客户的宣传。我们可以通过打广告、发布新闻消息等推广手段将活动信息发布出去。这样，感兴趣的人就会在第一时间参与到活动中。

**（3）补充宣传。**这主要针对活动无法宣传到的地方。例如，针对我们的老客户、大客户，需要市场部门打电话进行邀请。

当然，并不是说企业在策划活动之前做好内部宣传、外部宣传和补充宣传就可以了，活动前的宣传载体还需要根据活动的目的、企业的知名度、活动预算、产品类型等多方面进行实际考量和筛选。比如，针对有知名度的企业，在宣传时需要在门户网站、电视等平台进行曝光；如果企业不具备知名度，就要以产品为主打，多在新媒体平台上发布一些案例来引导大家转发分享。

总之，活动前的宣传工作并不是一拍脑门就能决定的，还需要结合实际情况进行分析。

### 1.9.2 做好活动前的宣传工作应该注意的问题

**（1）照顾到所有嘉宾。**如果活动需要邀请一些嘉宾，那么在做活动之前就要针对所有嘉宾进行逐一电话邀请或登门邀请。这样，既显得比较正式，又能够让嘉宾感受到被重视，进而对企业产生好感。同时，也能够起到提醒嘉宾参与活动的作用。

**（2）噱头要劲爆。**在为活动进行宣传时，噱头要劲爆。最好在活动前期的宣传中就形成引爆，这样就能够起到宣传与轰动的效应，进而吸引更多的人来参与活动。

**（3）贴合受众习惯。**活动宣传载体一定要贴合受众的习惯。比如，这次活动的受众是年轻人，那么就要在社交网站、游戏软件等年轻人经常逛的地方进行宣传。如果这次活动的受众是老年人，那么就可以在报纸、社区等老年人经常接触的地方进行宣传。

### 1.9.3 案例：以王经理的科技公司为例解析如何做好活动前的宣传工作

王经理经营一家互联网广告科技公司，现在想要举办一次资源对接大会。他想要邀请的人员有广告行业同仁、实体企业家、活动公司等。现在活动即将开始，王经理却在宣传方面犯了难，他不知道该如何进行宣传。如果你是王经理，该如何针对这次资源对接大会进行宣传呢？

根据上面的案例背景资料可知，王经理想要举办的活动是资源对接大会；王经理的公司是互联网广告科技公司；王经理想要邀请的人员有广告行业同仁、实体企业家、活动公司等。那么，王经理的宣传策略可以这样做：

（1）给公司老客户打电话，邀请其参与活动。

（2）登门拜访广告业界的泰斗、广告及实体企业联盟/协会主席，并邀请其参与活动，与其合作，尽量让其邀请自己的会员来参与本次活动。

（3）在科技类、广告类垂直网站或报纸上做广告，同时邀请门户类新闻媒体进行报道，对本次会议进行宣传。

（4）将活动信息发布在公司官网、新媒体，以及业界泰斗/领军企业/人物的新媒体账号上。

Tips：做好活动前的宣传工作，简而言之就是想尽办法将活动信息告诉给本次活动的受众，进而最大限度地吸引有意向的人群来参与。

# 1.10　制定活动排期规划表

在策划活动之前，还要制定活动排期规划表。只有活动排期规划表制定得科学合理、切实可行，才能够使活动有条不紊地进行。

## 1.10.1　如何制定活动排期规划表

制定活动排期规划表之前，首先要了解活动的步骤。一般情况下，活动分为四大阶段：准备阶段、策划阶段、宣传阶段、后续运维阶段。针对这四大阶段，每个阶段的分工又有诸多不同。

**（1）准备阶段。**一般为 5 天左右，主要对企业运营现状进行分析、梳理企业现有资源、制定活动预算、抽调活动参与人员、敲定邀请嘉宾/团队、选择适宜的活动时间等。

**（2）策划阶段。**一般为 3～5 天，主要是确认活动主题、活动地点、活动时间、活动形式、活动流程、活动奖品，完善活动人员组织架构，将任务分配到人，准备活动所需物料等。

**（3）宣传阶段。**一般为 10 天左右，主要是电话邀请活动嘉宾、联系媒体进行宣传、发布活动信息内容等。

**（4）后续运维阶段。**一般为 1～3 个月，主要是总结活动成效、搜集活动数据、发布一系列小活动对活动效果进行巩固、对新老客户进行回访、将活动所剩物料进行备案等。

针对如何制定活动排期规划表，下面笔者总结了一个表格，供大家在日后的工作中参考使用。

| 活动阶段 | 预计时间 | 任务内容 |
| --- | --- | --- |
| 准备阶段 | 5 天左右 | 对企业运营现状进行分析、梳理企业现有资源、制定活动预算、抽调活动参与人员、敲定邀请嘉宾/团队、选择适宜的活动时间等 |
| 策划阶段 | 3～5 天 | 确认活动主题、活动地点、活动时间、活动形式、活动流程、活动奖品，完善活动人员组织架构，将任务分配到人，准备活动所需物料等 |
| 宣传阶段 | 10 天左右 | 电话邀请活动嘉宾、联系媒体进行宣传、发布活动信息内容等 |
| 后续运维阶段 | 1～3 个月 | 总结活动成效、搜集活动数据、发布一系列小活动对活动效果进行巩固、对新老客户进行回访、将活动所剩物料进行备案等 |

## 1.10.2　制定活动排期规划表应注意的问题

制定活动排期规划表应注意的问题如下。

**（1）留有足够的空余时间。**计划赶不上变化，因此，一定要为突发事件留有足够的空余时间，这样才能使活动有条不紊地进行。

**（2）不可照本宣科。**活动排期规划表只是为大家在日后的工作中形成一个简单的参考，如果在实际执行时提前完成任务，就要根据实际情况进行调整，切不可一味地照本宣科。

**（3）全面得体。**活动前期宣传要做到全面得体。所有需要邀请的嘉宾，都应该逐一打电话邀请或登门邀请。

### 1.10.3　案例：以阮经理的食品促销活动为例解析活动排期规划表的制定

阮经理的食品公司最近要举办一次促销活动，他想把 6 月份生产并测试好的咖喱面包推向市场，已经初步确定了活动模型，但却不知道如何制定活动排期规划表，以使活动有序进行。如果你是阮经理，该如何制定活动排期规划表呢？

根据上面的案例背景资料可知，阮经理需要举办的是咖喱面包促销活动；咖喱面包的生产及测试完成时间是 6 月份。那么，阮经理的活动排期规划表初步应该这样制定，如下表所示。

| 活动阶段 | 预计时间 | 任务内容 |
|---|---|---|
| 准备阶段 | 7 月 1 日—7 月 6 日 | 对企业运营现状进行分析、梳理企业现有资源、制定活动预算、抽调活动参与人员、敲定邀请嘉宾/团队、选择适宜的活动时间等 |
| 策划阶段 | 7 月 7 日—7 月 12 日 | 确认活动主题、活动地点、活动时间、活动形式、活动流程、活动奖品，完善活动人员组织架构，将任务分配到人，准备活动所需物料等 |
| 宣传阶段 | 7 月 13 日—7 月 20 日 | 电话邀请活动嘉宾、联系媒体进行宣传、发布活动信息内容等 |
| 后续运维阶段 | 7 月 20 日以后 | 总结活动成效、搜集活动数据、发布一系列小活动对活动效果进行巩固、对新老客户进行回访、将活动所剩物料进行备案等 |

Tips：活动排期规划表，只是企业根据现状进行的计划排布，仅供相关人员在实际工作中参考使用。若遇具体问题，还应根据实际情况进行调整，切不可一味照搬。

第 2 章

# 活动策划的步骤

对于职场新人来讲，只了解策划活动前的准备工作还不够，还需要对活动的步骤有充分的了解，这样才能保证活动的顺利进行。本章将为你详细探讨活动策划的步骤，让你在工作中如鱼得水。

# 2.1　确定策划活动的目的

本书的 1.1 节探讨了策划活动的原因，本节将根据策划活动的原因找出策划活动的目的，并对常见的活动目的进行梳理。

## 2.1.1　策划活动的目的

一般情况下，策划活动的目的有以下几种。

**（1）促销回馈。**这主要是针对促销活动而言的。一般情况下，企业都会提前确定本次活动的促销策略，然后再发起活动，对产品进行销售。

**（2）团队搭建。**这主要是针对团队内部活动而言的。企业一般每年都会在七八月份组织员工旅游和拓展，或者将过生日的员工聚到一起过生日。发起这样的活动，目的就是进行团队搭建，增加团队成员的默契度。

**（3）客户维系。**这主要是针对酒会、年终大会而言的。企业为了拉拢新老客户，都会为他们举办酒会、年终宴会等。

**（4）客户拓展。**这主要是针对资源对接、行业交流会、展会而言的。企业为了吸引与拓展更多的客户，一般会邀请业界人士聚在一起进行资源对接，或者举办展会，将对企业感兴趣的人群聚到一起。

**（5）品牌塑造。**这主要是针对公益类活动而言的。发起这样的活动，企业虽然无法从中获取更多客户，更不可能从中获利，但能够增加企业的社会影响力，提升企业品牌公信度，起到增加曝光度、塑造企业形象的作用。

**（6）吸粉/增粉。**这主要是针对线上活动而言的。无论企业发起怎样的线上活动或新媒体活动，都是为了吸引粉丝，争取更大的曝光度。

## 2.1.2　如何根据策划活动的原因找出策划活动的目的

下面，笔者根据常见的策划活动的原因，总结了一个活动目的对照表，供大家在日后的工作中参考使用。

| 活动目的 | 活动原因 |
| --- | --- |
| 促销回馈 | 新品推广、节日促销、特惠促销、促销节点来临、任务型 |
| 团队搭建 | 内部培训（新品认知、精神贯彻等）、团队建设（员工生日、员工福利、年会等） |
| 客户维系 | 合作伙伴维系 |
| 客户拓展 | 资源互换 |
| 品牌塑造 | 公益活动、公关危机处理 |
| 吸粉/增粉 | 线上活动、新媒体活动 |

### 2.1.3 案例：以张经理的果品公司为例解析如何确定策划活动的目的

张经理经营一家果品公司，现在想要发起一个五折促销活动。但在沟通具体活动时却让策划小王犯了难，尽管张经理跟他聊了很多，但他却依旧不知道策划这次活动的目的是什么。如果你是小王，你知道策划这次活动的目的是什么吗？

根据上面提供的案例资料可知，张经理想要发起的活动为果品五折促销。套用上面的表格可得到，策划这次活动的目的是促销回馈。

Tips：活动目的是根据活动原因确定的，所以只有先找到活动原因，才能够确认活动目的。本节所给出的活动目的与活动原因对照表，只是根据常见情况进行的总结归纳，若遇具体问题还需具体分析，切不可一味照搬。

## 2.2 计算活动所需成本

在策划活动之前，还要计算好本次活动所需要的成本，做好充足的准备。

### 2.2.1 如何计算活动成本

一般情况下，计算活动成本需要涉及以下几大模块。

**（1）物料成本。**活动现场所需要的细碎物料，如 KT 板、LED 屏、桌椅、盒饭、文化衫、音箱、灯具等，这些用于布置活动现场及活动现场人员调度所形成的成本，都算作物料成本。

**（2）礼品成本。**活动现场会发放给意向客户礼品，这些礼品的费用可以算作礼品成本。

**（3）人员成本。**人员成本，即活动现场外聘人员的成本。比如，这次活动外聘了一个驻唱歌手，那么聘请这个驻唱歌手的费用就是人员成本。

**（4）媒体成本。**媒体成本，是指宣传本次活动时所产生的成本，一般包括户外广告、电视广告、新媒体广告等宣传成本。

**（5）场地成本。**场地成本是指租赁活动场地所产生的费用。

### 2.2.2　活动成本计算清单

下面，笔者根据常见的活动类型总结了一份活动成本计算清单，供大家在日后的工作中参考使用。

| 成本模块 | 包含内容 |
|---|---|
| 物料成本 | 活动现场所需细碎物料所形成的成本，如 KT 板、LED 屏、桌椅、盒饭、文化衫、音箱、灯具等 |
| 礼品成本 | 活动所需发放礼品的成本 |
| 人员成本 | 活动现场外聘人员所产生的费用，如驻唱歌手、魔术师等 |
| 媒体成本 | 宣传本次活动所产生的成本，如广告费用、媒体软稿费用等 |
| 场地成本 | 租赁活动场地所产生的费用 |

### 2.2.3　案例：以王经理的展会活动为例解析如何计算活动成本

王经理最近要举办一场展会，活动现场需要用到桌椅 50 组、条幅 2 条、展架 1 个、麦克风 2 支、音箱 2 个、灯光 1 组，折合人民币 20 000 元左右。活动场地租赁费用为 5 000 元。除此之外，他还准备了价值 200 元的伴手礼 100 份，邀请了一位专业主持人来主持展会，每场 3 000 元。那么，你能帮王经理核算一下本场展会的成本吗？

根据上面的案例背景资料可知，王经理举办这场展会的成本核算如下。

（1）物料成本：桌椅 50 组、条幅 2 条、展架 1 个、麦克风 2 支、音箱 2 个、灯光 1 组，大约 20 000 元。

（2）礼品成本：200 元的伴手礼 100 份，合计 20 000 元。

（3）人员成本：主持人 1 名，3 000 元/场。

（4）媒体成本：未知。

（5）场地成本：5 000 元。

因此，王经理举办这场展会的总成本为 48 000 元左右。

Tips：计算活动所需成本时应该做到事无巨细，一定要考虑全面，将所有费用都思考清楚后再进行核算，切记不要遗漏。本节所给出的成本计算清单只是根据常见情况进行的总结归纳，若遇具体问题还需要进行具体分析，切不可一味照搬。

## 2.3 搭建活动团队架构

成功的活动一定离不开好的组织架构，只知道如何挑选活动策划与执行人员还不够，还要对挑选出来的人员进行团队架构搭建，这样才能确保活动分工明确，执行细致、到位。

### 2.3.1 搭建活动团队架构的原则

搭建活动团队架构的原则如下。

**（1）一人核心领导。**搭建活动策划与执行团队时，一定要注意只能有一个核心领导人，这样才能够确保活动的有效执行。当团队成员遇到问题时，也能够在第一时间找到负责人，进而协商解决。

**（2）责任到人。**活动的策划与执行是一件细碎的事情，需要活动的策划与执行人员做到事无巨细。因此，我们在搭建团队架构的时候就应该考虑到责任到人的问题，这样才能够确保活动的每个环节都不会出现纰漏。

**（3）层级不宜过多。**虽然层级能够有效帮助领导者平摊工作压力，但在搭建活动团队架构时不宜将团队层级设置得过多。否则，会造成团队冗员，进而出现高层指使中层、中层指使低层、低层人员被累死的局面。

### 2.3.2 图解如何搭建活动团队架构

下面，笔者总结了一个活动团队架构图，供大家在日常工作中参考使用。

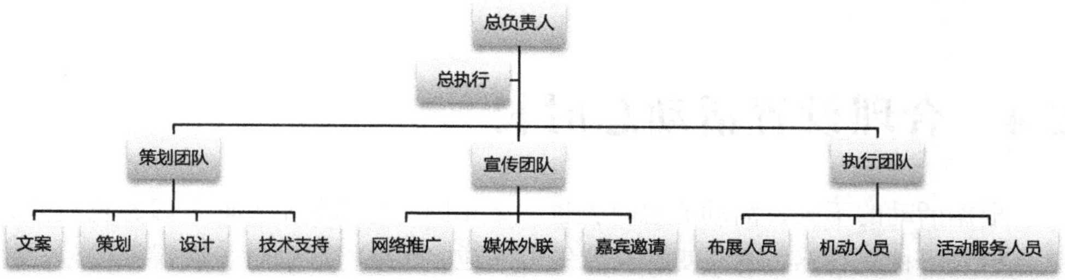


这里需要注意的是，上面给出的活动团队架构图，是仅根据常见活动情况进行的汇总，若遇具体问题还需具体分析，切勿一味照搬。

### 2.3.3 案例：以王经理的茶叶促销会为例解析如何搭建活动团队架构

**王经理经营一家茶叶公司，现在要召开一场茶叶促销会，初步拟定抽出 50 余人支持活动，其中有 1 名副总、1 名文案、1 名策划、1 名技术+设计、3 名市场部人员，又从生产线抽调了 45 人来作为活动服务人员。如果你是该茶叶公司的副总，该如何搭建这次活动团队架构呢？**

根据上面的案例资料可知，目前已经拥有的人力包括：1 名副总、1 名文案、1 名策划、1 名技术+设计、3 名市场部人员，以及生产线员工 45 人。

那么，本次活动团队架构的搭建方式如下。

（1）总负责人：副总。

（2）策划团队：1 名文案、1 名策划、1 名技术+设计。

（3）宣传团队：3 名市场部人员（分管网络推广、媒体外联、嘉宾邀请）。

（4）执行团队：45 人（其中 20 人为布展人员，10 人为促销会服务人员，其余均为机动人员）。

Tips：搭建活动团队架构时应该尽可能地避免冗员，因此应当适当缩减层级。同时，设立一人为总负责人，这样才能确保活动执行到位，并确保信息沟通的快捷。当然，机动人员的设立也必不可少，从而确保及时处理活动突发事件。

# 2.4 合理设置活动总时长

根据活动的不同，活动的总时长也不尽相同。如果将活动时长设置得过长，就会给人一种冗长感，进而使参与者失去兴趣。如果将活动时长设置得过短，就会使参与者无法接收到活动的有效信息。那么，如何合理设置活动总时长呢？本节将进行详细探讨。

## 2.4.1 如何合理设置活动总时长

一般情况下，活动总时长是由活动性质决定的，下面笔者总结了一个表格供大家参考使用。

| 活动性质 | 推荐总时长 | 推荐理由 |
| --- | --- | --- |
| 招聘会 | 1～3 天 | 这样的活动传递率比较高，而且由招聘单位进行通知。企业一般不会在招聘会上耽误太多时间，但又想要找到合适的人才，所以活动总时长设置为 1～3 天比较合理 |
| 会展/展销 | 3 天左右 | 这样的活动一般都会提前在电视或其他广告媒体上进行宣传，而且参展企业也不会停留太久，因此 3 天左右比较合理 |
| 资源对接会/年会/短促会/晚会 | 2 小时 | 这样的活动一般属于内部活动，因此到场率比较高，重点在于会场的那几个小时 |
| 促销活动 | 10 天左右 | 这样的活动一般需要留给购买者对产品产生信任的时间，因此 10 天左右比较适宜 |
| 线上活动 | 10 天左右 | 这样的活动一般需要留有充足的时间来进行曝光，同时留一些时间让意向客户熟悉活动。所以，时间相对较长，一般为 10 天左右 |
| 篷车路演 | 1 个月～半年 | 篷车路演一般是巡回的，因此需要根据企业的经营范围进行确定。如果企业经营的范围是临近的几个省份，那么一般 1 个月左右即可；如果企业经营的范围是全国，则至少也得半年 |

这里需要注意的是，上面表格中所给出的推荐总时长，只是根据常见的活动性质进行的总结，若遇到具体问题，还需具体分析并及时调整，切不可一味照搬。

### 2.4.2　合理设置活动总时长时应注意的问题

合理设置活动总时长时应注意的问题如下。

**（1）结合活动目的进行设置。**如果活动目的是促销，那么就要将活动总时长设置得长一些，这样才能充分留给受众接收信息的时间。如果活动总时长设置得过短，则会导致促销政策的曝光与传递时间不足，进而无法让更多的意向客户得知消息。

**（2）活动总时长要考虑受众感观。**针对短期活动，活动总时长要考虑受众的感观，既要让受众知道这次活动的目的，接收到企业想要传递给他们的信息，又要让受众感觉愉悦，避免引起反感。

**（3）结合公司内部情况进行设置。**在设置活动总时长时，要考虑公司内部是否已经有活动在进行，以及公司内部近期是否有其他事情在操作。只有避开公司内部重大事件及其他活动，企业才能最大限度地集中精力做好新发起的活动。

### 2.4.3　案例：以王校长的校园招聘会为例解析如何合理设置活动总时长

临近学生毕业，很多企业联系王校长，希望能让他们学校的学生来自己的公司应聘。在最近一周内，邀请电话更是接连不断。因此，王校长想到了举办校园招聘会，但他不知道应该如何合理设置活动总时长。如果你是王校长，该如何设置校园招聘会的总时长呢？

根据上面的案例资料可知，王校长面临的现状是，有很多企业联系王校长，想让他学校的学生到自己的公司应聘。现在王校长想要做的事情是举办校园招聘会。

综上所述，为了不影响毕业生的正常学习与结业，以及企业的日常运作，校园招聘会应该在双休日举办，并且每天的会议时间应该为 9:00—15:00。

Tips：合理设置活动总时长时，至少应该考虑如下几点：①活动目的；②受众感观；③企业内部情况；④与会人员的时间。这样才能确保企业能够集中精力办好活动，同时受众也能够在有效时间内接收到企业想要传递的信息，进而促成转化。

## 2.5 确认活动整体构思

除合理设置活动总时长外，对活动的整体构思也应该做到心中有数。那么，活动整体构思的内容都有哪些呢？构思活动时应该注意哪些问题呢？本节将为你揭开这些问题的答案。

### 2.5.1 活动整体构思的内容

活动整体构思的内容主要包括如下几个方面。

**（1）活动主题。**一个好的活动主题是活动成功的前提。我们在构思活动时，要想出一个响当当的活动主题，这样才能最大限度地勾起受众对活动效果的期待。

**（2）活动时间。**设置活动的总时长，以及每日活动的时长。

**（3）活动地点。**如果发起线下活动，那么活动地点就是发起活动的场地；如果发起线上活动，那么活动地点一般选择企业的新媒体账号。

**（4）参与人员。**确认好参与本次活动的人员及团体。

**（5）活动流程。**确认好活动从何时开始、何时表演什么节目/发起什么互动、何时进行营销策略宣讲、何时结束等。

**（6）活动备案。**为了避免突发事件的产生，我们需要在确认好活动整体构思以后，再制定一个备选方案，从而确保活动万无一失。比如，活动备选场地、备选互动等。

### 2.5.2　构思活动时应注意的问题

构思活动时应注意的问题如下。

**（1）停留时间。**在进行活动构思时应该注意受众的停留时间，一定要想尽办法使参与活动的人员停留在活动现场，这样才能起到促销与逼单的作用。

**（2）兴趣调动。**既然意向客户已经来到了活动现场，那么作为活动的发起人，就要想尽办法调动意向客户的兴趣。只有参与活动的人群兴趣高涨，企业才能够通过活动达到营销的目的。否则，只会使参与者感到疲惫，进而缩短停留的时间。

**（3）切实可行。**无论你的活动构思是什么，一定要确保切实可行。如果你的构思无法落地，也就谈不上活动的执行及营销问题了。

### 2.5.3　案例：以刘经理的饮料促销活动为例解析如何确认活动整体构思

*刘经理的公司最近有一批果汽饮料需要打入市场，他已经和几家卖场进行了合作，但还想扩大声势，让更多购买者认识公司的新品。但是刘经理却不知道应该如何构思这次活动。如果你是刘经理，该如何构思这次活动呢？*

根据上面的案例资料可知，刘经理想要做的事情是将果汽饮料打入市场并扩大声势。同时，刘经理已经和几家卖场进行了合作。

那么，刘经理的这次促销活动的整体构思如下。

（1）活动主题：年中巨惠，××果汽买一送一，全城送清凉！

（2）活动时间：7 天左右。

（3）活动地点：各大卖场。

（4）参与人员：市场部。

（5）活动流程：活动期间聘请短期促销人员每日在卖场内进行赠饮活动（10:00—20:00）。

（6）活动备案：地铁口、市中心步行街。

Tips：在确认活动整体构思时，一定要注意意向客户的停留时间，以及调动意向客户的兴趣。只有这样，才能确保活动效果，达成促销的目的。当然，活动的主题也要响亮，这样才能确保活动的期待性。

## 2.6 核对活动细节

除做好以上工作外，我们还需要针对活动的若干细节进行反复核对。本节将为你详细讲述活动细节的核对与确认问题。

### 2.6.1 如何核对活动细节

到这里，可能有人会问，核对活动细节都需要核对什么？下面笔者就为大家进行详细总结与归纳，供大家在日常工作中参考使用。

**（1）核对流程。**在发起活动之前，请主持人及相关人员到达活动现场，针对活动流程进行预演彩排，这样才能够确保各方人员熟悉活动流程，使活动有序进行，进而在正式发起活动时不至于产生纰漏。

**（2）核对物料进度。**有些活动物料需要在活动当天送达活动现场，因此我们有必要针对物料进度进行核对，确保活动所需物料在活动当天准时送达活动现场。

**（3）核对现场道具。**在布展的时候，需要对活动现场所需道具进行核查，这样能最大限度地避免正式活动时出现意外。

**（4）核对嘉宾的时间。**由于一些活动需要邀请嘉宾，因此我们有必要针对嘉宾的时间进行核查。在活动前一天，提醒嘉宾按时到场，以免活动时出现纰漏。

**（5）核对场地。**针对活动场地，我们需要提醒活动场地提供者进一步确认活动当天场地无人占用。

**（6）核对其他细节。**如果活动现场需要给活动参与者及服务人员预订盒饭、饮料等，就需要活动主办方在发起活动之前针对这些细节进行核对，从而确保每个环节都执行到位。

### 2.6.2　核对活动细节需要注意的问题

核对活动细节需要注意的问题如下。

（1）**思考全面。**核对活动细节是一项非常烦琐的工作，因此需要相关人员具备统筹全局的思维，将活动的方方面面思考到位，这样才能够确保活动的有序进行。

（2）**化零为整。**如果让一个人记住很多问题，那么显然会力不从心。因此，这就需要相关人员具备化零为整的能力，将琐碎的事情统筹成若干个模块，进而使所有细节都被照顾到。

（3）**提前通知。**在核对活动细节时，一定要提前通知相关人员，确保活动在正式开始时不至于出现纰漏。

> Tips：一定要提前核对活动细节，这样才能够留有充足的时间进行危机处理。当然，我们还需要具备统筹思维，将活动的方方面面思考到位，做到事无巨细。只有这样，才能最大限度地确保活动的正常进行。

## 2.7　与各方人员确认预约

在确定好活动的各方面工作以后，作为活动的发起者，最后要做的事情就是与活动的各方人员确认预约，通知他们届时到达活动现场。本节要讲的是，与各方人员确认预约也是要讲究方式方法的，下面我们就来进行详细阐述。

### 2.7.1　如何与各方人员确认预约

一般情况下，我们在活动前需要进行两次沟通，一次是内部沟通，另一次是外部沟通。

（1）**内部沟通。**这主要指企业内部人员的沟通，如与设计部、市场部、后勤部等部门的配合沟通，提醒各部门参与人员发起活动的确切时间，使其提前做好准备。

（2）**外部沟通。**我们需要在活动前与新老客户、参与嘉宾、新闻媒体、表演人员、支持方等各方人员做好沟通，这样才能确保各方人员按时到场，使活动顺利进行。

活动前与各方人员进行沟通，主要包括两方面内容：一方面是活动的时间和地点；另一方面是活动的任务。

- 活动的时间和地点：提醒各方人员活动的地点和时间，使其务必准时到场。
- 活动的任务：即各方人员在活动中所担负的任务。比如，与邀请嘉宾进行沟通时，要提醒其当天需要在会上进行演讲或路演，让嘉宾提前准备好所需要的资料。

## 2.7.2 与各方人员确认预约时应该注意的问题

与各方人员确认预约时应该注意如下问题。

**（1）尽可能使用尊称。**为了使活动各方人员对活动保持较高的热情，我们在确认预约时应尽可能使用尊称。这样既能够维护公司形象，又能够让对方觉得自己受到了尊重。

**（2）重要事情重点提醒。**对于活动中对方需要担负的重要事情，一定要在通知时重点提醒。这样，对方就能够接收到信息，进而进行重点准备。

**（3）尽量下午提醒。**由于企业一般在上午都比较忙，所以，我们要尽可能在下午进行提醒，从而使被提醒人静下心来针对活动进行详细思考。

**（4）言简意赅。**在与各方人员确认预约时，一定要言简意赅，这样既能节约对方的时间，又能让对方感受到你干练的风格。

Tips：在与各方人员确认预约时，一定要注意使用文明用语，并且要言简意赅。同时，为了使提醒切实起到作用，最好在下午进行预约确认。

第3章

# 如何确定活动主题

集团总是逼迫分公司做活动拉动销售？公司每年都会做很多活动，很多噱头都已用完，实在想不出其他更具创意的活动？策划活动时是不是一提到活动主题，就感觉比登天还难，不知道该如何做？或者想出的主题平淡无奇，让老板觉得能力不够？别着急，本章笔者根据过往实操经验为你总结活动主题的常见拟定方法，帮助你打破思维瓶颈，轻轻松松确定活动主题。

# 3.1 节假日依托法

每逢节假日，很多企业都在竞相促销，那么企业在节假日进行促销有哪些优势呢？这种依托节假日的促销活动，主题又该如何拟定呢？本节将为你揭开这一系列问题的答案。

## 3.1.1 什么是节假日依托法

这种拟定主题的方法在企业发起活动时很常见，简而言之，就是依托春节、端午节、中秋节、五一劳动节、国庆节、圣诞节等一系列节日，来对企业进行宣传。企业借助节日的噱头对新产品、新销售策略进行释放。

## 3.1.2 节假日依托法的优势

利用节假日依托法来拟定主题的优势如下。

**（1）烘托节日氛围。**在节假日期间发起活动，目的就是为了烘托出节假日的喜庆氛围，这样才能让阅读者感受到快乐，进而选择购买和关注你的产品。

**（2）给出大额回馈。**一般借助节假日拟定主题，都会配合促销活动，所以需要给阅读者大额回馈，这样才能吸引阅读者的注意。

**（3）争取市场份额。**节假日期间，绝大部分企业都会发起促销活动，这就涉及一个出镜率的问题。如果大家的产品都做促销，而你不做，并且你的产品在价格与质量上又不具备优势，那么很显然阅读者是不会关注你的，从而导致你的企业失去市场份额。因此，即便是跟风，也要在节假日期间发起一些促销活动，这样才能起到争抢关注度、争取市场份额的作用。

## 3.1.3 节假日依托法的惯用公式

下面笔者总结了几个常见的主题拟定公式，供大家在日常工作中参考使用。

#### 1. 节日+品牌+优惠策略

这种标题很常见，即先表明我们在庆贺什么节日，然后紧跟品牌和优惠策略，从而吸引阅读者参与活动。

#### 2. 品牌+节日+优惠策略+煽动语

这样的标题旨在让阅读者记住品牌，通过品牌拉动节日促销，煽动阅读者进行参与。重点在于增加品牌的曝光度。

#### 3. 优惠策略+节假日+煽动语

这样的标题拟定方法一般常见于中小企业，重点在于通过给力的优惠策略来吸引阅读者参与活动。

### 3.1.4　使用节假日依托法应注意的问题

使用节假日依托法应注意的问题如下。

（1）**优惠策略要给力。**这样的标题拟定方法重点在于通过优惠策略来吸引阅读者参与，因此优惠策略一定要切实给力，这样阅读者才能够感受到实惠，在第一时间被吸引过来进行参与。

（2）**烘托出节日氛围。**既然是依托节假日进行的宣传，就需要烘托出节假日的氛围，让阅读者有喜庆的感觉，进而对生活产生向往、对产品产生需求，促成购买。

### 3.1.5　案例：以刘女士的礼品公司为例解析节假日依托法

刘女士经营一家礼品公司，主营伴手礼、摆件、首饰等百余种礼品。春节快到了，刘女士想要借势对礼品进行五折促销。如果你是刘女士，该如何利用节假日依托法拟定活动主题呢？

根据上面的案例资料可知，刘女士的礼品公司主营伴手礼、摆件、首饰等百余种礼品；刘女士想要做的事情是借助春节这个节假日对公司所经营的礼品进行五折促销。

套用前面给出的公式，刘女士的活动主题可以这样拟定：

①百余种礼品全部五折，春节巨惠，手快即得！

②春节××（品牌名）百余种礼品五折放送，让你一省到底！

Tips：在利用节假日依托法拟定主题时一定要注意：①烘托节日氛围；②给出的回馈要给力。如果是知名企业，则可以将品牌写在优惠策略之前，但如果企业没有知名度，那么还是将优惠策略写在标题前面比较稳妥，这样才能确保活动的曝光度，吸引更多的阅读者进行参与。

## 3.2 自拟节日法

在日常生活中，你有没有发现这样一种奇怪的现象：有很多企业的促销节日我们从未听说过，但却很火。没错，这种企业自己创造节日对产品进行促销、争取曝光度的模式，在当下的新媒体时代已经不再是新闻，并且被广泛应用。那么，这是如何操作的呢？这样做又有哪些好处呢？下面，笔者就针对这一系列问题进行详细讲解。

### 3.2.1 什么是自拟节日法

自拟节日法，顾名思义，就是企业选择合适的时间凭空创造出一个节日来对产品进行促销、对品牌进行造势，从而吸引更多阅读者的关注，让企业始终在阅读者面前保持新鲜感，进而促成购买。

### 3.2.2 自拟节日法的优势

使用自拟节日法来确定活动主题的优势如下。

**（1）增加曝光度。**企业自拟节日，也就意味着多了一个可以发起促销活动的噱头与时间点。这就在无形当中为企业打造了一个可供促销的节点，使企业可以依托自己编造的这个节日来进行促销，而阅读者也不会感到奇怪。久而久之，在这个自拟的节日当天企业的销售量会直线飙升。

**（2）使品牌年轻化。**这一点比较简单，既然是自拟节日，也就在无形之中传递给阅读者一个信号：这个企业的思维比较活跃，这就在无形当中树立了品牌年轻、前卫的形象。

**（3）促进销售。**自拟节日是需要惯性的，而一旦惯性形成，阅读者就会知道每年的这一天都是这个企业的节日，都会有促销活动。那么阅读者就会下意识地记住这个日子，从而选择在这一天进行海量购买。当然，没有购买需求的人也会在这一天因为这个节日而留意一下品牌，这就在无形当中促进了销售。

### 3.2.3　自拟节日法的创意思路

自拟节日，是不是意味着可以随意拟定节日呢？答案是否定的，自拟节日也需要遵循一定的创意思路，笔者总结如下。

（1）罗列企业产品。

（2）筛选出主打产品。

（3）结合想象，拟定节日。

（4）自圆其说，进行发布。

需要注意的是，在第一步时一定要将企业的所有产品都罗列出来，然后筛选出主打产品，从而确保自拟节日与企业、产品息息相关。

在以自拟节日名义发布活动时，应先对节日进行解释，做到自圆其说以后，再考虑发布问题。如果连你自己都无法自圆其说，那么就更不能令他人信服了。

### 3.2.4　使用自拟节日法应注意的问题

使用自拟节日法应注意的问题如下。

**（1）与企业相关。**所拟定的节日一定要与本企业及产品息息相关，这样才能够起到通过活动来宣传企业和品牌的作用。如果相关度小，就会使阅读者感到莫名其妙，进而放弃关注。

**（2）思维新潮。**既然是自拟节日，那么就要给人一种新潮感、前卫感，这样才能够最大限度地确保企业与年轻人打成一片，从而吸引更多的人来对产品进行关注。

**（3）时间点要自圆其说。**自拟节日也就意味着创造了一个新节日，那么为什么要在这一天创立这个节日，作为节日的创立者，要能够自圆其说。而且，这个理由要让大众信服，这样才能够最大限度地让大众理解，进而引发共鸣，促成购买。

**（4）养成习惯。**这样的自拟节日一旦发起，就要坚持下去。久而久之，其营销力度才能显现。

**（5）便于理解。**虽然自拟节日比较新潮、前卫，但这并不意味着这个节日可以不被大众所理解。如果大众无法理解这个节日，那么也就不会进行传播，更谈不上促销和成交了。

### 3.2.5 案例：以方经理的门业公司为例解析自拟节日法

*方经理经营一家防盗门公司，由于现在是销售淡季，因此他想通过促销活动来形成订单。但近期没有比较临近的节日，这让方经理犯了难，他不知道该如何确定活动主题。如果你是方经理，该如何确定活动主题呢？*

根据上面的案例资料可知，方经理经营的是门业公司，主营防盗门。由此可以联想到家庭安全、门锁的安全程度等。于是，我们就可以以家庭安全月、防撬节、家庭隐患查除节等为噱头，来策划这次活动的主题。

Tips：在使用自拟节日法确定主题时，一定要考虑到与企业及产品的相关度。只有无限贴近主题，同时又具有新意，才能够说服阅读者，吸引更多的人参与到活动中。当然，在这里也要注意大众的理解程度和能否自圆其说。

## 3.3 故事编排法

很多时候，我们发起活动不单单是想要进行促销，而且还想要引发更多阅读者的共鸣，进而提升品牌价值。那么，这时候我们首先要做的就是“讲故事”。我们该如何利用讲故事的方式来确定活动主题呢？本节就来为你揭开这一问题的答案。

### 3.3.1　什么是故事编排法

故事编排法，顾名思义，就是通过编排故事的方式拟定主题，进而使阅读者通过故事产生共鸣，或者引发好奇，从而在这种心态的驱使下参与活动，促成成交。

### 3.3.2　故事编排法的优势

使用故事编排法确定活动主题的优势如下。

**（1）易刺激情绪。**由于在主题中引入了故事元素，因此更容易刺激阅读者的情绪，让阅读者产生或激动或兴奋或感慨的情绪，进而在这种情绪的驱使下参与活动，促成订单。

**（2）易树立形象。**不同于利用促销策略来支撑主题的活动，利用故事编排法来策划活动能够让阅读者感受到情绪，使企业变得更加具体化、人格化，从而拉近与阅读者的距离，树立亲民的企业形象。

**（3）易促成成交。**针对这类活动主题，阅读者在阅读后会产生不同的情绪，从而在情绪的驱使下进行冲动性购买，而非仔细思考产品自己是否真的需要，进而在无形当中缩短了购买时间，生成更多订单。

### 3.3.3　故事编排法的惯用公式

下面，笔者总结了一些故事编排法的参考公式，供大家在实际操作中参考使用。

#### 1. 故事+疑问词

这样的活动主题旨在利用隐含的故事来引起阅读者的兴趣，使阅读者通过参与活动揭开故事的答案，从而引发共鸣，促成购买。

#### 2. 品牌+故事

这样的活动主题旨在告诉阅读者我们的品牌具有丰厚的历史内涵，拥有很深的底蕴，从而使阅读者产生好感，进而关注品牌，并促成购买。

### 3.3.4 使用故事编排法应注意的问题

使用故事编排法应注意的问题如下。

**（1）故事要有深意。**在主题中嵌入故事时，嵌入的故事要有深意，让阅读者在阅读故事之余能感受到其隐含的深意和正能量，从而吸引阅读者参与活动。

**（2）在主题中留有悬念。**当然，这样的活动还需要在主题中留有悬念，让阅读者产生好奇，进而在好奇心的驱使下参与活动，产生购买。

**（3）企业应具备一定规模。**这样的活动一般以品牌形象宣传为目的，因此它的营销能力相对较弱。作为企业的策划人员，在策划这样的活动主题时应当注意企业规模。如果是不知名的小企业，则不适合采用这种主题拟定方式。

### 3.3.5 案例：以王经理的银饰品公司为例详解故事编排法

*王经理经营一家银饰品公司，现在他想通过发起活动的方式来推广自己的新款银戒指，但苦于一直找不到主题，不知道该利用什么噱头来发起活动。如果你是王经理，该如何拟定活动主题呢？*

根据上面的案例资料可知，王经理经营的是一家银饰品公司，他想要推广银戒指。因此，我们可以拟定与爱情故事、校园爱情、初恋、试恋爱相关的活动主题。根据本节前面所给出的惯用公式，王经理的活动主题可以这样拟定，具体内容如下。

#### 1. ××，最懂你的小心思

每个男生在表白时都会给自己心爱的女生送礼物，而银饰品的价格一般都不会太高，适合年轻人。因此，这样的活动主题旨在引导年轻人购买，将这款表达爱意的戒指送给自己心爱的女生，即使不说话，她也能明白你的心意。

#### 2. ××，帮你找回初恋的感觉

夫妻相处久了难免会产生审美疲劳，这样的活动主题旨在让阅读者一目了然地明白这款戒指能帮你找回初恋的感觉，使其回忆起年轻时与另一半初见的画面，从而引发无限畅想。

Tips：在使用故事编排法拟定主题时，要注意两大问题：①留有悬念；②故事要有深意。这样的活动主题要给阅读者一种亲切感，才能够使阅读者在情感上与你产生共鸣，进而促成购买。

# 3.4　促销优惠法

很多企业会直接使用促销优惠法来进行促销和推广，那么，这么做有什么优势呢？为什么很多企业会选择使用促销优惠法来发起活动呢？本节将为你一一揭开这些问题的答案。

## 3.4.1　什么是促销优惠法

促销优惠法，即将企业所拟定的促销优惠策略写到主题中，来作为这次活动的主题。比如，这次活动的促销策略是五折优惠，那么在主题中可以写“百余种潮流鞋帽全部五折”等字样，以此类推。

## 3.4.2　促销优惠法的优势

使用促销优惠法确定主题的优势如下。

**（1）刺激需求。**如果你喜欢的一件价格昂贵的商品突然打折让利，你是否会选择购买？这就是促销优惠法的优势，让大众在价格及优惠策略的驱使下产生购买需求，进而进行购买。

**（2）刺激关注。**当商品打折促销时，会在一定程度上吸引阅读者进行关注。因此，使用促销优惠法能够在一定程度上起到吸引阅读者眼球的作用，让阅读者拥有一种“没想到这类产品这么便宜”的感觉，进而形成购买。

**（3）增加回购率。**如果一件商品的价格始终居高不下，那么我们只能去购买同类价格较低的商品。但如果这件商品偶尔打折呢？那么相信会有很多人在打折期间购买这款商品。一旦使用者觉得自己得到了实惠，并且产品的质量足够好，那么在其不打折时也会进行购买，并对价格充满了期待，只要这个企业发布一些动态，使用者就会关注，这就在无形中增加了企业进行二次营销的机会，提升了回购率。

### 3.4.3 使用促销优惠法应注意的问题

使用促销优惠法应注意的问题如下。

**（1）让利额度要大。**由于促销优惠法是企业通过让利、打折的方式发起活动的，所以商品的价格就成了吸引阅读者进行购买的条件。因此，让利额度一定要大，让阅读者切实感受到实惠，这样才能够达到促销的目的。

**（2）商品质量不可打折。**商品价格打折时，切记商品质量不可打折，一定要让阅读者在享受实惠价格的同时，体验到与没打折时一样的服务/产品。这样，阅读者才能对产品质量产生信任，进而形成回购。

**（3）积累客户信息。**在使用优惠促销法发起活动时，要搜集客户信息，将客户聚拢到一个平台上。这样，当企业再有活动，或者有新品上市及发布任何动态时，都能够让这些客户第一时间看到，进而形成购买，也便于对产品感兴趣的老客户回购及追踪企业信息。

### 3.4.4 案例：以张经理的服装公司为例解析促销优惠法

*张经理经营一家服装公司，现在想通过促销优惠法对产品进行倾销。他拟定的销售策略是：①反季产品五折销售；②应季产品全部八折。如果你是张经理，该如何拟定活动主题呢？*

根据上面给出的资料可知，张经理想做的事情是通过促销优惠法对产品进行倾销。张经理拟定的销售策略是：①反季产品五折销售；②应季产品全部八折。那么，这次促销活动的主题可以这样拟定：

（1）反季商品全部五折，另有更多惊喜、优惠等着你！

（2）潮流服饰全部八折，反季服装全部五折，只为回馈忙碌的你！

Tips：在使用促销优惠法确定活动主题时，一定要考虑两点：①促销让利幅度要大；②产品质量不可缩水。只有这样，你的促销优惠活动才有望达到目的，才能够起到吸引购买者回购的作用。

# 3.5　公益行动法

如果你仔细留意就会发现，很多企业都会定期举办公益活动或定期举行慰问演出/晚会。为什么企业愿意付出时间和金钱来举办公益活动呢？以公益行动作为活动主题对企业而言又有哪些优势呢？本节将针对这一系列问题为你进行详细解析。

## 3.5.1　什么是公益行动法

公益行动法，即企业通过发起公益活动，或者参与公益活动，以公益的名义发起活动主题。这么做看似不能够创造任何收益，还会使企业倒搭很多活动经费，但其实企业能够收获更多东西。

## 3.5.2　公益行动法的优势

使用公益行动法确定活动主题的优势如下。

**（1）吸引关注。**一般新闻媒体都会争相报道/围观大中企业的公益活动，这就使企业拥有了曝光度。一旦有媒体报道，就相当于为企业进行了一次免费宣传，从而使企业吸引到更多关注。

**（2）树立正面形象。**公益活动往往与慈善、正能量挂钩，所以企业发起或参与公益活动能够很好地树立正面形象，使阅读者记住企业品牌。

**（3）提升品牌影响力。**在当下的新媒体时代，能够抓住大众眼球、被人记住，才能拥有影响力。企业做公益活动，能够争取到媒体的曝光，并使阅读者产生共鸣。久而久之，就会在无形当中提升品牌影响力，进而使更多的人记住品牌。

### 3.5.3 公益行动法的惯用撰写思路

下面，笔者总结了两种公益行动法的惯用撰写思路。

**1. 以公益活动为主线**

这种撰写思路很简单，即组织并发起常规的公益活动，如捐书、捐款、到乡村/大山里去慰问等，以公益活动为主线，来进行活动主题的拟定。

**2. 自拟行动发起并执行**

这种撰写思路一般常见于知名企业。企业可以结合自身产品的特征及企业特征来自拟公益行动，并率先带领大众发起和执行，如光盘行动、低碳不开车行动、素食主义行动等。

### 3.5.4 使用公益行动法时需注意的问题

使用公益行动法时需注意的问题如下。

**（1）主题要与企业相贴近。**活动主题要与企业的产品或服务相关联，不要为了发起公益行动而发起活动，否则不仅起不到宣传品牌的作用，还会使阅读者对你的产品或服务产生混乱。

**（2）行动要有梗。**为了吸引新闻媒体的关注，我们发起的公益行动主题要大或者有梗，最好能引起阅读者的共鸣，同时还要具有新意。这样才能给新闻媒体一个报道的理由，进而吸引他们为企业免费做宣传。

**（3）行动要切实、实用。**既然是公益行动，那么就要切实、实用，让受惠者切实从中得到实惠。这样，才能够引发共鸣、形成口碑，进而使品牌被大众记住。

### 3.5.5 案例：以王经理的教育公司为例解析公益行动法

王经理经营一家K12教育公司，现在想通过公益行动法来为企业做宣传，但他不知道该如何发起活动、如何拟定活动主题。如果你是王经理，该如何确定活动主题呢？

根据上面的案例资料可知，王经理要做的事情是举办公益行动，宣传企业；王经理的公司主营 K12 教育。所以，王经理的活动主题可以这样拟定：

（1）送教下乡。

（2）异乡子女义务拔高班。

（3）义务送教进社区。

**阐述：**由于王经理的公司主营 K12 教育，所以在思考公益活动主题时应该与 K12 教育挂钩。主题（1）的目的是平衡城乡师资，将良好的教育送入乡村；主题（2）是为了解决异乡务工人员子女的培训、学习问题，让异乡务工人员的子女也能够和当地孩子一样上补习班；主题（3）是为了解决城市人群由于下班晚，没办法接送孩子的问题，帮助这部分人接送孩子。

Tips：使用公益行动法确定主题有利于树立企业的正面形象，在发起时要注意如下几点：①主题与企业/服务相关；②公益活动要切实可行，让受惠者得到实惠；③行动要有梗。只有满足这三点，才能使活动有趣并吸引新闻媒体的关注。

## 3.6　理念灌输法

这类活动主题也很常见，企业需要根据自身的特点发起一个理念，从而吸引更多的阅读者追随。那么，理念灌输法的主题该如何拟定？又该如何策划呢？本节将为你进行详细阐述。

### 3.6.1　什么是理念灌输法

理念灌输法，即活动策划人员创作出一个理念，然后将这个理念通过各种方法进行释放，进而引导阅读者对这个理念产生兴趣，从而参与活动。

### 3.6.2　理念灌输法的优势

使用理念灌输法确定主题的优势如下。

**（1）便于树立企业形象。**自拟理念的方法能够让阅读者感受到策划人员的用心良苦，从而在无形当中树立企业认真、严谨、富于创新的正面形象。

**（2）营造前卫感。**由于是自拟理念，因此一般思维都比较新颖，这就在无形当中给了阅读者一种前卫感，让阅读者能够察觉到企业的用心，进而最大限度地吸引更多阅读者参与到活动中。

**（3）增强互动。**当你将理念灌输给阅读者的同时，也会与阅读者产生互动，从而使其能够参与活动。

### 3.6.3 理念灌输法的惯用撰写思路

下面，笔者总结了理念灌输法的惯用撰写思路。

（1）找出企业主打方向/主营产品。

（2）根据主打方向/主营产品来进行创作。

（3）将所创作的理念释放出去。

需要注意的是，理念灌输法没有固定模式，给出阅读者一个需要做某件事的理由即可。一般情况下，理念灌输法有如下后缀/前缀：××行动、××为自己、××者联盟、为爱××、为了明天×××……

### 3.6.4 使用理念灌输法应注意的问题

使用理念灌输法应注意的问题如下。

**（1）理念要与企业相关。**你所创作的理念一定要与企业息息相关，这样阅读者才能够在第一时间接收到信息，从而最大限度地记住品牌和活动，进而选择购买和参与活动。

**（2）理念要简洁易懂。**你所创作的理念一定要简洁易懂，从而使阅读者能最大限度地接收到信息，进而参与活动。

**（3）理念要足够新颖。**既然是自拟理念，就一定要足够新颖。只有这样，才能够激发年轻用户的好奇心，吸引当下及未来的主流购买力参与活动并进行营销。

### 3.6.5　案例：以张经理的素食餐厅为例解析理念灌输法

张经理经营一家素食餐厅，现有一批新菜品需要推广，于是他想发起促销活动，但现在并不是节假日，公司近期也没有特殊动态。为此，他非常着急，不知道该如何确定活动主题。如果你是张经理，该如何确定活动主题呢？

根据上面的案例资料可知，张经理经营的是一家素食餐厅，那么他的新菜品也一定是素食菜品。所以，我们在思考活动主题时应该往素食、低碳生活、素食排毒、轻食等方面靠，则活动主题可以拟定如下。

**1. 素食者联盟**

毕竟现在素食主义者并不多，因此我们便可以以素食者联盟为主题发起活动，从而使阅读者能够在第一时间明白参与本次活动的都是素食爱好者，进而产生兴趣，加入到活动中来，认识更多的素食主义者。

**2. 请给饭桌添点绿**

这样的倡议旨在告诉阅读者素食的好处，让阅读者形成每餐饭桌上必有一道素食的习惯，进而养成素食餐饮习惯。

**3. 双休素食日，排毒更养心**

这样的主题旨在引导阅读者将双休日变为素食日，利用吃素食的方法修身养性，同时为自己的身体进行排毒。

Tips：理念灌输法需要策划人员将自己创作的理念与公司及产品进行融合，从而引导阅读者跟随企业对创作的理念进行执行。当然，在使用理念灌输法确定主题时，一定要考虑到如下三点：①与主题相关；②简洁易懂；③足够新颖。

## 3.7　团建竞赛法

当你不知道该如何确定活动主题时，不妨试试团队建设及竞赛的方法，这既能够使阅读者感到眼前一亮，又能使其感受到企业氛围。因此，这种方法常见于企业内部的活动中。

### 3.7.1 什么是团建竞赛法

团建竞赛法，顾名思义，就是企业以团队建设和竞赛的名义发起活动。在撰写这类主题时，应该明确企业的特色和竞争力，以及主打产品的情况。只有这样，才能使活动变得有趣，同时也能够使参与者记住企业。

### 3.7.2 团建竞赛法的优势

使用团建竞赛法确定活动主题的优势如下。

**（1）煽动力强。**这类主题可以明确地告诉阅读者企业要做什么，从而使阅读者可以对企业要做的事情一目了然，进而在第一时间选择参与或者不参与，煽动力很强。

**（2）拉近与阅读者的距离。**因为这类主题已经明确地告诉阅读者我们是需要进行互动的，所以阅读者一旦产生兴趣，就会立即加入进来，拉近了企业与阅读者的距离，进而使阅读者对企业产生好感。

### 3.7.3 团建竞赛法的主题撰写模板

下面，笔者总结了两种团建竞赛法的主题撰写模板。

#### 1. ×××等你来挑战

这类主题一般常见于娱乐服务业的营销活动，目的是吸引相同爱好者来进行挑战，从而使阅读者在参与的过程中记住企业。

#### 2. ××人，一起为××而战

这类主题一般常见于企业的内部活动中，目的是激发企业内部员工的认同感与归属感，进而朝着同一目标前进。

### 3.7.4 使用团建竞赛法应注意的问题

使用团建竞赛法应注意的问题如下。

**（1）语言要有煽动性。**拟定这类活动主题时，语言要具备一定的煽动性，烘托出团队建设或挑战的氛围，从而使阅读者在无形中感受到力量，进而增加认同感和想要进行挑战的动力。

**（2）要与企业相关。**挑战的内容一定要与企业相关。比如，企业的产品是啤酒，那么就可以发起“千杯不醉”的挑战。再如，企业的产品是景区，那么就可以发起“景区徒步走”等挑战。总之，挑战一定要与活动相关，这样才能够使阅读者在参与的同时记住企业。

### 3.7.5　案例：以刘经理的旅游公司为例解析团建竞赛法

刘经理是景区 A 的运营经理。景区 A 的特色景点有：①3 000 平方米人工湖；②万米长廊；③超大儿童水上乐园。现在又到了游园淡季，刘经理想在景区内搞一次活动，吸引附近的人群来进行参与，但他不知道该如何确定主题。如果你是刘经理，该如何确定活动主题呢？

根据上面的案例资料可知，景区内拥有三大特色景点：①3 000 平方米人工湖；②万米长廊；③超大儿童水上乐园。于是，我们便可以根据这三大景点发起活动，主题如下。

（1）环湖竞跑比赛。

（2）环湖/长廊 PK 赛。

Tips：在使用团建竞赛法确定活动主题时，一定要烘托出比赛/团队建设的氛围。只有这样，阅读者才能够在第一时间感受到活动氛围并产生共鸣，进而对企业产生认同感，对活动产生兴趣，并选择报名参与。

## 3.8　开会展览法

现代企业家会经常参加各种社团和研讨会，其目的是开拓人脉。作为行业的领军人物/企业，也会时常发起一些行业交流会议。那么，企业这样做有哪些优势呢？本节将针对这一问题进行详细阐述。

### 3.8.1 什么是开会展览法

开会展览法，顾名思义，就是以开会和展览的名义作为主题来发起活动，吸引行业的领军人物/企业来参与，从而起到行业交流、互通有无、增加曝光度的作用。

### 3.8.2 开会展览法的优势

使用开会展览法确定活动主题的优势如下。

**（1）增加品牌曝光度。**既然企业是会议的主办方，那么也就意味着从展会的宣传、发起、执行，再到结束，全程都有主办企业的名称出现。这就在无形当中增加了企业的品牌曝光度，让所有与会企业/个人都能够记住企业品牌，加深了企业品牌在大众脑海中的印象。

**（2）树立权威。**企业的实力决定了企业能够吸引到什么样的企业或个人。如果企业能够成功地举办一次展会活动，吸引百家企业进行参与，那么也就意味着企业拥有一定实力，这就在无形当中为企业树立了权威。

### 3.8.3 开会展览法的主题撰写模板

下面，笔者总结了几个常见的开会展览法的主题撰写模板，供大家在日常工作中参考使用。

**1. ××第×次××交流会**

这类展会主题比较常规，第一个“××”需要写明企业名称，中间的“×”要写企业举办了多少次这样的活动，最后的“××”是交流会的主题，如炊具、图书等，与行业或企业的产品相关即可。

**2. 公司名称+×季+××交流会**

“×”填写季节，“××”填写活动主题。这类活动主题旨在让与会人员记住企业，同时也让大众了解企业的实力。告诉所有人，我们每个季节都会举办交流会，从而树立企业严谨、实力雄厚的形象。

**3. 品牌名+活动主题**

这类主题比较灵活多变，前面的品牌名主要是这次展会的冠名商，而后面的活动主题才能体现本次活动的宗旨。比如，×××车模展览会等，这类主题的展会一般比较大型。

### 3.8.4　使用开会展览法应注意的问题

使用开会展览法应注意的问题如下。

**（1）注意相关度。**这类主题的展会一定要与品牌相关，这样才能树立企业的品牌认知度，让大众一看到展会就会想到品牌。如果相关度不大，则容易造成大众的认知错位。

**（2）注意展会规模。**使用开会展览法确定活动主题的重点在于通过展会树立企业权威，所以一定要注意展会规模，每次展会至少要有 100 家企业入驻。千万不要拼凑几十家企业就以展会的名义发起活动，那样只能削弱企业品牌形象。

### 3.8.5　案例：以王经理的饺子店为例解析开会展览法

王经理经营一家饺子店，最近他发现店铺的经营状况不尽如人意，而且他还发现本市其他饺子店的经营状况也不太好。因此，他希望发起一次活动，让市民了解饺子与花样饺子，从而激发大众吃饺子的兴趣，进而扩大品牌影响力。但问题是，王经理不知道该如何拟定活动主题。如果你是王经理，该如何拟定活动主题呢？

根据上面的案例资料可知，王经理想要发起一次活动，让市民了解饺子与花样饺子。所以，王经理的活动主题可以拟定为：

（1）××饺子馆，×市花样饺子嘉年华。

（2）××饺子馆花样饺子博览会。

Tips：在以开会展览法确定活动主题时，一定要注意与企业/品牌的相关度，以及展会的规模等因素。这样才能够最大限度地起到宣传品牌的作用，通过活动增加品牌的辨识度，进而使更多的人了解并记住品牌。

# 3.9 讲座授课法

如果你的企业不想搞促销，又没有节假日可供营销和推广，那么本节将为你推荐一种方法——讲座授课法，让你轻松吸引高端客户并被大众所熟知。

## 3.9.1 什么是讲座授课法

讲座授课法，顾名思义，就是企业通过举办讲座对大众进行义务宣讲的方式来吸引更多的意向客户关注，进而树立企业权威、专业的正面形象。一般情况下，讲座授课法分为两种：①外聘专家；②高层亲授。

## 3.9.2 讲座授课法的优势

使用讲座授课法确定活动主题的优势如下。

**（1）树立专业度。**这类活动的主讲人一般都是某一领域的专家。无论外聘还是企业高层亲自授课，都彰显了企业的实力，因此更便于企业树立专业度。

**（2）增加客户留存时间。**众所周知，参与这类活动，需要静下心来去听课，这就在无形之中增加了客户的留存时间，将客户锁定在活动现场，进而增加了营销机会。

**（3）便于二次营销。**阅读者在参与这类活动的同时会对企业和产品拥有一定的认知度，因此，在讲座过后更方便企业进行二次营销。

**（4）提升转化率。**这类活动本身就是在解决问题，阅读者参与后会寻找解决办法，对产品产生一定的需求。如果这时候产品刚好出现，那么参与者就会下意识地形成购买，这就在无形当中促成了转化。

## 3.9.3 讲座授课法的主题撰写模板

下面，笔者对讲座授课法的主题撰写模板进行了总结，供大家在日后的工作中参考使用。

**1. ××+邀请××+××主题讲座**

这是一种非常常规的主题撰写模式，目的是让与会人员对什么企业邀请了什么方面的专家、展开什么方面的讲座、能够从中获取什么知识一目了然。

**2. ×××+主题交流会**

这种撰写方法比较多变，需要策划人员提前想好一个主题，然后通过这个主题吸引阅读者前来参与。主题中不必填写嘉宾名称。

### 3.9.4　使用讲座授课法应注意的问题

使用讲座授课法应注意的问题如下。

（1）**主题要与企业相关。**活动主题要与企业拥有相关性，这样才能最大限度地让参与者记住品牌，否则会造成参与者认知错位。

（2）**活动内容要亲民。**这类活动的内容一定要亲民，让参与者有需求感，从而才能使其静下心来去参加你的讲座活动。

（3）**简洁易懂。**无论选择何种主题来发起活动，都要做到简洁易懂，让阅读者对举办这次活动的目的，以及参与者在活动中能够获取哪方面的知识一目了然。这样，阅读者才能在第一时间获取到信息，进而参与活动。

### 3.9.5　案例：以王经理的物业公司为例解析讲座授课法

*王经理经营一家物业公司，现在想要通过发起活动来维系新老客户的关系，营造园区温馨、和谐的环境。但是，他不知道该发起什么活动，拟定何种活动主题。如果你是王经理，该如何进行操作呢？*

根据上面的案例背景资料可知，王经理是一家物业公司的经理，他想要发起活动的目的是维系新老客户的关系，营造园区温馨、和谐的环境。那么，我们在策划活动主题时就可以往家庭、邻里关系、居民生活等方面靠。

试问，在一个家庭中谁的关注度最高？没错，一定是孩子。那么，我们就可以以“关爱孩子成长/儿童心理健康”为主题，邀请心理学专家召开讲座。

Tips：为了保证上座率，在使用讲座授课法确定活动主题时，活动内容一定要与参与者的生活息息相关，这样才能最大限度地激发参与者的需求感，进而听完讲座。当然，你发起的讲座也要与企业/品牌相关，从而增强参与者的品牌认知。

# 3.10 资源对接法

当企业需要资源置换，客户渴望通过企业圈的人脉来换取更多资源进行异业合作时，就会发起资源对接会。那么，资源对接会有哪些形式呢？主题又该如何拟定？本节将针对这一系列问题为你进行详细解析。

## 3.10.1 资源对接法的优势

使用资源对接法确定活动主题的优势如下。

**（1）互惠互利。**发起这样的活动，能够起到互惠互利的作用，让参与者从中获取自己想要的资源，发展自身的无限可能性。这样，参与者才能够对品牌充分信任，进而持续关注企业。

**（2）便于沟通。**举办这类主题的活动，目的是将资源进行对接，从而更加有利于企业了解客户，同时也使客户更加了解企业，便于企业和客户之间互相融通。

## 3.10.2 资源对接法的主题撰写模板

下面，笔者总结了一些资源对接法的主题撰写模板，供大家在日常工作中参考使用。

### 1. ××企业××资源对接会

这是一种比较常见的主题撰写模式，旨在一目了然地告诉大家企业举办了哪些资源对接会，进而吸引资源，或者吸引想要寻找资源的新老客户进行参与。

### 2. ××会友，共融××

这样的资源对接会主要以相同爱好为主，吸引具有相同爱好的新老客户参与进来。通过相同爱好，结交良师益友，进行资源对接。

### 3. ××主题交流会

这类资源对接会的主要目的是维系新老客户，旨在通过交流会让新老客户加深对企业的印象，同时通过交流会告知新老客户企业的最新销售策略，吸引新老客户进行转介绍。

## 3.10.3　使用资源对接法应注意的问题

使用资源对接法应注意的问题如下。

**（1）限定门槛。**这样的资源对接会一般都是基于熟人的，因此一定要设定好门槛，让阅读者在阅读主题时就能够了解到这次资源对接会的深意，进而刺激其参与需求，加深与会人员进行资源对接的渴望度。

**（2）选好时间。**对于这类资源对接会来说，时间是重中之重，一定要选择大家都相对比较宽松的时间。这样，阅读者才能够静下心来，在交流会上认真交流，进而起到增进感情、资源对接的作用。

**（3）言之有物。**这样的资源对接会切忌形式化，一定要在主题上给参与者一种言之有物的感觉，这样才能够吸引真正拥有资源、拥有对接需求的人群来进行资源对接。

## 3.10.4　案例：以王经理的传媒公司为例解析资源对接法

*王经理经营一家传媒公司，年终前，他想要通过资源对接的方式寻求合作机会，争取完成下一年度的销售目标。如果你是王经理，该如何策划这次资源对接会呢？*

根据上面的案例资料可知，王经理经营的是一家传媒公司，所以我们需要思考的是传媒公司都需要什么资源：①想要进行品牌整合推广的实体企业；②能够提供物料资源的支持企业。

那么，什么活动才能将大家聚拢在一起呢？答案很多，如酒会、资源洽谈会、旅游聚会、节目表演、聚餐等。

根据以上思考，我们可以以年终酒会/年终答谢宴的名义发起活动，邀请想要进行品牌整合推广的实体企业、能够提供物料资源的支持企业及新老客户参加。那么，主题就可以拟定为：××公司新老客户年终答谢宴暨第××届资源对接交流会。

此主题的第一个“××”填写公司名称，第二个“××”需要填写第几届资源对接交流会。

Tips：在使用资源对接法确定活动主题时，一定要注意限定门槛、言之有物、选好活动时间。只有做好如上三点，才能够确保活动的顺利、有效进行。

## 3.11 结婚接吻法

在生活中，如果你仔细观察就会发现，很多企业会在节假日期间以“集体婚礼”“接吻大赛”等为主题来发起活动。企业这样做的目的是什么？这样做又有哪些好处呢？本节将针对这一系列问题为你进行详细讲解。

### 3.11.1 什么是结婚接吻法

结婚接吻法，顾名思义，就是以结婚或接吻为主题来发起活动，进而烘托节日的喜庆氛围，同时又能够起到宣传企业和品牌的作用。最重要的是，这类活动的资金一般全部由赞助方和主办方承担，因此多少也有些公益的性质。

### 3.11.2 结婚接吻法的优势

使用结婚接吻法确定活动主题的优势如下。

**（1）烘托节日氛围。**这类活动一般都在节假日举行，因此更加有利于烘托节假日的喜悦氛围，让参与者和围观者通过活动获取乐趣，进而对品牌或企业进行持续关注。

**（2）便于造势。**由于集体婚礼或接吻大赛都需要占用一定的场地，参与人数也比较多，因此更加便于企业营造声势，吸引新闻媒体前来报道，从而有利于企业争取最大曝光，吸引大众眼球。

**（3）便于树立企业形象。**由于这类活动是由主办方来出资举办的，因此更利于企业树立良好的形象，给人一种“履行社会责任、关爱底层群众疾苦、造福社会、回馈社会”的感觉，进而增加大众对企业的好感度。

### 3.11.3　结婚接吻法的主题撰写模板

下面，笔者总结了一个结婚接吻法的主题撰写模板，供大家参考使用。

**公司名称+主题名称+接吻大赛/百人婚庆典礼**

注意：这里的“公司名称”是指主办活动的公司名称，“主题名称”是指活动的主题名称，最后缀上活动的属性（接吻大赛/百人婚庆典礼）即可。当然，这个模板也不是一成不变的，需要运营人员根据实际情况来进行调整。

### 3.11.4　使用结婚接吻法应注意的问题

使用结婚接吻法应注意的问题如下。

**（1）主题要健康。**结婚、接吻只是发起活动的一个噱头，活动主题要健康。切记，不要因为博眼球而策划一些擦边或者不健康的主题，否则会使阅读者感到不适，进而对品牌产生不良影响。

**（2）提高与品牌的相关度。**在策划这类活动时，一定要注意与品牌/企业的相关度，从而使阅读者能最大限度地记住品牌。千万不要为了举办活动而举办活动，否则会造成阅读者对品牌的认知错位。

### 3.11.5　案例：以张经理的婚庆公司为例解析结婚接吻法

张经理经营一家婚庆公司，现在是结婚淡季，她想要通过发起婚庆活动的方式来对品牌进行宣传。但是，她不知道该选择怎样的活动形式和主题。如果你是张经理，该怎样策划活动呢？

根据上面的案例资料可知，张经理经营的是一家婚庆公司，所以我们可以以公益、关爱底层群众的名义发起百人婚礼活动。这既能够让大众在百人婚礼现场看到企业的实力，知道企业承办与举办婚礼时的状态，又能够让大众记住张经理的婚庆公司。

此外，百人婚礼活动与婚庆公司的相关度很高，这会在无形当中提升转化率。在活动过后，如果关注过活动的人想要举办婚礼，那么会自然而然地想到张经理的婚庆公司。

Tips：在使用结婚接吻法确定活动主题时，一定要传递正能量，确保活动内容健康，这样才能够起到树立品牌形象的作用。当然，我们也要注意活动与企业的相关度。只有活动切实与企业相关，大众才能够将活动与企业联系起来，进而在日后有需求时想到该企业。

## 3.12 关爱孩子法

众所周知，在家庭中，孩子是重中之重。如果你仔细留意就会发现，现在很多企业也意识到了这一点，在发起活动时想尽办法与孩子挂钩。企业这样做是为什么呢？又有哪些好处呢？本节将为你进行详细阐述。

### 3.12.1 什么是关爱孩子法

关爱孩子法，即活动策划人员将活动与孩子相挂钩，进而以关注孩子成长/身心健康的名义来发起活动，吸引众多家长来参与活动。当然，这类活动只适合教育公司，对于其他行业来说发起时还应谨慎。

### 3.12.2 关爱孩子法的优势

使用关爱孩子法确定活动主题的优势如下。

**（1）树立品牌形象。**与孩子相关的活动在一般情况下都是富于创意且非常温馨、柔和的，这就在无形当中树立了企业关爱下一代的形象，让大众觉得企业非常亲民。

**（2）增强关注度。**一提到孩子，家长都会紧张，几乎没有家长会拒绝。因此，这就在一定程度上增强了关注度，让家长们不由自主地参与活动。

**（3）便于传递。**要知道，现在人与人之间交流的话题，除工作、天气外，谈的最多的就是孩子。因此，企业以关爱孩子的名义发起活动，更能给予大众谈资，使其不由自主地进行转发和传递。

## 3.12.3　关爱孩子法的主题撰写思路

下面，笔者总结了一些关爱孩子法的主题撰写思路和方向，供大家在日常工作中参考使用。

### 1. 学习方向

学习方向比较复杂，它并非单单是指学习成绩，还可以探讨智力开发、补习班、报考学校、英语学习等多个方面。我们在发起活动时，只需从这些方面中选取其一作为主题即可。

### 2. 健康方向

孩子的健康牵动着每一位家长的心，我们在发起活动时可以以“关爱儿童健康”为主旨进行主题拟定。当然，“健康”也并非特指疾病，在思考主题时我们还可以思考饮食健康、心理健康、身体机能、运动健康、精神健康、睡眠健康等多个方面。

### 3. 亲子方向

随着孩子的成长，父母与子女之间的感情往往会变得微妙，很多家长都会发现处于青春期的孩子在一般情况下并不会和家长说实话、交流心声。那么，作为企业，我们可以以此为主题来发起活动，教给家长们与孩子的相处之道。

### 4. 兴趣选择

养成良好的兴趣爱好，不仅能提升孩子的个人素养，还能为孩子打造一个美好的前程。因此，企业在发起活动时，还可以以培养孩子的兴趣爱好为主题。

当然，针对孩子的话题远远不止以上几种，本节只针对常见问题进行简单汇总。在实操中，企业还需根据具体情况进行具体分析，切不可一味照搬。

### 3.12.4 使用关爱孩子法应注意的问题

使用关爱孩子法应注意的问题如下。

**（1）言之有物。**在使用关爱孩子法确定活动主题时，注意活动的内容要言之有物，要让参与者能从活动中切实获取一些知识，这样才能够使参与者记住并了解企业，进而对企业产生好感。

**（2）贴近生活。**这类活动需要无限贴近生活，只有阅读者在阅读完主题后，感觉与生活息息相关，才能够激发其参与活动的需求。

**（3）简单易懂。**这类活动的主题需简单易懂，让阅读者对活动在做什么、从中能够得到什么一目了然，这样阅读者才能够对自身进行定位，从而选择是否参与。

### 3.12.5 案例：以柳经理的早教机构为例解析关爱孩子法

柳经理经营一家早教机构，主要业务是通过游戏的方式帮助儿童进行早期智力开发。但是，由于了解这个行业的人并不多，因此报名者寥寥无几。于是，柳经理想要在机构内召开一次义务宣讲活动，吸引家长为孩子报名。如果你是柳经理，该如何拟定活动主题呢？

根据上面的案例资料可知，柳经理经营的是一家早教机构，主要业务是通过游戏的方式帮助儿童进行早期智力开发。他目前面临的现状是报名者很少。由此可以得知，目前能够意识到游戏对幼儿智力开发的重要性的家长很少，很多家长认为游戏和智力开发并无关系。所以，柳经理的活动主题可以这样拟定：

（1）玩儿到北大！

（2）会玩，才会学！

Tips：在以关爱孩子法确定活动主题时，一定要注意言之有物，还要注意贴近生活、简单易懂，这样才能够最大限度地引发共鸣。

# 3.13　兴趣同好法

现在有很多企业通过兴趣同好来发起活动，那么这么做又有哪些好处呢？下面笔者就针对这一问题进行详细解析。

## 3.13.1　什么是兴趣同好法

兴趣同好法，即以兴趣、相同爱好为主题，将具备相同爱好的人群聚集起来，进行交流和互动，进而扩展企业的人脉，进行资源对接和商业合作。

## 3.13.2　兴趣同好法的优势

使用兴趣同好法确定活动主题的优势如下。

**（1）筛选精准客户。**物以类聚，人以群分。高端人群一般都有品茶、打高尔夫球、鉴赏、收藏的爱好，而且有些爱好，诸如改装车等，是普通人根本无法接触到的领域。因此，我们在以兴趣同好法确定活动主题时，也就起到了一定的筛选精准客户的作用。

**（2）拥有谈资。**如果你想和德高望重的人成为朋友，那么你首先要做的就是和他拥有聊得来的话题。因此，以兴趣同好法来确定活动主题，就给了参与人员一个建立起联系的谈资，从而便于结交良师益友。

**（3）增加好感度。**如果你刚刚接触到一个企业或认识一个人，而这个企业或这个人与你有共同点，那么你就会瞬间对其产生好感。同样的道理，以兴趣、相同爱好的名义发起活动，能够增加参与者对企业的好感度，进而形成追随。

## 3.13.3　兴趣同好法的主题撰写思路

下面，笔者对兴趣同好法的主题撰写思路进行了总结。

（1）确定主打方向/主营产品。

（2）根据主打方向/主营产品拟定活动主题（敲定吸引什么样的相同爱好者来参与）。

（3）释放活动主题，吸引相同爱好者参与。

这里需要注意的是，企业所吸引的相同爱好者一定要是意向客户。比如，如果你经营的是服饰公司，那么就应该吸引对时尚、服装设计感兴趣的人群；如果你经营的是化妆品公司，那么就应该吸引对美妆感兴趣的人群。

### 3.13.4 使用兴趣同好法应注意的问题

使用兴趣同好法应注意的问题如下。

**（1）与企业的相关度。**所吸引的人群一定要是企业的意向客户，所以要注意使用兴趣同好法确定的主题与企业的相关度。只有二者相关，才能够使活动切实有效。

**（2）寻找熟悉领域。**作为活动的主办方，一定要对所发起的活动有一定的了解。比如，你发起了“二次元”文化主题活动，但你却对二次元不够了解，那么就难免会造成贻笑大方的尴尬局面，从而使参与者感觉爱好被亵渎，进而对品牌失去好感。

### 3.13.5 案例：以王经理的书店为例解析兴趣同好法

王经理经营一家书店，由于最近店铺内的客流量越来越少，于是王经理想要通过发起活动增加书店的客流量，但他不知道该拟定什么样的活动主题。如果你是王经理，该如何拟定活动主题呢？

根据上面的案例背景资料可知，王经理经营的是一家书店，他想要做的是通过发起活动增加客流量。那么，接下来要思考的问题就是买书/看书的人群都有哪些共同特征？

我们总结得到：①喜欢安静；②拥有浪漫主义情怀；③喜欢品茶/咖啡。另外，我们还要思考书店里的图书都有哪些门类，如少儿、科技、管理、历史、文化、旅游、各行业工具书……

所以，我们的活动主题可以根据如下方向进行拟定。

（1）各行业精英交流会（按照行业，邀请业内德高望重的前辈来书店进行经验分享）。

（2）品茶/咖啡交流会。

（3）影视/文创业内交流会。

（4）旅行者交流会。

（5）朗读爱好者交流会。

……

Tips：在以兴趣同好法确定活动主题时，一定要注意与企业/品牌的相关度，这样才能够确保活动效果。另外，作为活动的主办方，要对活动所涉领域拥有一定的认知度，这样才能够与意向客户建立谈资，使其拥有良好的体验。

第 4 章

# 如何安排活动流程

当我们做好策划活动前的筹备工作，并确定好活动主题后，接下来要做的就是安排活动流程。我们应该如何合理地安排活动流程呢？本章将针对这方面内容进行详细阐述，帮助你安排好活动时长、设置好活动内容，使活动整体丰富有趣。

# 4.1　根据活动时间确定活动模块时长

如果你参与过大型活动就会发现，每场活动的活动模块都不同，每个模块的时长也不相同。这是为什么呢？活动时长与活动模块时长又有着哪些千丝万缕的联系呢？本节将为你揭开这一系列问题的答案，帮助你根据活动时间确定活动模块时长。

## 4.1.1　活动模块时长的分解

一般情况下，活动总体时长分为两种：

**（1）一整天（10:00—15:00）**。针对这样的活动，我们应该着重策划 10:20—11:00 和 13:20—14:00 这两大时间段，因为这刚好是参与者到场的时间段及精力最集中的时间段。同时，也是意向客户逗留一段时间后，最渴望得知企业销售策略的时间段。因此，应该在这两大时间段着重讲解营销策略，而其他时间段可以穿插一些小节目、小表演。

**（2）半天（2～3 个小时）**。针对这样的活动，我们可以每半小时组织一次抽奖活动。同时，以半小时为限，针对产品进行宣讲，从而使后到场的人群可以及时获取企业的营销策略等其想要了解的信息。当然，这并不是说营销策略需要半小时详细宣讲一次，这其中也有主次，在活动的第一个半小时内将营销策略进行详细讲解，其他的半小时时间段可以通过发放宣传单等进行略讲。

下面，笔者将上述内容整理成表格，供大家在日常工作中参考使用。

一整天（10:00—15:00）活动模块分解：

| 时间段 | 活动内容 |
|---|---|
| 10:00—10:20 | 活动开场、热场表演 |
| 10:20—11:00 | 营销策略详解 |
| 11:00—12:00 | 互动游戏 |
| 12:00—13:00 | 午休 |
| 13:00—13:20 | 下午活动热场 |
| 13:20—14:00 | 营销策略详解 |
| 14:00—15:00 | 互动游戏/表演 |

半天（2～3 小时）活动模块分解：

| 时间段 | 活动内容 |
|---|---|
| 第 1 个小时 | 热场表演 |
| 第 2 个小时 | 营销策略详解 |
| 第 3 个小时 | 逼单、催单+现场表演 |

这里需要注意的是，半天活动模块一定要穿插抽奖活动，逢整点/每半小时一次，从而最大限度地起到增加参与者逗留时长的作用。

以上仅仅是根据活动总时长所进行的最基本的活动模块时长分解，我们还需要依据参与者的注意力情况，以及实操中参与者的逗留情况，对模块内容及时长进行针对性的调整。

### 4.1.2 图解活动模块时长的设置

要知道，参与者的注意力会随着活动时长的增长而递减，如下图所示。

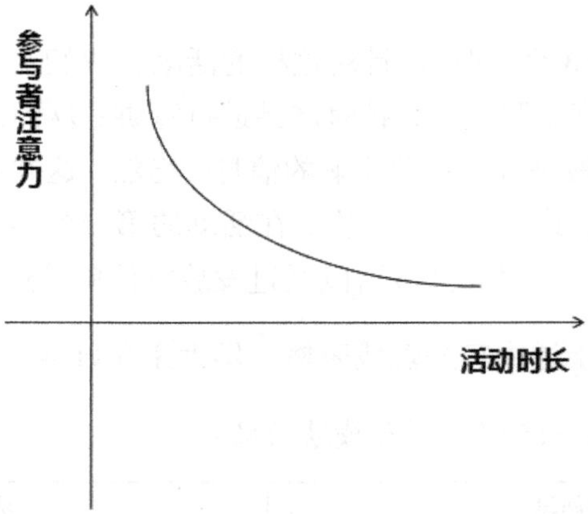


根据上面的参与者注意力与活动时长对照图，我们可以把热场时间与企业营销策略的宣传时间进行微调。将热场时间缩减到 40 分钟左右，然后利用 20～30 分钟的时间来讲解产品及营销策略。这样做有两点好处：一是与参与者建立了感情基础，二是可以在参与者注意力较为集中的时候宣传企业/产品。

针对活动的沸点时间，我们也要进行有针对性的策划。一般情况下，活动的沸点时间在活动临结束前的 20～30 分钟，主要用于抽奖/终极大奖的开奖、现场成交客户的回馈、老客户的回馈等。

### 4.1.3　案例：以王经理的义演活动为例解析活动模块时长的设定

王经理经营一家奶业公司，他想要通过义演活动的形式进行促销。但是，他不知道该如何安排义演活动的时间及模块。如果你是王经理，该如何安排义演活动的时间和模块呢？

根据上面的案例资料可知，王经理经营的是一家奶业公司，他想要做的事情是通过义演活动的形式进行促销。根据本节前面所讲述的内容，我们可以初步将活动时间及模块进行如下分割。

（1）活动总时长：2 小时左右。

（2）活动前 20 分钟：互动热场。

（3）剩下 40 分钟：奶制品发放及品尝，进行销售策略详解及互动活动。

（4）第二个整点的前 30 分钟：互动表演。

（5）最后 20 分钟：奶制品发放及品尝，进行销售策略详解及互动活动。

（6）最后 10 分钟：现场成交奖励及逼单、催单。

Tips：本节所给出的仅仅是最基础的时间分割方法，若遇到具体问题还需要根据实际情况进行具体分析，切不可一味照搬套用。否则，只会造成参与者的不适，进而增加到场客户的流失率。

## 4.2　根据活动目的确定活动内容

本书第 2.1 节详细地讲解了如何确定活动目的，本节就根据活动目的来确定活动的内容，告诉你不同的活动目的都适合什么样的活动，进而方便你在实际工作中挑选使用，策划出符合活动目的的精彩活动。

### 4.2.1 不同活动目的所适合的活动内容

不同的活动目的都适合怎样的活动内容呢？在这里，笔者根据常见的活动目的和内容汇总了一个表格，供大家在日后的工作中参考使用。

| 活动目的 | 适合内容 |
| --- | --- |
| 促销回馈 | 舞蹈歌舞表演<br>小丑杂耍<br>生日会/节日会<br>BBQ/聚餐<br>专业知识讲座<br>现场质询答疑<br>打折<br>试吃/用 |
| 团队搭建 | 信任小游戏（野外拓展、绑腿跑等）<br>真人 CS<br>聚餐/KTV 等 |
| 客户维系 | 酒会<br>资源对接会<br>文化旅行<br>高尔夫球比赛 |
| 客户拓展 | 技术交流会<br>资源对接会<br>博览会 |
| 品牌塑造 | 公益活动（义务支教、义务社区服务等） |
| 吸粉/增粉 | 线上新媒体活动 |

本节仅给出了常见的活动目的比较适合的活动内容，在实际操作的过程中还需要根据企业自身的情况对活动内容进行调整，切忌一味照搬。

### 4.2.2 确定活动内容时需注意的问题

确定活动内容时需注意以下问题。

**（1）活动内容要符合活动目的。**如果你的活动目的是团队搭建，那么活动内容应该是一些信任小游戏、真人 CS 等，千万不要造成活动目的与活动内容不符的局面。

**（2）活动内容要与企业相关。**你所发起的活动内容一定要与企业具备相关性，这样阅读者才能够在阅读完以后将活动与品牌挂钩。否则，会造成阅读者对品牌认知错误，进而影响销售。

**（3）活动内容要新颖有趣。**你所发起的活动要新颖有趣，这样阅读者才能够被活动所吸引，进而参与到活动中来。如果活动不具备吸引力，显得无趣，那么阅读者便会对其失去兴趣，进而放弃参与。

### 4.2.3　案例：以王经理的卤制品公司为例解析活动内容的确定

王经理经营一家卤制品公司，最近由于销售业绩不景气，他想要通过发起活动的方式来促进销量，让品牌被更多的人熟知，让更多的人对公司的卤制品产生信任感，进而促成购买。如果你是王经理，该以什么内容为主题来策划活动呢？

根据上面的案例资料可知，王经理想要做的事情是通过发起活动的方式来促进销量。由此得知，王经理的活动目的是增加销量，完成销售业绩。因为王经理主营的产品为卤制品，所以我们要思考的是该如何让更多的人对公司的卤制品产生信任感。我们可以考虑试吃、打折促销、参观厂房等内容。

于是，王经理的活动内容便可以设定为：免费试吃、现场购买五折优惠；然后在活动现场将厂房、制作流程录制成短片，让参与者在试吃的同时去观看，从而使参与者对产品的制作环境产生信任感。同时，试吃也能够使参与者对产品的质量有一定的信任度。双管齐下，再加上现场购买五折优惠，还愁参与者不来购买产品吗？

Tips：在确定活动内容时，一定要与企业/产品具有相关度，以及迎合活动目的，同时还要注意活动的有趣程度和新颖度，这样阅读者才能够在阅读完主题以后产生兴趣，进而在第一时间选择参与活动。本节所给出的活动目的与活动内容对照表仅仅是依据常见情况做出的简单汇总，若遇具体问题还应根据实际情况进行具体分析，切忌一味照搬。

# 4.3 根据企业现状确定宣传方向

到底该如何确定企业当下的宣传方向呢？到底怎样才能得知企业当下的营销重点呢？本节，笔者就来和你进行详细探讨，告诉你如何根据企业现状确定企业当下的宣传方向。

## 4.3.1 如何确定企业宣传方向

决定活动宣传方向的因素到底有哪些？我们在日常工作中，如何根据这些因素来确定企业的宣传方向呢？下面笔者就来为你进行详细解析。

**（1）企业销售状况。**无论在何种情况下，企业销售状况都能够起到决定企业宣传方向的作用。一般情况下，如果销售状况不佳或者不理想，那么接下来的活动就应该以促进销售为主。这需要策划人员在销售策略、新老客户回馈上下功夫。

**（2）新品上市情况。**如果近期企业内部有新品需要打入市场，那么发起活动的目的应该以宣传新产品、拉动企业新产品的销售为主，大力推广新品。

**（3）企业近期动态。**企业的近期动态决定了接下来的活动发起。如果企业近期参与了一些公益活动，或者业内活动，那么在宣传时就应该结合企业的近期动态，将重点放在品牌宣传上。如果企业近期已经发起了促销活动，那么也要迎合企业近期动态，将重点放在促销活动上。

**（4）企业人力情况。**企业的内部人员配备也影响企业活动的发起。如果企业内部员工数量有限，那么就应该避开需要诸多服务人员的活动，转而发起线上推广。如果企业内部的可用人员比较多，那么就可以将人员调动起来，发起地推、商超推广、商业街区路演、会销等活动。

**（5）时代发展情况。**时代发展对企业活动的发起有着重要影响。如果近期流行新媒体、自媒体，那么作为策划人员，就应该将这些考虑进来，在新媒体或自媒体上发起活动。这样，一来能够告诉新老客户企业是与时俱进的，二来还能够快速占领市场，在新媒体或自媒体上争取曝光度，吸引意向客户。

**（6）竞争对手现状。**当然，在发起活动之前，我们还要针对竞争对手进行详细分析。根据竞争对手的现状，对本企业进行宣传方向上的调整。如果行业内都在宣传品质，那么我们在发起活动时便也应该多宣传品质，甚至告诉消费者我们企业产品品质的核心竞争力在哪里。当然，如果企业本身竞争力不够，那么也可以选择行业宣传盲区来进行宣传。这样，能够使品牌在短时间内异军突起，迅速占领市场。

**（7）企业核心竞争力。**核心竞争力永远是企业的宣传重点。比如，卖面膜的企业都宣传不伤皮肤，那么你就要找到企业其他企业不具备的核心竞争力来进行宣传，从而使阅读者记住你的品牌，并产生信赖。

### 4.3.2　确定企业宣传方向时需注意的问题

确定企业宣传方向时需注意的问题如下。

**（1）摸清市场。**在确定企业宣传方向之前，一定要彻底摸清市场及行业现状，从而能够使宣传方向具有辨识度，让阅读者在参与活动的同时了解并记住企业。

**（2）做好自评。**做好详尽的自我测评，决定着企业宣传方向的正确与否。如果自我测评做得不够准确，那么活动参与者就很难搞清楚企业的宣传重点到底在哪里，从而无法对企业形成任何印象，自然也就谈不上追随企业了。

### 4.3.3　案例：以方经理的体育用品公司为例解析企业宣传方向的确定

*方经理是退役运动员，现在经营一家体育用品公司，主要经营男女运动服、男女运动鞋、各种球类、各种健身器械等体育用品。近期由于营业额不太理想，方经理计划通过发起活动的形式来提升营业额。但是，在选择推广方向时，方经理却犯了难，他不知道自己的主要宣传方向是什么。如果你是方经理，该如何确定宣传方向呢？*

根据上面的背景资料可知，方经理经营的是一家体育用品公司，他发起活动的目的是提升营业额。该公司主营商品是男女运动服、男女运动鞋、各种球类、各种健身器械等体育用品。

乍一看，方经理的体育用品公司确实没有什么亮点和竞争力，毕竟诸如男女运动服、男女运动鞋、各种球类、各种健身器械等体育用品，只要有营业资质，谁都可以经营。那么，方经理的公司就毫无竞争力可言吗？答案是否定的。

要知道，方经理是退役运动员，所以运动器械的保养、运动与健康、服饰与运动健康等方面的内容是他的专长。毕竟，除退役运动员外，是没有人能够专业讲述上述内容的。那么，方经理的体育用品公司就可以主推最懂人类身体的体育用品，可以依据购买者的需求、个人身体状态、个人运动承受能力等多方面因素为其推荐合适的体育用品。

Tips：确定宣传方向需要企业的营销策划人员依据企业营销状况、新品上市情况、企业近期动态、企业人力情况、时代发展状况、竞争对手现状、企业核心竞争力等多种因素综合考量，千万不要闭门造车。在策划之前多搜集上述资料，这样才能够策划出符合企业现状、能够解决企业现有问题的活动。

## 4.4 根据媒介资源确定活动样式

在策划活动时，除需要策划人员想出富有创意的活动外，还需要企业依据现有媒介资源来确定活动样式。有些时候，企业的现有媒介资源也能够决定活动的成功与否。下面将为你针对这一部分内容进行详细阐述。

### 4.4.1 企业现有媒介资源能够决定活动样式的原因

在新媒体时代，流量便意味着金钱，现代企业的宣传往往都离不开大 V、媒体平台、广告平台的支持。那么，企业拥有多少大 V 资源、拥有多少广告位资源、能够吸引多少媒体为其进行免费报道，就成了企业发起活动能否成功的关键。企业发起活动后，如果能够通过上述渠道进行宣传，那么就会制造出一些声势，甚至引起轰动效应。反之，即便发起的活动再有趣，如果没有媒介资源的支持，影响力也不会太大。

### 4.4.2 企业该如何依据现有媒介资源确定活动样式

企业到底该如何依据现有媒介资源来确定活动样式呢？在这里，笔者依据过往海量实操经验，将媒介资源分为两大类，即线上媒介资源和线下媒介资源。

**（1）线上媒介资源。**如果企业拥有论坛、贴吧、新媒体大 V、B2B 平台广告位等线上媒介资源，那么就可以发布一些诸如微博活动、微信活动等新媒体活动。当然，如果企业拥有新闻媒体资源，那么也可以发布一些品牌宣传活动来树立企业的品牌形象，如公益活动等。

**（2）线下媒介资源。**如果企业只拥有户外广告、电视广告、楼宇广告等线下媒介资源，那么就可以发布一些诸如店面活动、公益活动、会展、促销等可以直接拉人到店参与的线下活动。

在这里，笔者总结了一个媒介资源与适合活动样式的对照表，供大家在日常工作中参考使用。

| 媒介资源 | 适合活动样式 |
|---|---|
| 新媒体大 V | 新媒体活动 |
| B2B 平台广告位、新闻媒体 | 品牌宣传活动 |
| 户外广告、电视广告、楼宇广告 | 店面活动、公益活动、会展、促销 |

### 4.4.3　案例：以王经理的食品公司为例详解根据媒介资源确定活动样式

王经理经营一家食品公司，最近他想要发起一次促销活动。其手上的媒介资源有大 V 账号、门户网站广告位、新闻媒体发稿等。如果你是王经理，该发起什么样式的活动呢？

根据上面给出的案例资料可知，王经理拥有的资源是大 V 账号、门户网站广告位、新闻媒体发稿等，于是可以得出王经理拥有的都是线上媒介资源。那么，我们就可以依托线上平台，发布一个新媒体活动，进而将所有线上媒体资源利用起来，对活动进行宣传。

Tips：根据媒介资源确定活动样式，只是一种简单的确定活动样式的方法。本节也仅仅是笔者依据过往实操经验，针对常见情况进行的初步汇总。若遇到具体问题，还需要大家针对现实中所面临的问题进行详细分析，切不可一味照搬。

# 4.5 根据嘉宾及团体情况设定致辞环节

在活动中，常常少不了嘉宾致辞的环节，那么嘉宾致辞环节到底该如何设定？怎样安排嘉宾致辞顺序才是正确的呢？本节笔者就针对这一系列问题为你进行详细解析，帮助你快速设定好嘉宾致辞环节，让所有来宾都满意而归。

## 4.5.1 嘉宾致辞环节的设定规则

一般情况下，嘉宾致辞环节的设定规则有 4 种，具体内容如下。

**（1）从小到大。**从小到大，即嘉宾致辞时依据嘉宾的影响力、社会地位，从小到大依次发言，进而达到重磅嘉宾最后出场的目的，从而增加参与者的期待感，增加参与者对活动的关注时间。

**（2）从大到小。**从大到小，即嘉宾致辞时依据嘉宾的影响力、社会地位，从大到小依次发言。这样做能够让参与者在活动一开始就感受到企业的实力。通过重磅嘉宾，烘托出活动的火爆氛围。但是，这样做的弊端是无法保证参与者对活动的关注时间。

**（3）从远到近。**这种设定规则在各种活动中都非常常见，即被邀请嘉宾率先发言，本公司的领导者后发言，从而突出企业对嘉宾的重视。同时，能够让参与者分清发言者的立场和与主办方的关系，进而选择对自己有价值的内容进行关注。

**（4）大领导优先及殿后。**这种设定规则在大型活动中非常常见，即让大领导在活动开始时进行致辞，在活动结束后进行总结，从而烘托出领导的重要性。

## 4.5.2 设定致辞环节时应注意的问题

设定致辞环节时应注意如下问题。

**（1）所有嘉宾都要照顾到。**如果设定了嘉宾致辞环节，那么就一定要让所有嘉宾都有致辞的机会，千万不要因为时间问题而漏掉哪位嘉宾，否则会使嘉宾对企业产生不良印象。

**（2）根据嘉宾地位/身份设定发言时间。**如果时间的确来不及，那么我们可以根据嘉宾的地位/身份对发言时间进行调整。如果所有嘉宾的发言时间都是一样的，那么也无法体现出重磅嘉宾的重要性。

**（3）嘉宾介绍时不应夹杂个人情绪。**无论活动邀请来的嘉宾你是否喜欢，都不应该在介绍嘉宾时表露出任何情绪。无论介绍哪位嘉宾，都应该保持微笑，用心介绍，让嘉宾感受到企业对其的尊重。

### 4.5.3　案例：以王经理举办的业内交流会为例解析嘉宾致辞环节的设定

王经理最近要举办一场机械行业技术交流大会，邀请到了机械专家王老师（50 岁）、资深工程师李工（35 岁）、新晋机械工程师小张（28 岁）、跨国机械专家柳老师（29 岁）。如果你是王经理，该如何安排这些人的致辞顺序呢？

根据上面的案例资料可知，王经理邀请的嘉宾分别是机械专家王老师（50 岁）、资深工程师李工（35 岁）、新晋机械工程师小张（28 岁）、跨国机械专家柳老师（29 岁）。我们可以根据嘉宾的影响力来依次排序：跨国机械专家柳老师（29 岁）、机械专家王老师（50 岁）、资深工程师李工（35 岁）、新晋机械工程师小张（28 岁）。

为了凸显对嘉宾的重视，我们可以将出场顺序设定为：

（1）跨国机械专家柳老师（29 岁）。

（2）资深工程师李工（35 岁）。

（3）新晋机械工程师小张（28 岁）。

（4）机械专家王老师（50 岁）。

到这里，一定有人会疑惑：为什么跨国机械专家柳老师（29 岁）首先致辞，而机械专家王老师（50 岁）最后发言呢？

其实，答案很简单，让跨国机械专家柳老师（29 岁）首先致辞，是基于对年轻人的肯定。通过其新颖的思维，带动后面的嘉宾发言，起到抛砖引玉的作用。

而让机械专家王老师（50 岁）最后发言，是对于老专家的肯定，让其对前面的发言进行总结，使会议主题得到升华，将本次会议更深层次的干货放送出来。

Tips：如果活动中有两个重磅嘉宾，而你实在不知道该如何安排嘉宾的出场顺序，那么不妨根据年龄和影响力将重磅嘉宾放在首位和最后一位，这样同样能够起到重视嘉宾的作用。当然，依据嘉宾的影响力将嘉宾出场顺序设定为从小到大、从大到小、从远到近也是可以的。

## 4.6 通过模拟推演更改活动内容

在实际发起活动之前，我们还需要针对活动流程到活动场地进行反复的实操预演。企业这么做的目的是什么呢？为什么要在实际发起活动前进行推演和预演呢？本节将为你揭开这一系列问题的答案。

### 4.6.1 模拟推演的优势

在实际发起活动之前，模拟推演的优势如下。

**（1）熟络活动流程。**要知道，发起一个活动需要活动主办方、活动主持人、演员、灯光师、音响师等多方人员的共同配合。为了使各方人员都能明确自己的事务，在活动中拥有良好表现，我们必须通过模拟推演的方式让所有人都熟悉活动流程。

**（2）确保万无一失。**在活动实际执行过程中，往往会出现这样或那样的纰漏，通过模拟推演能够让活动中的纰漏提前暴露出来，从而给活动主办方留有充足的时间来解决这些问题，以确保活动真正发起时不再发生纰漏。

**（3）确保活动落地。**有时候活动的策划人员会脑洞大开，他们认为能够轻松实现的事情，在实际的操作过程中是很难实现的。因此，为了确保活动创意落地，便有必要在活动发起前对活动进行预演，从而使所有创意都能够被实现。

### 4.6.2　模拟推演时应注意的问题

在活动发起之前模拟推演时应注意如下问题。

（1）**注意观察**。作为主办方，在预演时一定要多加观察，不要放过活动中的任何一处纰漏。只有这样，才能够全方位地发现活动中存在的不足和问题，从而抢在活动真正发起之前全部处理掉。

（2）**要让各方人员都参与进来**。在预演阶段，一定要让活动的各方人员都参与进来，千万不要漏掉任何一方人员。只有这样，才能够确保活动的所有参与者都对活动流程有清晰的认知，进而确保活动的万无一失。

> Tips：在进行活动推演时，一定要从全局出发，不放过任何一个细微的问题。只有这样，才能最大限度地规避活动的突发事件。我们在进行推演时，要让活动的各方人员都参与进来，这样才能确保活动的所有参与者都能掌握活动流程，从而避免在活动中出现纰漏。

## 4.7　注意活动内容的主次穿插

在发起活动时，要注意活动内容的主次穿插，让整个活动看起来主次分明、亮点突出。那么到底该如何操作呢？如何安排活动内容才能够做到主次分明、亮点突出呢？本节将针对这一系列问题为你进行详细阐述。

### 4.7.1　如何使活动内容主次分明

（1）**小节目穿插**。因为在一般情况下企业的活动目的都是促销，这也就意味着在活动中企业都会释放最新销售策略、讲解产品。为了使活动内容能够主次分明，我们可以通过穿插魔术表演/歌舞等小节目的形式来突出主要活动内容，让参与者记住产品和销售策略。

（2）**时长区分**。在活动中，我们可以通过时长来突出活动的主要内容，将主要内容的时长设定得长一些，将次要内容的时长设定得短一些，从而使参与者能够清楚活动的主要部分在哪里。

### 4.7.2 使活动亮点突出的技巧

**（1）设立仪式。**在活动中，我们可以通过设立仪式的方式来突出活动亮点。比如，我们要突出关怀老客户这一亮点，那么就可以通过将多层蛋糕送给老客户、为老客户点亮生日蜡烛、企业高层为老客户发红包等多种形式来将活动推向高潮。

**（2）突出高科技。**高科技是最吸引现代人眼球的，如果在活动中有诸如机器人登场、灯光魔幻秀、太空连线等让人眼前一亮的环节，那么也能够将活动推向高潮，进而突出活动亮点。

**（3）主持人渲染。**在活动中，主持人渲染氛围也是重中之重。如果在活动中主持人突然兴奋至极，或者反复突出某一环节，那么也能够使参与者感受到活动的亮点在哪里，进而将亮点呈现出来。

### 4.7.3 案例：以赵经理的楼盘老客户维系活动为例解析活动内容的主次穿插

赵经理是某楼盘的经理，现在他想通过发起活动的形式来维系与老客户的关系，从而促使老客户为楼盘进行转介绍。如果你是赵经理，该如何安排一场内容主次分明、亮点突出的活动呢？

根据上面的案例资料可知，赵经理想要做的事情是通过发起活动来维系老客户，促使老客户为楼盘进行转介绍。那么，我们接下来要思考的问题是，楼盘老客户维系活动的形式都有哪些？例如，老客户转介绍颁奖会、老客户生日会、老客户冷餐会等。

所以，我们可以以“老客户转介绍颁奖会”为核心亮点发起活动。开始时以歌舞表演、魔术表演为铺垫，最后向为楼盘转介绍的老客户进行颁奖，将活动推向高潮。同时，也释放最新的转介绍/销售策略，吸引更多与会老客户为楼盘介绍客户。

Tips：在策划活动时，一定要注意活动内容的主次穿插，以及活动亮点的突出，这样阅读者才能够最大限度地感受到活动的主题和亮点，记住企业传递的信息。当然，在对活动内容进行主次穿插时，也应该注意各模块之间的衔接，否则就会有生硬感，影响参与者的体验。

第 5 章

# 如何选择活动地点

选址，是一个活动能够成功举办的关键。不同的活动类型，对活动地点的要求也不尽相同。本章，笔者就依据海量实操经验，告诉你不同类型的活动地点到底该如何选择，进而让你在活动中选择适合自己的活动地点，使活动效果事半功倍。

# 5.1 促销类活动地点的选择

针对促销类型的活动，我们首先要思考的问题是，大众到底在什么情况下能够产生购买？答案一定是有大量逗留时间的时候。那么，我们便可以依据大众的这一习惯来对活动地点进行选择。

## 5.1.1 促销类活动的常见地点

一般情况下，促销类活动的常见地点有如下几种。

**（1）商业街。**一般人们在逛商业街或步行街时都有充足的时间，这时候人们的心理防线会降低，同时心情也是愉悦和放松的，对事物很容易产生关注和信任。在这里进行促销活动能够很容易吸引到意向客户，而且一般被吸引过去的人群逗留时长都较长。加之，商业街或步行街的人流量很大。这是企业争取曝光度的一种手段。

**（2）商场/超市内。**大家去逛商场/超市时，本身就带着购物的目的。那么，企业在商场/超市内进行促销活动，就起到了提醒大众来购买自己产品的作用。因为参与者本身就已经带有购买需求，而这时候你又恰到好处地提醒他来购买自己企业的产品，如果价位和质量都比较合理，那么大众有很大几率会选择购买你的产品。

**（3）小区里。**大众在走进小区，即将回到家里时往往是最为放松的，当他们卸下防备后，最渴望的就是享受生活。因为大众本身对生活充满了期待，这时候你又为他们宣传了产品，告诉他们产品的好处，那么很自然地就会形成购买。

## 5.1.2 为促销类活动选择活动地点时应注意的问题

为促销类活动选择活动地点时应注意的问题如下。

**（1）人流量。**人流量是决定一个活动能否成功举办的关键。如果你所选择的地点人流量大，那么就会很容易吸引到对产品有意向的人群，进而形成购买。相反，如果你选择的地点人流量小，那么很可能就会造成活动无人问津的尴尬局面。

**（2）心理因素。**购买者的心理因素也可以决定一个活动到底能否切实成功举办。如果你选择的促销地点在公共汽车上，那么很显然，由于大家都在赶路，不会有人来关注你的产品。但是，如果你选择的促销地点在商场/超市内，那么本身来逛商场/超市的人就带有购物需求，关注你的产品也是非常自然的事情，如果各方面都差不多，就会选择购买。

**（3）物品摆放。**物品摆放问题也是重中之重。如果你选择的活动地点没有电源，也没有办法摆放产品，那么很显然，即便是做了活动，你的宣传力度也不到位，从而不能使参与者记住你的产品。

**（4）受众人群。**在发起促销活动时，一定要将受众人群考虑进来，选择受众人群聚集的地方发起活动。比如，你的受众人群是学生，那么就应该在高校中发起促销活动；如果你的受众人群是白领，那么就应该在写字楼前厅、办公楼聚集的地方发起活动。

### 5.1.3　案例：以刘经理的果品促销活动为例解析促销类活动地点的选择

*刘经理最近想要发起一个果品促销活动，但却在活动地点的选择上犯了难，他不知道该如何选择活动地点才能够使活动效果事半功倍。如果你是刘经理，该将活动地点选择在哪里呢？*

根据上面的背景资料可知，刘经理想要发起果品促销活动。那么，接下来我们要思考的问题是，什么人需要购买水果？没错，上班族、家庭主妇、老人等人群都需要购买水果，其属于大众消费类。那么大家在什么情况下会购买呢？一般是临回家之前，或者在超市或水果店里。所以，我们就可以将促销活动设定在社区内、超市内或水果店内。

> Tips：选择促销类活动的地点时，一定要考虑到人流量、购买者心理因素、物品摆放、受众人群这四大因素，从而能够使企业最大限度地吸引到有购买意向的人群，进而促成购买。

## 5.2 会展展览类活动地点的选择

在举办会展展览类活动时，往往会伴随着各种突发情况。所以，在举办活动时，所需要考虑到的问题有很多。只有将所有细节都考虑到，才能够策划出一次非常完美的活动。那么，举办会展展览类活动时又该如何选择活动地点呢？本节就来针对这一问题进行详细阐述。

### 5.2.1 会展展览类活动的常见地点

会展展览类活动的常见地点有如下几种。

**（1）工业厂区。**一般工业厂区都有很大的开阔地，可供成百上千家企业入驻参展，而且不受天气的影响。选择工业厂区来举办会展展览类活动，即便是外面下着雨，也不必担心产品淋湿等情况。而且，一旦活动现场出现意外，还可以及时隔离、及时撤出。

**（2）艺术园区。**一般情况下，会展展览类活动都有自己的个性化主题。选择艺术园区，就恰好迎合了会展展览类主题，传递给大众一种独有的文化韵味。

**（3）展览馆。**在大多数情况下，很多展览馆都有很大的开阔地可供参展企业入驻。同时，展览馆的名字也恰好与会展相呼应，能够让大众感受到会展展览类活动的专业度和严谨度。

**（4）郊外开阔地。**在这样的地点举办会展展览类活动，能够让参与者尽可能地放松下来。这样，参展企业便有机会为参与者讲解、灌输品牌知识，进而使参与者在心情愉悦的前提下完成购买，形成良好的购物体验。

### 5.2.2 为会展展览类活动选择活动地点时应注意的问题

为会展展览类活动选择活动地点时应注意如下问题。

**（1）地点要迎合主题。**你所选择的活动地点，一定要迎合活动的主题。比如，举办画展，要将活动地点选在艺术区；举办车展，要将活动地点选在展览馆或郊外开阔地。总之，要给参与者一种舒服的感觉。

**（2）注意通道畅通。**在会展展览类活动中，安全问题是重中之重。因此，我们有必要为突发事件预留通道，让参展者与购买者可以顺利撤离。这样，主办方才能够确保在遇到突发问题时应对自如，不至于出现其他恶性事件。

**（3）参与者的车次问题。**举办会展展览类活动，一定要注意参与者的车次问题，让参与者能够毫不费力地顺利到达活动场地。这样，才能够使有兴趣的人群都到场参与。如果坐车不方便，则很容易造成参与者流失，使活动效果不尽如人意。

### 5.2.3　案例：以吴经理的书画展为例解析会展展览类活动地点的选择

吴经理最近要举办一场书画展，他想通过书画展吸引更多对图书感兴趣的人参与进来，一起交流。同时，售卖图书及名画。如果你是吴经理，该将这场书画展的地点选择在哪里呢？

根据上面的背景资料可知，吴经理想要举办一场书画展，吸引更多对图书感兴趣的人参与进来，一起交流。同时，售卖图书及名画。那么，我们接下来需要思考的问题是，对书画感兴趣的人群一般都会待在哪里呢？没错，就是图书馆、艺术园区。

所以，吴经理的书画展就可以将地点选择在图书馆内的某个大厅或艺术园区内。

Tips：在为会展展览类活动选择地点时，一定要注意主题与地点的契合度，同时还要为突发事件预留一条备用通道，以及注意参与者的车次交通问题。这样，才能确保活动当天有足够的意向客户前来参与，同时规避活动中出现突发事件。

## 5.3　分享讲座类活动地点的选择

在日常生活中，我们很容易看到分享讲座类活动，每场活动的地点也不尽相同。那么，这样的活动到底该如何选择活动地点呢？怎样选择活动地点才能确保分享讲座类活动的顺利进行呢？本节就针对这一系列问题进行详细阐述。

### 5.3.1 分享讲座类活动的常见地点

分享讲座类活动的常见地点如下。

**（1）咖啡厅。**咖啡厅自然不用多说，选择在这里展开分享讲座类活动，能够让参与者瞬间放松下来，倾吐心声，从而能够瞬间拉动主讲人与参与者的距离，进而最大限度地让参与者记住企业品牌。

**（2）书店。**近年来，一些私营特色书店也成为分享讲座类活动的聚集地。在书店里，参与者能够感受到一种轻松的氛围，进而放下心理防备，排除杂念，静心聆听主讲人的话语。这样，也能够最大限度地起到令参与者记住企业品牌的作用。

**（3）写字间/酒店。**写字间和酒店有异曲同工之妙。企业选择在这些地方发起活动，能够在无形当中提升企业形象，树立企业严谨、大气、专业的形象，进而使活动的参与者拥有良好的与会体验。

### 5.3.2 为分享讲座类活动选择活动地点时应注意的问题

为分享讲座类活动选择活动地点时应注意如下问题。

**（1）环境要安静。**分享讲座类活动，需要主讲人与参与者拥有心灵上的共鸣和沟通，这就需要活动的参与者在安静的环境中集中注意力来聆听。因此，会场环境务必要保持安静。

**（2）注意场地硬件。**分享讲座类活动，一定要注意活动场地的硬件设施，提前对活动现场的硬件设施进行有效调控和测试。只有这样，才能确保活动的顺利进行。如果没有提前针对活动场地的硬件设施进行调试，那么就会造成诸如麦克风失灵等尴尬，进而影响参与者的体验。

### 5.3.3 案例：以阮经理的心理健康讲座为例详解分享讲座类活动地点的选择

阮经理最近要举办一个心理健康讲座，主要讲解儿童心理健康问题，但他不知道该选择怎样的活动地点。如果你是阮经理，该将活动地点选择在哪里呢？

根据上面的案例资料可知，阮经理想要举办一个儿童心理健康讲座。因此，我们在选择活动地点时就应该考虑到“儿童”这个因素，选择家长和孩子经常出入的地方。

所以，阮经理这次讲座的地点应该选择在少年宫、儿童培训机构内、学校里或咖啡厅。

Tips：在为分享讲座类活动选择地点时，一定要注意两大方面：①环境要安静；②注意活动场地的硬件设施是否完备。这样，才能够使参与者静下心来，认真地聆听讲座所讲述的内容，进而确保活动效果。

## 5.4　团建竞赛类活动地点的选择

在发起活动时，我们经常会发起团建竞赛类活动，那么这类活动的地点又该如何来选择呢？本节，笔者就针对这一问题为你进行详细阐述。

### 5.4.1　团建竞赛类活动的常见地点

团建竞赛类活动的常见地点如下。

**（1）水上。**很多水上项目，如赛艇、划船等都需要多人配合才能完成，加之一旦遇到突发事件，更加需要团队人员齐心协力才能够使所有人都不掉队并顺利上岸。所以，在游乐与危机处理中，团队成员的熟悉度会激增，从而更加便于团队成员的磨合。

**（2）军营。**军营几乎是所有大企业进行团建必去的一个地方。在必须服从指挥、整齐划一的环境里，更加能够使团队成员加速了解，形成互补，完成最终的培训目标。

**（3）景区。**景区也是大企业团建必去的地方。去景区的主要目的是能够使团队中的人互相了解，换个地方静下心来倾吐心声，以便于大家在日后的工作中坦诚相见。

**（4）体育场。**对于大企业来讲，体育场也是不错的团建宝地。可以以项目为单位，也可以以部门为单位，举办运动会。在一声声加油呐喊中，团队气势与凝聚力能够被瞬间点燃，进而更加便于大家在日常工作中进行配合。

**（5）公司内。**公司是所有员工办公的地方，但其实也是最适合进行团建的地方。企业可以选择节假日或者某些特殊时期在公司内组织团建活动，帮助新员工更加深入地了解公司各楼层架构，熟悉公司环境。

### 5.4.2 为团建竞赛类活动选择活动地点时应注意的问题

为团建竞赛类活动选择活动地点时应注意如下问题。

**（1）场地要开阔。**因为团建竞赛类活动一般都有多人参与，因此在选择活动地点时一定要选择开阔的场地，能够同时让几百人一起参与活动为妙。这样，才能确保团建竞赛类活动能够顺利开展。

**（2）要制造困难。**试问，人在什么情况下才能够毫无保留地依靠别人、信任别人？没错，一定是在面临困难的时候。因此，在举办团建竞赛类活动时，我们也可以刻意制造一些困难，让参与者能够有一种“同甘共苦，患难与共”的感觉。这样，才能够确保团建竞赛类活动达到预期目的。

**（3）要适宜交流。**我们也要选择适宜交流的场所进行团队建设，能够让所有参与者在参与活动之余静下心来，从心底说出自己的真实感受。这样，才能够起到交心的目的。

**（4）临近医疗场所。**在进行团建竞赛类活动时难免会遇到磕磕碰碰，或中暑等问题，这就需要在选择活动地点时选择临近医疗场所的地方来进行活动，这样才能确保遇到突发事件时使伤者在第一时间得到有效医治。

### 5.4.3 案例：以某运输公司的团建活动为例解析团建竞赛类活动地点的选择

小王是某运输公司的总经理，他发现公司里有些部门人员互相误会产生了隔阂，现在他想要为公司员工举办一次团建活动，从而消除部门之间的误会，增强团队的凝聚力。但他不知道在哪里进行团建活动比较合适。如果你是小王，该怎样选择团建地点呢？

根据上面的背景资料可知，小王想要通过团建活动使各部门人员消除误会。那么，我们接下来需要思考的就是，到底人在怎样的情况下才能够凝聚在一起呢？在这里有两个场地可以选择：①军营；②野外景区。

（1）军营。通过军训及小游戏，为员工增加困难，进而使大家互相了解，消除隔阂。

（2）野外景区。企业可以通过自驾的方式到景区旅游。在自驾旅行的途中，员工们只能互相依靠、齐心协力才能确保平安归来。那么，在美景与人迹罕至的环境中，就一定会产生交流，这样团队的隔阂就会被最大限度地消除。

Tips：在为团建竞赛类活动选择活动地点时，一定要注意场地的开阔度，要让所有参与者都能够有足够的活动范围。同时，由于考虑到团建竞赛类活动难免会出现磕磕碰碰的情况，所以在选择活动地点时一定要注意与医疗场所的距离，尽量选择距离医疗场所较近的地方进行活动，这样才能够确保参与者的人身安全。

# 5.5　儿童成长类活动地点的选择

很多企业都会以儿童成长的名义来发起活动。当然，这类活动在选择活动地点时也非常讲究。本节就来教给你儿童成长类活动地点的选择方法。

## 5.5.1　儿童成长类活动的常见地点

儿童成长类活动的常见地点如下。

**（1）青少年宫。**家长一般都会带孩子去青少年宫。因此，在这里发起活动就相当于在意向客户身边发起活动，活动效果会非常好。

**（2）学校。**学校是学生学习的地方，而且学校在学生和家长心中又拥有绝对权威的地位。因此，儿童成长类活动在学校发起，就相当于学校默认与认可了企业的行为对孩子有益，这更加便于企业进行营销。

**（3）培训机构。**在培训机构发起活动，一般都是针对老学员而言的。为了使已报名的孩子继续续费学习，培训机构就必须发起活动，通过优惠的价格将学员稳定住。

**（4）社区。**这是比较讨巧的一种活动发布方式。社区里每天都有很多家长带着孩子溜达，而学生和家长每天也都会回到社区。企业在这里发布活动就相当于锁定了海量客户资源，不仅能够使意向客户有足够的时间来了解，而且还能够抓住新客户，为企业未来的销售做好铺垫。

**（5）游乐园。**在游乐园发布活动的企业一般都是儿童娱乐类企业。因为家长带孩子来游乐园是为了消遣娱乐，这时候如果看到更有意思或者更好玩儿的地方，家长和孩子就会瞬间产生兴趣，并选择择日体验。

### 5.5.2 为儿童成长类活动选择活动地点时应注意的问题

为儿童成长类活动选择活动地点时应注意如下问题。

**（1）安全性。**对于孩子来讲，安全永远是第一位的。所以，选择的活动地点一定要绝对安全，千万不能出现任何安全隐患。否则，只会让家长和孩子对企业瞬间产生负面印象，进而不再相信企业。

**（2）提前沟通。**如果将活动地点选择在学校、青少年宫、社区等地方，那么一定要提前和场地的提供者商定好，从而避免在活动进行到一半时被相关管理人员清场的尴尬。否则，会让围观的家长与孩子对企业产生不良印象，有失企业的权威。

### 5.5.3 案例：以夏经理的婴儿奶粉公司为例详解儿童成长类活动地点的选择

*夏经理经营了一家婴儿奶粉公司，现在他想要通过发起活动的形式来推广自己的婴儿奶粉。但是，他却在选择活动地点时犯了难，不知道该在哪里举办活动。如果你是夏经理，该在哪里举办活动呢？*

根据上面的背景资料可知，夏经理想要通过发起活动来推广自己公司所生产的婴儿奶粉。那么，我们接下来应该思考的是，有购买需求的人都在哪里？很显然，在家里、医院、妇幼保健院、健身中心、写字间。

所以，夏经理就可以将活动地点设定在：①社区；②健身中心；③写字间。

（1）社区。无论准妈妈还是新手妈妈，在生产前后都会待在家里休养。而休养不可能每天都待在屋子里不出门，但这部分人又不可能出远门。因此，企业将活动地点选在社区，就相当于将产品送到了意向客户身边，大大增加了购买率。

（2）健身中心。很多宝妈在生产过后都会去健身中心做专业的身体恢复训练。因此，夏经理也可以通过与健身中心合作来举办活动，将活动地点设定在健身中心。

（3）写字间。无论宝妈还是宝爸，都需要上班，那么我们就不妨与写字间合作，在写字间发起活动，吸引年轻父母来购买。

Tips：在为儿童成长类活动选择活动地点时，一定要考虑到安全因素，要最大限度地规避意外和危险。当然，如果你选择在学校、社区这种地方发起活动，那么也要提前与场地的提供者商定好，从而避免在活动中途被清场的尴尬。

## 5.6　宴会晚会类活动地点的选择

有不少企业会时常举办宴会和晚会活动，在选择活动地点时也显得非常讲究。那么，宴会晚会类活动到底该如何选择活动地点呢？在选择活动地点时又应该注意哪些问题呢？本节就来针对这一系列问题进行详细阐述。

### 5.6.1　宴会晚会类活动的常见地点

宴会晚会类活动的常见地点如下。

**（1）酒店。**酒店是企业宴请新老客户、维系与新老客户的关系的绝佳地点。一般情况下，为了表示对被宴请者的尊重，企业都会选择星级酒店。这样，既显得气派，又能够彰显企业的实力。

**（2）俱乐部。**有些俱乐部拥有舞台，可以承办小型的晚会表演，因此，也成了各中小企业举办年会的绝佳选择。

**（3）体育馆。**近年来，随着舞台搭建技术的更新，有很多企业也会选择在体育馆举办年会。这样能够使参与者更加具有代入感，感受到晚会的氛围。

**（4）度假区。**有很多具备相当实力的企业也会选择在某个度假村来举办宴会或年会，从而使参与者不仅能够感受到郊外风光，更能够感受到轻松、愉悦的氛围。

### 5.6.2 为宴会晚会类活动选择活动地点时应注意的问题

**（1）场地的档次感。**要知道，企业举办宴会或晚会的目的是彰显企业实力，拉拢新老客户，所以有必要在选择活动地点时注意活动场地的档次，选择一些知名的场地，或者硬件设施比较健全和现代化的场地，这样才能够起到树立企业品牌形象的作用。

**（2）场地的私密性。**举办宴会或晚会，在选择活动地点时一定要注意场地的私密性，选择一些比较私密的场地，这样才能够起到内部交流和维系感情的作用。如果你所选择的会议场地所有人都能够出入，那么就会造成活动人流的混乱，从而给参与嘉宾一种非常不好的体验。

**（3）注意消防及逃生设施。**一般的宴会或晚会场地都有非常健全的消防及逃生设施和引导，从而当活动中出现突发事件时，能够第一时间予以解决和疏散。如果企业在选择活动地点时不注意这些方面，当突发事件来临时，就会措手不及，从而给参与者留下不良印象。

### 5.6.3 案例：以方经理的老客户维系宴会为例解析宴会晚会类活动地点的选择

眼看这一年即将过去，某大型传媒公司的方经理想要通过年终宴会来维系与新老客户的关系，以促进下一年度的合作。但是，他不知道将宴会地点选在哪里比较合适。如果你是方经理，该将宴会地点选在哪里呢？

根据上面的背景资料可知，方经理经营的是一家大型传媒公司，他想要通过年终宴会来维系与新老客户的关系。那么，接下来我们需要思考的是，什么场地才能够配得上大型传媒公司老总的身份？没错，那就是星级酒店。

但是，作为大型传媒公司的老总，方经理还要考虑文化底蕴这一方面。因此，宴会地点选择在知名风景区度假村比较合适，这样文化底蕴、食宿条件都被彰显出来，能够让每位参与者都感受到方经理的实力与内涵。

Tips：为宴会晚会类活动选择活动地点时，不仅要考虑到活动地点的华丽程度，更要将文化底蕴、主办方的文化内涵考虑进去。这样，才能让参与者在参与活动的同时感受到企业/发起者的文化内涵，进而被企业/发起者的个人魅力、文化底蕴所征服。

## 5.7　品牌推广类活动地点的选择

在日常生活中，我们不难发现，有些企业会进行快闪等活动，以出其不意的方式出现在你的生活中。那么，企业这么做的目的是什么呢？这么做又有哪些好处？品牌推广类活动地点到底该如何选择？本节就来为你揭开这一系列问题的答案。

### 5.7.1　品牌推广类活动的常见地点

品牌推广类活动的常见地点如下。

**（1）地铁。**在快节奏时代，地铁已经成为大都市人的主要代步工具。因此，有很多企业抓住了这一点，在地铁中进行快闪、商品展示等活动，从而增加品牌的曝光度。

**（2）车站。**除地铁外，车站也是现代人出行必经的地方。企业在车站进行推广活动，能够迅速吸引很多人的关注，进而扩大品牌影响力。

**（3）商业街。**商业街区每天的客流量可想而知，企业在商业街区进行推广，很容易形成轰动效应，进而吸引新闻媒体前来报道、采访，这就在无形当中为企业赢得了免费的品牌曝光。

### 5.7.2 在为品牌推广类活动选择活动地点时应注意的问题

在为品牌推广类活动选择活动地点时应注意如下问题。

**（1）人员流动量。**品牌推广类活动的目的是增加品牌的曝光度，让更多的人认识并了解品牌。所以，我们在为这类活动选择地点时，一定要注意人员的流动量，选择那些人员流动量比较大的地方来发起活动。

**（2）出其不意。**如果想要让大众记住你的品牌，那么在选择活动地点时就要做到出其不意。这样，路人才能够被你的活动吸引过来，进而记住你的品牌。

### 5.7.3 案例：以孙经理的A服饰店为例解析品牌推广类活动地点的选择

孙经理经营了一家品牌名为A的潮装服饰店，现在他想要通过发布活动的方式来宣传品牌，但不知道该将活动地点选在哪里。如果你是孙经理，该如何选择活动地点呢？

根据上面的背景案例可知，孙经理经营的是一家名为A的潮装服饰店，这也就意味着穿这些衣服的人一定很潮、很时尚。所以，我们可以在地铁或商业街来举办快闪活动。通过快闪活动，宣传新的生活态度和A服饰这个品牌。

Tips：在为品牌推广类活动选择地点时，一定要注意人员的流动量、出其不意。只有选择人员流动量大的地方来发起推广活动，才能够最大限度地争取品牌的曝光度。只有企业用一种出其不意的方式将品牌呈现在大家面前，才能够使大家记住品牌。当然，这里的“出其不意”并不意味着要影响大众的日常生活，在出其不意时也要考虑不影响正常的社会秩序。

## 5.8 公益关爱类活动地点的选择

很多企业都会不定期地发起一些公益关爱类活动，来树立企业的正面形象。那么，你知道公益关爱类活动的地点该如何选择吗？在选择公益关爱类活动地点时又该注意哪些问题呢？本节就来针对这一系列问题为你进行详细讲解。

### 5.8.1　公益关爱类活动的常见地点

公益关爱类活动的常见地点如下。

**（1）敬老院和福利院。**敬老院和福利院几乎是所有企业或团体发起公益活动时必去的地方。因为老年人和儿童是最缺少陪伴的，如果有人去，就恰好满足了他们需要陪伴的需求。同时，也能为养老院和福利院解决一部分人员配备不够齐全的问题，帮助院内服务人员深度了解每个人的内心，使老人和孩子心情愉悦。

**（2）大街。**如果感觉去福利院/养老院的点子比较常规，那么我们还可以选择在大街上帮助环卫工清扫、义务擦栏杆等活动。这样，能够将路人的目光吸引过来，从而对企业产生好感。

**（3）偏远山区。**在偏远山区，有很多地方都缺少老师，孩子不知道外边的世界。如果企业选择到偏远山区进行慰问和资助学生，就是切实在帮助这些家庭解决实际问题。那么，在活动过程中，企业就会树立起关注下一代、关注贫困者的正面形象。

**（4）特殊学校。**有些特殊学校的孩子从小就被父母遗弃，或者在心理上有些问题，所以一般会很少有人和他们进行交流。如果企业来到特殊学校，与这些特殊的孩子一起玩耍、一起交流，就会让这些孩子感受到关爱和温暖，从而树立起对生活的信心。这就在无形当中树立了企业的品牌形象。

### 5.8.2　在为公益关爱类活动选择活动地点时应注意的问题

在为公益关爱类活动选择活动地点时应注意如下问题。

**（1）保护受助者的自尊。**企业在举办这样的活动时，一定要注意保护受助者的自尊，不要让受助者感觉自己的隐私被曝光。否则，就会让大众对品牌产生负面印象。

**（2）不影响受助方的生活秩序。**如果你选择到敬老院、福利院这种地方进行公益活动，那么就一定要注意不要影响受助方的生活秩序，不要让受助者感觉被帮助是一件麻烦事，也不要造成“每天给一位老人洗 *N* 次脚”的情况出现。企业的活动地点千万不要与其他企业的活动地点重复，否则会给受助方增加困扰。

（3）切忌流于表面。公益关爱类活动本身就是切实帮助受助方的，所以在活动过程中要切实解决受助方的某一方面问题。这样，才能使公益关爱活动切实落实到位，从而树立公司品牌的正面形象。

### 5.8.3 案例：以周经理的送书活动为例解析公益关爱类活动地点的选择

周经理的公司最近想要搞一次送书活动，将崭新的图书赠送给贫困地区的儿童，从而树立起企业关爱下一代成长、传递最新知识的正面形象。但是，周经理却在选择活动地点上犯了难。如果选择偏远山区，则要坐火车、飞机去送书，成本太高。如果你是周经理，该如何选择活动地点呢？

根据上面提供的背景案例资料可知，周经理想要搞一次送书活动；他所面临的问题是受到交通成本的限制，不能带着公司员工亲自去偏远山区送书。那么，我们接下来应该思考的是，怎样才能既举办了送书活动又不花费大量的交通成本？其实答案很简单，将到偏远山区送书改成在城市周边贫困县/给贫困生/给福利院送书。这样，既能够起到品牌宣传的作用，达到了送书献爱心的目的，同时又节省了大量的交通成本。

Tips：在为公益关爱类活动选择地点时，一定要注意千万不要影响到受助方的生活，还要注意保护受助方的隐私和自尊。当然，最主要的是这种公益关爱活动千万不要流于表面，一定要切实解决受助者的实际问题。只有这样，企业的公益关爱活动才能真正落实到位，才能获得良好的口碑。

## 5.9 根据受众选择活动地点

本章前面所讲述的内容全都围绕“根据活动类型选择活动地点”，然而在现实活动中，在选择活动地点时我们还要考虑另一重要因素，即受众。如果受众不对，那么即便你举办的活动再新颖、再丰富也无济于事。我们该如何根据受众来选择活动地点呢？本节就来为你揭开这一问题的答案。

### 5.9.1　常见的受众与活动地点匹配表

不同的受众，活动的地点也不尽相同。如果你想确保活动效果，那么就要找到目标受众聚集的地点。不同的受众一般都会出现在哪里？又该怎样选择活动地点呢？在这里，笔者根据常见的受众人群总结了一份活动地点匹配表，供大家在日后的工作中参考使用。

| 目标受众 | 活动地点推荐 | 推荐理由 |
| --- | --- | --- |
| 学生 | 学校 | 很多高校为了增强学生的社交能力，都喜欢与企业合作，举办活动。<br>学校在学生与家长心目中占据重要地位，在学校举办活动就相当于学校为企业的信誉背书 |
| 白领/职场人士 | 写字间/金融中心 | 写字间是白领和职场人士的上班场所，而金融中心又是写字间林立的地方。选择在这里举办活动，就是将产品直接送到目标客户手中 |
| 儿童/老人 | 社区 | 老人一般都会待在家里，或者到社区活动中心去运动、交流；而最关注儿童的人群，也是在家专职带孩子的母亲。那么选择在社区做活动就显得再合适不过了 |
| 高端人群 | 私营高端商业会所/高尔夫球馆/豪车俱乐部/别墅园区等 | 这些一般都是高端人士经常出现的地方。这些人在这里一般都会放松下来，尽情地享受、体验运动的乐趣。选择在这里发布活动，能够使目标客户更加信任企业，进而形成合作、购买 |

### 5.9.2　根据受众选择活动地点时应注意的问题

根据受众选择活动地点时应注意的问题如下。

（1）**目标客户不应叠加。**如果你的目标客户是学生，那么就选择学校；如果你的目标客户是儿童和老人，那么就选择社区。千万不要选择商业街或医院，这种地方虽然人流量大，但人群却非常杂，会使被吸引的人群变得杂乱，从而不利于品牌推广。

（2）**最好是封闭场所。**你所选择的活动地点最好是封闭场所，从而确保只有你才能与目标受众交流，最大限度地规避竞争，进而增加目标受众的购买率。

### 5.9.3 案例：以郑经理的饮料促销活动为例解析如何根据受众选择活动地点

郑经理现在想要为自己的饮料厂举办一次促销活动，让更多的人记住企业品牌。郑经理饮料厂的饮料是果味碳酸饮料，主打年轻人群。如果你是郑经理，该将活动地点选择在哪里呢？

根据上面的背景案例资料可知，郑经理想要为自己饮料厂生产的果味碳酸饮料举办促销活动，其市场定位是主打年轻人群。那么，我们接下来应该思考的是，年轻人都会出现在哪里？没错，学校、写字间。

所以，我们应该将活动地点定在学校或写字间内。当然，由于饮料这种产品所有人（糖尿病患者除外）都可以饮用的特殊性，也可以将活动地点定在商业街或地铁上。这样，能够起到争取最大曝光度，让更多人了解品牌的作用。

Tips：在根据受众选择活动地点时，一定要注意受众的唯一性和活动场所的封闭性。只有这样，才能确保你的活动只能传递给目标客户，增加活动的成交率，而且还能规避竞争对手的出现，进而使目标客户更加信任品牌，形成购买。

第 6 章

# 活动中增加客户逗留时长的方法

在活动中，我们经常会遇到“参与者众多，但逗留时间长的人却很少”的尴尬，导致企业活动全程都在与新参与者进行互动，从而无法起到逼单作用。那么，怎样做才能增加活动中客户的逗留时长呢？本章就针对这一问题为你进行详细阐述，帮助你提高活动的成交率。

# 6.1 小服务堆砌

无论是什么样的品牌发布活动，最终都需要吸引更多的参与者来参与，并留住前来参与的人群。那么，通过怎样的方式才能增加参与者的逗留时长呢？本节就教给你一个非常实用的小方法——小服务堆砌。

## 6.1.1 可以增加参与者逗留时长的小服务种类

小服务堆砌，顾名思义，就是企业需要通过在活动现场安排多项小服务的方法来增加参与者的逗留时长。一般情况下，活动中常见的小服务有以下几种。

**（1）手机贴膜。**这种小服务自然不用多说，现代人大都需要给手机贴膜。如果这个服务是免费的，那么势必会吸引一部分人来体验。这样，参与者就能够利用等待贴膜的时间在活动现场闲逛，这就在无形当中给企业创造了营销机会。

**（2）美甲。**爱美的女士大都会去做美甲，但要知道，做美甲一般需要半小时，甚至一小时。这样，当女士在做美甲时，她的朋友或家人就会无事可做，这时候便是企业进行营销的绝佳时机。

**（3）变色马克杯制作。**要知道，变色马克杯也不是几分钟就能做好的。而且，照片也不是一时半会儿就能够贴上去的。因此，这就需要参与者进行等待。那么在等待的过程中，企业便多了营销机会。

**（4）各种 DIY。**除上述小服务外，在活动现场还可以提供各类 DIY 服务，如蛋糕 DIY、泥塑 DIY、沙画 DIY 等。孩子在制作这些东西的时候，家长会四处闲逛，这就为企业营销创造了机会。

**（5）淘气堡。**在家长眼里，孩子就是一切。如果孩子想玩淘气堡，那么家长就不得不在一旁进行等待。这就使家长参与活动的时长增加了，企业便可以借此进行营销。

**（6）桌面游戏。**桌面游戏对于年轻人来讲并不陌生，企业可以通过开展桌面游戏的方式留住年轻人这一群体，进而增加对其进行营销的机会。

### 6.1.2　通过小服务堆砌增加参与者逗留时长时应注意的问题

通过小服务堆砌增加参与者逗留时长时应注意如下问题。

**（1）要有吸引力。**你所提供的小服务一定要具有吸引力，这样参与者才能够产生享受服务的想法，进而为了体验小服务而留在活动现场。

**（2）要让参与者得到实惠。**在为参与者提供小服务的时候，一定要让他们切实得到实惠，这样参与者才能够对企业产生好感，进而记住企业品牌。

**（3）不要锁住意向客户。**最理想的小服务，并不是要锁住意向客户，而是要锁住对意向客户来讲最重要的人。要让你的意向客户不得不在活动现场等待，从而使其有充足的时间来了解产品或品牌，这样才能够起到营销作用。如果你的小服务将意向客户锁住了，那么意向客户就会专注于体验小服务，而非关注你的产品。

### 6.1.3　案例：以冯经理的汽车博览会为例解析小服务堆砌

冯经理最近要举办汽车博览会，以往的经验告诉他，来参加汽车博览会的人很多，但能够在会场内逗留超过一两个小时的人却很少。这让他感到非常头疼，他不知道该怎样设置活动内容才能够增加参与者的逗留时长。如果你是冯经理，你知道应该怎么做吗？

根据上面的案例资料可知，冯经理遇到的问题是：参加汽车博览会的人很多，但能够长时间逗留的人很少。那么，我们接下来要思考的是，都有哪些人会来参加汽车博览会？答案是白领、社会精英、孩子家长。

那么，我们便可以在活动现场增设儿童淘气堡、迷你高尔夫、Pizza 等冷餐 DIY、果汁 DIY 等小服务来锁住参与者。

> Tips：通过小服务堆砌的方法来锁住意向客户时，一定要注意服务的实用性，这样才能使参与者对品牌产生好印象。当然，也要注意小服务的服务对象一定要是意向客户身边最重要的人，这样你的意向客户才会留在活动现场，从而给企业对其进行营销的机会。

# 6.2 大师炫技

有些促销活动地点是在商超或商业街，这些地方虽然人流量大，但想要将参与者锁定在活动现场，其实也是一件非常困难的事情。那么，这时候我们该怎样做呢？本节教你一个超实用的技巧——大师炫技，来为你解决这一问题。

## 6.2.1 可以增加参与者逗留时长的大师炫技的方法

大师炫技的方法主要有如下几种。

（1）**花式调酒**。花式调酒对于大多数人来讲依旧是非常新颖的，如果在逛街时遇到，那么相信大多数人会停下来观看，这就给企业创造了一个可以进行促销或广告派发的机会。

（2）**街头魔术**。魔术对于普通人来讲是神秘而又梦幻的，如果在路上遇到有人会飞，或者进行街头魔术表演，那么我们一定会被吸引过去，这在不知不觉中会为企业拉到不少人气。

（3）**街舞**。街舞是年轻人的运动，大多数人在生活中其实很难接触到，所以一旦遇到，就会驻足欣赏，瞬间被吸引。那么，企业就可以通过街舞秀的方式聚拢人气，进而达到促销目的。

（4）**充气玩偶**。孩子都对充气玩偶感兴趣，会瞬间被吸引过去。那么在孩子与充气玩偶互动的时候，企业便可以对家长进行促销，从而提高转化率。

## 6.2.2 通过大师炫技增加参与者逗留时长时应注意的问题

通过大师炫技增加参与者逗留时长时应注意如下问题。

（1）**不影响正常秩序**。在使用大师炫技聚拢人气、留住意向客户时，一定要注意不影响正常的社会秩序，不妨碍正常交通。这样，才能达到宣传的目的，让大众对企业产生好感。

（2）**技能要罕见**。在通过大师炫技留住意向客户时，一定要注意大师的技能要罕见，给参与者一种眼前一亮的感觉。只有这样，参与者才能够被大师的技能所吸引，进而驻足观看。

### 6.2.3　案例：以钱经理的方便面促销路演为例解析大师炫技

钱经理最近在为一款方便面策划促销路演，但却在留住意向客户方面犯了难。他不知道该怎样开展路演活动才能够使更多的人驻足观看，并且逗留更长时间。如果你是钱经理，你知道该怎样做吗？

根据上面的案例资料可知，钱经理在为一款方便面策划促销路演活动。那么，我们接下来要思考的问题是，什么人爱吃方便面？没错，年轻人。所以，我们可以在促销路演活动中插入“街舞表演/魔术煮面”的环节，从而吸引意向客户参与。

Tips：在用大师炫技这种方法吸引意向客户、增加意向客户逗留时长时，一定要注意大师技能的罕见性与新颖性，这样才能最大限度地使更多人产生兴趣，进而驻足围观。当然，在发起活动时也要考虑到安全因素，不要因为人群围观而影响正常的交通及社会秩序。

## 6.3　不断抽奖

现在有不少企业在发布活动的时候都会增设抽奖环节。你知道企业为什么要这么做吗？答案就是增加参与者的逗留时长。那么，在设定抽奖环节时应注意哪些问题呢？本节将针对这一问题为你进行详细解析。

### 6.3.1　如何设定抽奖环节

一般情况下，在活动中设定抽奖环节有如下几种方法。

**（1）小时抽奖法**。这个比较好理解，就是以每小时抽奖一次的方法，来吸引意向客户留在活动现场。这样的活动能够使意向客户存有侥幸心理，认为这次没抽到大奖，也许下次就能抽到，进而在无形当中逗留到活动结束。

**（2）大奖留后法**。在很多活动中，企业都会将大奖留到最后，从而刺激参与者因期待大奖而一直等待到活动结束。

**（3）游戏抽奖法。**游戏抽奖法比较讨巧，它的规则是参与者玩完游戏就有一次抽奖机会。因此，参与者为了得到大奖就会不断地玩游戏，不断地进行抽奖。那么，在等待玩游戏的过程中，参与者就会在活动现场四处游览，进而在无形当中记住企业。

### 6.3.2 设定抽奖环节时应注意的问题

设定抽奖环节时应注意如下问题。

**（1）奖项要有吸引力。**利用抽奖环节留住意向客户，就是在利用大众的侥幸心理，以及对大奖的渴望程度。因此，所设置的奖项要具有足够的吸引力，让参与者拥有足够的理由来等待。

**（2）要烘托期待感。**通过抽奖环节留住意向客户时，也要注意让主持人反复重复大奖，烘托大家对大奖的期待感，刺激参与者对大奖的渴望。这样才能够使意向客户被吸引，更加渴望得到大奖，从而一直留到活动结束。

### 6.3.3 案例：以李经理的楼盘倾销活动为例解析抽奖环节的设定

李经理最近要举办一次楼盘倾销活动，但根据以往经验他发现有很多人来到售楼处参与活动都不会逗留太久。他想要留住这些参与者，但却不知道该用什么方法。现在李经理手里有 42 英寸彩电、咖啡机、挂烫机、煮蛋器等实物可作为奖品。如果你是李经理，该用什么方法留住意向客户呢？

根据上面的背景案例资料可知，李经理面临的问题是：想要举办倾销活动，但却不知道该用什么方法将意向客户留住。

李经理已有的资源包括：42 英寸彩电、咖啡机、挂烫机、煮蛋器等实物，可作为奖品。

那么，我们就可以以 42 英寸彩电为终极大奖，咖啡机、挂烫机为二、三等奖，煮蛋器为四等奖来发起活动。

Tips：在用不断抽奖的方法增加意向客户逗留时长时，一定注意奖项要足够吸引人，而且要让获奖者切实用得上。只有这样，才能够起到刺激参与者期待大奖，进而等待开奖的作用。当然，除大奖具备吸引力外，活动主持人对活动现场气氛的烘托也必不可少。

# 6.4　名人讲堂

现在很多企业在发布活动时都会找一些名人来烘托现场气氛，增加围观度与参与者的逗留时长。那么，企业在邀请名人来到活动现场时又该注意哪些问题呢？本节就来为你进行详细解析。

## 6.4.1　如何应用名人讲堂法

名人讲堂法，顾名思义，就是通过邀请名人来到活动现场进行讲座、表演的方法将意向客户吸引到活动现场，同时增加意向客户在活动现场的逗留时长。一般情况下，名人讲堂法有三种应用方法：

**（1）嘉宾发言。**嘉宾发言很好理解，即整场活动的主体为企业，名人只需在主持人需要他发言的时候配合发言即可。

**（2）嘉宾讲座。**嘉宾讲座，即整场活动全部在嘉宾的控制范围之内，名人只需围绕活动主题来进行讲解即可。

**（3）问题答疑。**相对来说，问题答疑更为实用。整场活动主要以参与者的发问为主，名人只需根据参与者的发问进行回答即可。

## 6.4.2　使用名人讲堂法留住参与者时应注意的问题

使用名人讲堂法留住参与者时应注意如下问题。

**（1）内容要实用。**如果邀请名人进行讲座，那么就一定要确保名人所说的话能够切实解决一部分人的实际问题。这样，参与者才有听下去的理由。

**（2）名人要有一定地位。**你所邀请来的名人一定要拥有一定的社会地位。只有这样，参与者才能够被名人所吸引，或者抱着好奇的心态来聆听讲座。

**（3）所讲内容要符合主题。**既然是讲座活动，那么名人所讲的内容就一定要符合活动的主题。只有这样，才能够吸引参与者聆听。如果名人所讲的内容与活动主题不符，那么就会使参与者摸不着头脑，进而离开活动现场。

### 6.4.3 案例：以王经理的婴儿游泳馆为例解析如何利用名人讲堂法留住意向客户

王经理经营一家婴儿游泳馆，现在他想通过发起嘉宾讲座的活动来吸引更多的家长。但是，他不知道该邀请谁来进行讲座。如果你是王经理，该邀请哪方面的专家来参与活动呢？

根据上面的案例背景资料可知，王经理经营的是一家婴儿游泳馆，那么他发起活动时就应该以“婴儿早期运动”“婴儿运动与成长相关”为主题。因此，王经理应该邀请的名人为体育学专家、儿童医学专家等。

Tips：在以名人讲堂的方法吸引意向客户、增加参与者逗留时长时，一定要注意专家所讲内容的含金量，让专家所讲的内容切实可用，能够解决一部分人的实际问题。这样才能够树立起企业专业、严谨的形象，使参与者听进去名人所讲的内容，进而愿意留在活动现场。

## 6.5 搞定孩子

众所周知，孩子是一个家庭的重中之重。因此，搞定了孩子，家长就会不由自主地服从。在活动现场也是如此。如果你想让意向客户留在活动现场，那么首先就要搞定孩子，让孩子愿意留在活动现场。那么，我们在活动中通过怎样的手段才能搞定孩子呢？本节就针对这一问题为你进行详细阐述。

### 6.5.1 在活动中搞定孩子的方法

在活动中搞定孩子的方法具体如下。

**（1）淘气堡。**淘气堡，有孩子的家长并不陌生，几乎所有孩子都喜欢在淘气堡里玩耍。因此，在活动现场设立淘气堡，可以使孩子很自然地在里面玩上一整天，而家长就只能在外面等待。那么，在等待的过程中，就给企业提供了进行促销的机会。

**（2）沙滩/海洋球。**每个小朋友都喜欢玩沙子，那么沙滩/海洋球也可以使孩子高兴一阵子。在活动现场设置这些，能够让小朋友得到在家里得不到的快乐，家长自然也就只有接受的份儿了。

**（3）点心 DIY。**对于孩子自己动手动脑的事情，没有家长会选择拒绝。更有家长为了让孩子有 DIY 的机会，不惜花费重金。那么在活动现场设置一个可以让孩子 DIY 点心的地方，就是在无形当中帮助家长省钱。不用孩子说，家长就会让孩子去 DIY。因此，这就为企业赢得了大量的营销时间。

**（4）玩具大奖。**孩子面对新潮的玩具一定是非常渴望的，如果有机会让孩子免费拿到，那么家长往往都会抓住机会，努力争取。因此，在活动中设置玩具大奖，能够使孩子和家长留到活动结束开奖的那一刻。

**（5）亲子游戏。**父母和孩子虽然每天都生活在一起，但却没有足够的时间和机会来一起玩耍。在活动现场设置亲子游戏环节，便弥补了其中的空白，使家长与孩子能够亲密玩耍。那么在等待游戏时，就是企业进行促销的绝佳时机。

### 6.5.2　使用搞定孩子法留住参与者时应注意的问题

使用搞定孩子法留住参与者时应注意如下问题。

**（1）安全性。**与孩子有关的事情不允许有任何意外。因此，在设置与孩子有关的环节、活动场景时应该慎之又慎，反复检查是否存在安全隐患。这样，才能够让孩子与家长放心参与，进而对品牌产生好感。

**（2）场地的整洁性。**众所周知，孩子对于卫生环境的要求较高，因此一定要注意活动场地的整洁性。只有活动场地卫生、安全，家长才能够放心地让孩子参与其中。

**（3）体验的舒适性。**对于孩子来说，吃喝与玩同样重要。因此，一定要注意体验的舒适性，既然提供了场地让孩子玩耍，那么就应该同时提供冷餐、水果及果汁，让孩子在玩耍的同时能够吃好喝好。孩子开心了，自然逗留的时间就会相对较长，这就为企业的营销创造了绝佳时机。

### 6.5.3 案例：以史经理的家电促销活动为例解析如何搞定孩子

史经理正在为公司的家电促销活动策划活动内容，但却在留住意向客户方面犯了难。他发现，在商场中有很多人会有购买家电的意向，也会进店询问家电性能，但却往往因为孩子觉得没意思要离开而选择离开。面对这个问题，你有什么好的解决办法吗？

根据上面的案例资料可知，史经理面临的问题是：很多人有购买意向，但却因为孩子觉得没意思而选择了离开，从而造成客流量的流失。

那么，根据“家电促销”这个大主题，我们可以在活动现场增设蛋糕、饼干 DIY 的角落，让服务人员陪孩子亲手制作蛋糕、饼干，这样家长便有时间静下心来咨询。当然，孩子 DIY 时所使用的家电也应该是在售商品。这样，家长就能够对企业的产品拥有一个直观的感受，可谓一举两得。

Tips：在使用搞定孩子的方法留住意向客户时，一定要注意如下几点：①安全性；②活动场地的整洁性；③体验的舒适性。只有做好这三点，才能确保孩子玩得开心、家长放心，从而使企业有机会进行促销和逼单。

## 6.6 提供水和食物

如果你仔细留意就会发现这样一种尴尬现象：有些活动本身办得非常好，意向客户也想一直逗留并咨询一些事宜，但由于中午找不到歇脚和吃饭的地方，无奈之下只能选择离开。那么，本节就针对这一问题为你讲解一个实用的方法——提供水和食物。

### 6.6.1 如何为参与者提供水和食物

一般情况下，为参与者提供水和食物有如下几种形式。

**（1）设立餐饮点。**在活动中，有很多企业都会设立餐饮点。但是，这个餐饮点是付费的，和外面的餐厅一样，仅供参与活动的人群中午就餐使用。

**（2）提供冷餐。**有些企业为了留住参与者，中午会提供诸如小蛋糕、小饼干、水果、牛肉片等冷餐，使参与者能够暂时缓解饥饿。

**（3）为意向客户提供午餐。**在活动中，有些企业为了逼单、让准客户拥有良好的体验，还会为意向客户提供午餐。当然，这里的“意向客户”是指付了定金或者即将签单的客户。

**（4）饮用水无限供应。**更多时候，在活动中，主办方会无限免费提供饮用水。这也是最为常见的一种手段。

### 6.6.2　在为参与者提供水和食物时应注意的问题

在为参与者提供水和食物时应注意如下问题。

**（1）确保绝对卫生。**作为活动主办方，如果提供午餐和饮用水，那么就一定要确保卫生状况良好。这样，才能切实让参与者感受到主办方的贴心。如果午餐、饮用水的卫生情况差，那么会使参与者对品牌失去信任，进而产生负面情绪。

**（2）确保及时供应。**在提供午餐、饮用水时，一定要确保及时供应。这样，才能在第一时间解决参与者的饮食问题。如果供应不及时，就会使参与者的舒适度降低，进而对品牌产生不良印象。

Tips：在利用提供水和食物增加参与者的逗留时长时，一定要注意：①确保绝对卫生；②确保及时供应。这样，参与者才能够在第一时间解决饮食问题，从而拥有良好的体验，进而对企业产生信任感。

## 6.7　比赛竞技

一些企业在发布活动时会保持中立，进而通过举办比赛和竞技的方法让参与者留在活动现场。那么，企业为什么要这么做呢？怎样的比赛竞技活动才能够使大众乐于参与呢？在使用比赛竞技法时又该注意哪些问题呢？本节就来针对这一系列问题为你进行详细解析。

### 6.7.1 比赛竞技在实操中如何应用

（1）**趣味比赛。**这是很多企业惯用的活动手法。趣味比赛不同于正常的竞技，其趣味性和娱乐性都很足。因此，除了参赛者本身，还能够通过这样的活动来吸引更多的围观者，从而使活动达到引爆效应。

（2）**挑战赛。**挑战赛也很常见，就是企业发起一个挑战，利用参赛者渴望征服他人的心理来参与活动。这样，在这种心理的驱使下会有很多人愿意反复挑战，直到战胜。

（3）**运动会。**运动会在大型企业的团建活动中非常常见。企业通过举办运动会，使全公司的员工团结起来，各部门员工之间消除隔阂。在呐喊与加油声中，每个人都渴望看到自己部门的人员夺冠，这样就会使参与者一直留在现场关注赛事。

（4）**亲子赛。**这样的活动也非常常见。亲子赛可以帮助家长更加清晰地认识自己的孩子。同时，也能够促进亲子感情。一般情况下，机会非常难得，因此只要有企业发起，大多数家长都乐于带孩子参与。这就为企业的营销创造了条件，同时也增加了企业的曝光度。

### 6.7.2 使用比赛竞技方法时应注意的问题

使用比赛竞技方法时应注意如下问题。

（1）**安全性。**既然是比赛，那么就难免会磕磕碰碰，因此活动的安全性要格外留意。一定要确保参与者的安全，这样才能使品牌被更多的人信赖。

（2）**医疗保障。**竞赛中难免会有擦伤、撞伤，甚至更加严重的意外发生。因此，活动的医疗保障系统要完善，确保出现意外时有专业医疗人员在第一时间进行救治。这样，才能够增加参与者的舒适度，进而使参与者对企业或品牌产生信任感。

（3）**秩序维护。**既然是比赛，就要遵守规则，因此活动现场的秩序维护也同样重要。一定要确保活动现场井然有序，这样才能够使活动有序进行。否则，就会造成秩序混乱，无法进行活动的尴尬。

**（4）注意趣味性。**一定要确保活动有趣，让参与者和围观者都乐在其中，这样才能够起到聚拢人气、争取曝光、促进销售的作用。

### 6.7.3　案例：以王经理的乐器公司为例解析如何应用比赛竞技方法

*王经理经营一家乐器公司，主要经营钢琴、贝斯、吉他、小提琴、大提琴、萨克斯、手风琴、笛子等乐器，但最近销量一直不太理想。于是，王经理想通过发起活动的形式聚拢人气，吸引对乐器感兴趣的人群来围观及购买。但是，王经理一直找不到合适的活动内容。如果你是王经理，该发起什么样的活动呢？*

根据上面的案例可知，王经理经营的是一家乐器公司，主营钢琴、贝斯、吉他、小提琴、大提琴、萨克斯、手风琴、笛子等乐器。现在，他想通过发起活动的形式聚拢人气，吸引对乐器感兴趣的人群来围观及购买。那么，接下来我们要思考的问题是，什么样的活动能够吸引懂乐器和对乐器感兴趣的人呢？什么样的乐器最受大众欢迎？

根据分析得到的线索，王经理可以发布这样的活动：

（1）“谁是贝斯王”比赛。

**阐述：**此活动可以邀请专业的贝斯老师来对参与者的演奏进行点评。

（2）“谁是乐器中的大嗓门”活动。

**阐述：**作为懂乐器的人，每天都会使用乐器，但很少有人知道哪个乐器发出的声音分贝最大。因此，这个活动可以调动更多人的积极性和好奇心。此活动可以邀请精通各种乐器的老师来演奏，从而测定分贝，选出能够发出最大音量的乐器。

Tips：*在使用比赛竞技方法增加参与者的逗留时长时，一定要考虑到活动的安全性和趣味性。只有你举办的活动在遇到突发事件时能够及时处理，同时又新颖有趣，才能够使参与者对你的企业产生好感，同时更加乐于参与到活动中来。*

# 6.8 歌舞表演

很多企业在举办活动时都会选择歌舞表演。这又是为什么呢？企业又该怎样利用歌舞表演来增加参与者的逗留时长呢？本节就来针对这一系列问题进行详细解析。

## 6.8.1 如何利用歌舞表演增加参与者的逗留时长

（1）**大牌出场法**。这种方法非常常见，作为活动的主办方，会在活动中邀请一些大牌明星出场，进行歌舞表演。但歌舞表演的时间往往是在活动临结束前，所以参与者为了看到大牌明星往往会等到活动结束后才离开，这就给企业创造了营销机会。

（2）**歌舞串场法**。这种方法是大企业惯用的，即在一场活动中穿插歌舞表演。这样，既能够起到活跃气氛的作用，又能够使参与者对歌舞保持期待感。

（3）**晚会法**。这种方法在客户关系维系中很常见，即企业举办一场歌舞晚会，邀请老客户来观赏。这类活动旨在情感维系，回馈老客户。

## 6.8.2 利用歌舞表演留住意向客户时应注意的问题

利用歌舞表演留住意向客户时应注意如下问题。

（1）**表演质量**。利用歌舞表演法来增加参与者的逗留时长时，一定要注意歌舞表演的质量，邀请一些专业演员来进行表演。这样，才能确保参与者对表演本身产生兴趣，并且静下心来观赏。

（2）**新颖性**。歌舞表演的新颖性要格外注意。一定要策划一些新颖的歌舞表演，这样才能给参与者一种眼前一亮的感觉，进而留在活动现场观看。

（3）**不要扰民**。举行歌舞表演时还应注意不要扰民，因为有些活动是路演，所以很容易打扰附近居民休息。因此，对这一点要格外注意。

### 6.8.3　案例：以孙经理的促销活动为例解析歌舞表演

孙经理正在为一场促销活动策划活动内容，他选择的活动地点是商业街区。他想通过路演活动来吸引逛商业街的人围观，进而吸引媒体报道。如果你是孙经理，该怎样策划活动内容达成活动目标呢？

根据上面的案例资料可知，孙经理目前想要做的事情是，通过路演活动吸引逛商业街的人围观，进而吸引媒体报道。那么，我们接下来应该思考的问题是，什么活动才能使逛商业街的人围观？因此，根据上述背景资料，孙经理可以邀请当红歌星、舞星来为这次活动表演节目。

Tips：在利用歌舞表演来增加参与者的逗留时长时，一定要注意歌舞表演的质量、歌舞的新颖性，以及不要扰民。只有切实做好如上三点，才能够使一场活动达到预期效果，真正起到吸引参与者来欣赏的作用。

## 6.9　限时优惠

除上述增加参与者逗留时长的手段外，还有一种方法叫作限时优惠。这种方法与不断抽奖有着异曲同工之妙，即在活动开始时给出限时优惠的时间段，让参与者产生一种期待感，进而使参与者一直留在活动现场，直到优惠开始。那么，限时优惠在实操中又该如何来设置呢？在设置过程中又有哪些问题需要注意呢？本节就来针对上述问题为你进行详细阐述。

### 6.9.1　如何使用限时优惠增加参与者的逗留时长

**（1）小时优惠法。**这种方法能够将参与者的积极性调动起来。简单来说，就是企业每小时都会有优惠，但优惠的商品却是不同的。因此，参与者就只能仔细倾听活动主持人的讲话内容，进而盯紧想要的商品，在其优惠时段进行抢购。

**（2）定时优惠法。**这种方法相对来说比较简单，也是企业惯用的一种促销优惠方法，即企业通过在活动中告知参与者可以疯狂抢购的时间段，以及全部商品均以多少折销售，从而吸引参与者届时抢购。

### 6.9.2 使用限时优惠方法时应注意的问题

使用限时优惠方法时应注意如下问题。

**（1）场地的安全性。**限时优惠很容易造成哄抢的局面，因此作为活动的主办方，一定要注意活动场地的安全性，能够给参与者留出足够的空间来进行抢购，从而最大限度地规避意外的发生。

**（2）产品质量。**限时优惠并不意味着产品质量打折。因此，一定要保证产品质量。只有参与者通过优惠的价格切实买到了实惠又好用的商品，才能够对企业或品牌产生信任感，进而进行回购。

**（3）结款的速度。**企业举办限时打折优惠活动，就意味着在活动当天会有很多人购买产品。因此，结款的速度问题，作为主办方也要考虑好，千万不要让参与者在结款的时候等候太久，否则会激增参与者的负面情绪。

### 6.9.3 案例：以吴经理的宠物用品商店为例解析限时优惠

吴经理经营一家宠物用品商店，现在他发现店内的一些宠物服饰、宠物玩具、宠物窝产生了积压。如果免费发放，店铺确实不具备这样的实力。因此，他想通过举办活动的形式来处理这些积压产品。但是，吴经理不知道该设定怎样的活动内容比较合适。如果你是吴经理，该如何设置活动内容呢？

根据上面的案例资料可知，吴经理经营的是一家宠物用品商店，他面临的问题是，宠物服饰、宠物玩具、宠物窝产生了积压，想要处理掉。吴经理的处境不具备全部免费赠予的实力。

因此，吴经理只能低价处理这些积压的宠物服饰、宠物玩具、宠物窝，那么限时优惠是最适合吴经理的一种促销方法。

Tips：在使用限时优惠这种方法增加参与者的逗留时长时，一定要注意活动场地的安全性，最大限度地避免踩踏等意外的发生。同时，还要注意产品质量，千万不要因为价格优惠了而使产品质量有所下降，否则就起不到通过优惠活动促进销售与回购的作用，严重者还能使参与者对品牌产生负面情绪，得不偿失。

# 6.10　过节庆生

企业在维系与老客户的关系时，一般会使用过节庆生的方法。这样做，一来能够使老客户感受到企业的贴心和细心，二来能够带给老客户惊喜。那么，过节庆生又该如何设置呢？在为老客户过节庆生时又该注意哪些问题呢？本节就针对这一问题为你进行详细解析。

## 6.10.1　如何应用过节庆生

**（1）正常生日次序。**这个不必多说，就是和正常的生日次序一样，吃饭、许愿、吃蛋糕、点蜡烛。整场活动都围绕过生日这个主题来进行，从而使参与者感受到温暖和被重视。

**（2）统一过生日。**在整场活动的末尾，统一针对近期要过生日的老客户设定一个过生日的环节。这样，参与活动的老客户便不得不等到活动最后，和其他人一起过生日。

## 6.10.2　应用过节庆生时应注意的问题

应用过节庆生时应注意如下问题。

**（1）牢记客户生日。**在使用过节庆生方法来增加参与者的逗留时长时，一定要牢记老客户的生日，千万不要造成弄错或者记混的现象。这样，老客户才能够感受到被关爱，进而自发地来到活动现场参与。

**（2）福利到人。**如果生日会上要发放蛋糕，那么就一定要确保每人都能领到一盒或一块。如果要发放礼物，那么也要做到参与者每人一份。千万不要造成落下某一个客户的尴尬，否则会有损企业形象，进而让参与者对品牌产生负面印象。

Tips：在使用过节庆生方法增加参与者的逗留时长时，一定要注意牢记客户生日、福利到人。这样，参与者才能够真正地感受到被关爱，从而对企业或品牌产生好感。

第 7 章

# 如何确定活动备选方案

尽管我们会在活动前做好各种准备，但还是难免会发生这样或者那样的意外情况。面对这些意外情况，你知道该如何处理吗？在活动前又该针对意外情况做好哪些方面的应激准备呢？本章就来针对上述问题为你进行详细讲解，教你从时间、场地、安保、人员、物料、后勤、责任规避等多方面设置应激计划。

# 7.1　做好时间应激

在活动中，时间尤为重要。除在活动前想办法确保活动如期进行外，在现实生活中，我们往往还会因为遇到自然灾害、国家大型赛事/会议而推迟企业营销活动的时间。那么这时候我们又该怎样做呢？本节就来针对这一问题为你进行详细阐述。

## 7.1.1　如何做好时间应激

要想做好时间应激，其实并不困难，即在活动前开动脑筋，想好除预期的活动时间外，还有哪些时间适合发起活动。另外，一旦活动发起时间更改，还要提前想好更改活动时间的理由。这样，才能让大众觉得自然、合理，进而对品牌产生好感。

一般情况下，时间应激有如下两种设置方法。

**（1）临近设置。**如果预定活动时间无法正常发起活动，那么就需要寻找与活动时间比较相近的几天来发起活动。这样，活动前后相差的天数不太多，同样能够起到如期举行的效果。

**（2）更改日期。**这种方法一般在大企业比较多见，主要是因为活动比较重要，必须选择在一个大众都比较宽松、便于记忆的时间段来发起活动。比如，企业原定于“十一”发起活动，但却因为种种原因搁置了。如果“十一”过后发起活动，那么肯定蹭不了节日热度。所以，企业索性就改为在元旦或者其他重大节假日再发起活动。

## 7.1.2　做时间应激时应注意的问题

做时间应激时应注意如下问题。

**（1）提前打好招呼。**一旦活动改为其他时间发起，就一定要做好提前的宣传与沟通工作。不仅要让关注活动的人群知道活动改期，也要让企业内部人员做好工作内容的准备，确保活动正式开始时有时间来专门进行服务支持，而不是被其他事情困住。

**（2）改期理由要充分。**即便是因为企业的准备工作不足，活动才要改期，也要为活动的改期想好一个充分的理由。不仅要让参与者知道活动为什么改期，还要让参与者对你的品牌重建信心，甚至增加好感。

**（3）做好各项检查与预测工作。**既然活动已经改期举办，那么就一定要在活动前做好充分的硬件检查及天气预测工作，确保改期举办的活动能够届时举办，而且要最大限度地规避意外的发生。否则，一旦活动陷入改期再改期的局面，大众便会对企业产生负面印象。

**（4）改期的日子一定要好记。**既然活动已经改期了，那么也就意味着企业原本的宣传全部失效，大众原本接收到的信息是错误的。如果改期的日期不好记，就会在无形当中造成参与者的流失。因此，一定要选择好记的日期作为活动改期举办的日期，这样更加便于参与者记忆，并届时参与。

### 7.1.3 案例：以安经理的酒会为例解析时间应激的必要性

安经理原本要举办一场酒会，没承想刚好A地遭遇了自然灾害，现在全国各大门户网站都在为逝者祈福，将页面变成了灰色。因此，现在不适宜举办酒会等娱乐活动。所以，安经理便要寻找新的时机来发起活动。这可把安经理愁坏了，他不知道该将活动时间改在何时比较合适。如果你是安经理，该将酒会改在什么时间呢？

根据上面的案例资料可知，安经理面临的问题是，由于遇到自然灾害，全国默哀，因此酒会活动需要改期。众所周知，面对自然灾害，我们除能够捐款、捐物，感同身受外，还可以通过新媒体帮忙找人。而且，从灾后救助到灾后重建需要很长一段时间。因此，酒会活动并不适合改在近期，而是至少要选择半年后的某个节假日。

> Tips：在做活动时间应激时，主要有两种设计方法：①临近设置；②更改日期。在活动正式开始前还要做好各项检查与预测工作，从而确保活动的正常进行。

# 7.2　做好场地应激

在举办活动时，企业经常会面临下雨、活动场地被占用，以及活动现场有其他大型障碍物的情况。如果这时候企业没有做好场地应激，就会使企业陷于被动，进而带给参与者非常不好的体验。作为活动的主办方，你知道该如何做好活动场地应激吗？本节就针对这一问题为你进行详细阐述。

## 7.2.1　如何做好活动场地应激

活动场地应激，顾名思义，就是在活动前选择两块场地来作为活动使用场地。这样，当其中一块场地由于天气等突发状况无法使用时，还可以引导参与者到另一块备用场地参与活动。一般情况下，活动场地应激有两种设置方法：

**（1）互补法。**这种方法非常简单，一般多见于露天活动。企业在活动主场地进行活动布展，如果活动当天下雨，就马上转成室内，在另一块室内场地上布展，然后开展活动。这种室内场地和室外场地互补的应激方法，被很多企业广泛应用。

**（2）替代法。**这种方法需要企业找到两块差不多的活动场地，其中一块作为活动的主场地，另一块作为活动的备用场地。这样，一旦其中一块场地因为意外无法展开活动，就会马上转到另一块场地上发起活动。

## 7.2.2　做活动场地应激时应注意的问题

做活动场地应激时应注意如下问题。

**（1）两块场地的间距要尽可能缩短。**要知道，活动的背景可以搭建两套，但活动中所需要用到的礼品和一些器材由于资金等诸多因素的限制，是无法购置两套的。因此，一定要确保活动主场地和备用场地的距离尽可能短，这样才能给活动的服务与支持人员留下足够的时间来更换场地，迅速转场布展。

**（2）场地尽可能互补。**两块活动场地要尽可能互补，这样才能确保无论晴天还是雨天，活动都能够如期举行。

### 7.2.3　案例：以王经理的奶制品促销为例解析活动场地应激

王经理经营一家大型奶制品公司，最近要发起奶制品促销活动，本来将场地设置在了室外，但据天气预报报道，近期王经理所在的城市有大暴雨。活动日期即将逼近，这让王经理很是头疼。另选场地有些来不及，但如果硬将活动场地设定在室外，就可能会遭遇大暴雨。如果你是王经理，该怎么办呢？

根据上面的背景案例可知，王经理经营的是一家大型奶制品公司。根据常识，大型奶制品公司一般都会和商超进行合作销售。那么，王经理就可以在原先的活动场地周围就近寻找大型商超，进而与商超的相关负责人沟通，将商超内自己公司产品货架前的空地设定为活动的备用场地。这样，一旦下雨，王经理就可以将活动场地转到最近的大型商超内自己公司产品的货架前。

Tips：在做活动场地应激时，一定要充分考虑天气变化等突发状况，进而将活动场地设置得互补一些，从而确保活动的有序进行。另外，还要注意活动主场地与备用场地之间的距离，两者之间的距离要尽可能短，才能为活动的服务、支持人员争取充足的转场与布展时间。

## 7.3　做好安保应激

在活动现场，需要针对有可能发生的一系列突发状况想好应激对策。因此，为了避免活动现场出现大面积的踩踏、逃生困难等意外，我们还需要在活动中做好安保应激。那么，安保应激又该如何来做呢？

### 7.3.1　如何做好安保应激

一般情况下，活动安保分为协调指挥中心、协调保障组、安全疏导组、电力保障及设备保养组、检票处协调组、车辆引导组、特别机动组。

**（1）协调指挥中心。**协调指挥中心需要时刻观测活动中的可疑人员及可疑现象，并及时联络相关负责小组在第一时间进行处理，从而确保活动的有序进行。

**（2）协调保障组。**协调保障组负责活动现场的整体巡逻，以及贯彻落实协调指挥中心发出的指示，落实细节到位。同时，针对特别棘手的突发事件，还要对外联络武警、消防、警察等相关组织，在第一时间报案处理解决，提升活动现场的服务水准。

**（3）安全疏导组。**一旦活动现场发生突发事件，安全疏导组需要及时帮助参与者在第一时间安全撤离，确保每一位活动参与者的人身安全及财产安全。

**（4）电力保障及设备保养组。**电力保障及设备保养组确保活动现场的电路安全及设备安全，最大限度地避免活动现场因电力及设备所产生的安全事故，确保活动的有序进行。

**（5）检票处协调组。**检票处协调组最大限度地将可疑人员控制在活动现场之外，严格检查每一位活动参与者的邀请函、背包，确保活动现场内没有危险及爆炸物品，确认每位参与者的身份，避免危险人员进入会场。

**（6）车辆引导组。**车辆引导组负责活动现场的车辆引导，最大限度地避免车辆刮擦及撞车等事故的发生，确保活动现场车辆行车安全，从而避免事故的发生。

**（7）特别机动组。**当活动现场出现重大事故及危机时，特别机动组负责在第一时间处理解决。同时，填补因活动事故造成的各组人员空缺，确保活动秩序，帮助参与者及参与车辆安全撤离。

### 7.3.2　做安保应激时应注意的问题

做安保应激时应注意如下问题。

**（1）不留死角。**大型活动现场的安保应激一定要做到不留死角，确保活动现场的每一处场地、每一个细节都有安保人员负责及巡逻。这样，才能够最大限度地发现可能发生的危机，同时针对危机进行早期处理，确保活动的正常进行。

**（2）落实到人。**活动现场的每一处安保工作都要落实到人、责任到位。这样，才能确保当突发事件来临时，有专门人员在第一时间处理，无推诿等事件的发生。

**（3）各司其职。**在举办大型活动时，一定要确保活动现场安保人员各司其职。只有大家都打起精神，坚守各自岗位，才能确保活动的有序进行。

**（4）紧密配合。**当突发事件来临时，安保系统各部门人员的紧密配合是必不可少的，这就需要安保人员在活动之余加紧训练，形成默契。

> Tips：在为活动做安保应激时，一定要确保不留死角、落实到人、各司其职、紧密配合。只有这样，才能最大限度地将活动现场可能发生安全事件的概率降到最低。同时，在突发事件真正来临时能够保持冷静的头脑，积极应对。

# 7.4 做好人员应激

企业在举办活动时往往会遇到“工作人员临时有事来不了”的情况，这时如果企业没有提前做好人员应激，就会显得措手不及。因此，作为活动的主办方，在活动举办前要做好人员应激。那么，人员应激又该如何来做呢？

## 7.4.1 如何做好人员应激

一般情况下，人员应激有两种方案：多人参与法和经销商填充法。

**（1）多人参与法。**当企业发起活动时，公司里的所有部门都针对这次活动共同协商完成本部门所负责的任务，从而使所有人对自己部门所负责的任务都有一定了解。这样，当活动预设人员无法参与时，企业可以随时抽调该部门的其他人员来填补空缺。

**（2）经销商填充法。**这种方法比较冒险，即当企业原定活动预设人员无法参与时，就近抽调经销商的人员作为填充。如果企业选择这样做，就一定要确保经销商对于活动的知情权。但是，这样做的弊端是人员配合方面没有默契，服务质量可能会下降。

## 7.4.2 做人员应激时应注意的问题

做人员应激时应注意如下问题。

**（1）同岗多人。**在活动的准备期，就应该针对活动的不同岗位，设定多人参与。这样，才能够确保其中一人因故无法参与时，另一人顶替参与也不会感觉陌生。如果在活动准备期没有实行同岗多人参与，那么就会造成顶替者对活动缺乏了解，进而在配合上产生偏差。

**（2）重要岗位无意外。**众所周知，活动的一线执行人员可以任意选择，但活动的总体调度等岗位并非是任何人都能够胜任的。因此，一定要最大限度地确保活动中的重要岗位人员不出现意外。

Tips：在做活动人员应激时，一定要确保在活动准备期同岗位多人参与，这样才能在预定人员因故无法参与时，有对活动足够了解的人员来顶替他的位置。另外，我们也要确保诸如活动总指挥等重要岗位人员无变动，这样才能使活动按照预期贯彻执行。

# 7.5　做好物料应激

在活动执行的过程中，我们往往还会遇到诸如活动设施被损坏、活动幕墙被颜料覆盖等意外。那么，面对这样的意外，我们该如何解决呢？本节就来为你进行详细阐述。

## 7.5.1　如何做好活动物料应激

**（1）适当备份。**活动现场所需要用到的物料，如果价格不是特别昂贵，那么就一定要适当备份。这样，当原定所需物料出现被损坏等意外时，可以在第一时间用备份的物料替换，这同样能够带给参与者良好的体验。

**（2）重点物料留有计划。**诸如活动用背景墙等重点物料，一定要留有计划 B。这样，一旦活动用背景墙遭到意外损坏，就可以在第一时间启动计划 B，将预先准备好的 B 背景墙替换上去。

## 7.5.2　做物料应激时应注意的问题

做物料应激时应注意如下问题。

**（1）经费问题。**众所周知，企业的每次活动都有经费限制，因此在做物料应激时也要考虑到经费问题。要尽可能地废物利用，缩减成本，千万不要因为制作应激物料而浪费大量金钱。

**（2）便于更换。**既然是应激物料，那么就一定要便于更换，这样才能确保活动原有物料出现意外后，能够及时更换备用物料。否则，就会影响参与者的活动体验。

**（3）就地取材。**在更多时候，企业并没有足够的时间和金钱来更换物料，因此作为活动的执行人员，要能够做到就地取材，甚至废物利用，这样才能够确保活动物料在第一时间被合理利用和更换。

### 7.5.3 案例：以王经理的图书签售会为例解析活动物料应激

王经理要举办一场图书签售会，但谁曾想在活动即将开始的6小时前，由于灯光设备的搭建，使活动背景墙破了一个大洞。这让王经理犯了难。你知道该如何解决这个问题吗？

根据上面的案例资料可知，王经理面临的问题是背景墙破了一个大洞。那么，我们接下来应该思考，什么东西可以代替背景墙？没错，书店一定有宣传画报、图书。

因此，我们就可以以这些为材料，重新搭建一个背景墙来作为本次活动的背景。

如果时间和条件允许，我们还可以找一大块白色的布，请一些设计师以这次签售会为主题在上面作画，来作为活动的背景。

Tips：活动现场的物料应激也是活动能否成功举办的关键。因此，作为活动的主办方，一定要在活动发起之前将一切可能发生的事情思考全面，针对易损坏的物料进行备份。这样，才能够最大限度地避免企业陷入尴尬局面。

## 7.6 做好后勤应激

在活动中，后勤保障也是决定活动能否顺利进行的关键。因此，活动的后勤应激也必不可少。那么，活动的后勤应激到底该如何来做呢？本节就来针对这一问题为你进行详细阐述。

### 7.6.1　如何做好后勤应激

活动后勤包括工作人员及参会人员的食宿、医疗、交通、供电、消防、保洁、财务等各个方面。一般情况下，如果是举办大型活动，则活动的主办方会以竞标的形式将这些模块承包给对应的专业服务公司，由服务公司来各司其职。

如果活动规模不算大，或者企业不想举办竞标会，那么就需要活动策划人员在活动之前针对这些模块逐一走访，找到合适的中小企业/组织进行合作。这样也能起到各司其职的作用，确保后勤保障的服务水平。

### 7.6.2　做后勤应激时应注意的问题

做后勤应激时应注意如下问题。

**（1）提前规划。**后勤保障最重要的是要提前规划，将堵车、房屋漏雨、食品变质等细节问题考虑到位，进而想出相应的对策，从而确保后勤保障能够万无一失。

**（2）拥有计划 B。**活动现场难免会发生这样或者那样的意外，因此一定要拥有计划 B，从而在面临危机时能够及时解决，进而使活动顺利进行。

**（3）专业的人做专业的事。**作为活动的主办方，一定要将活动的后勤保障工作划分为若干个模块，每个模块找专业人员进行操作。这样，才能使活动的参与者拥有良好的体验，进而对主办方产生好感。

Tips：在做后勤应激时，企业一定要将后勤保障工作划分为若干个模块，每个模块找专业人员进行操作。这样，才能够确保活动的服务质量，进而最大限度地使活动参与者拥有良好的体验。

# 7.7 做好责任规避

在举办活动的过程中，难免会出现磕磕碰碰和这样或那样的意外。因此，作为活动的主办方，要学会做好责任规避，为可能发生的意外提前购买好保险，从而确保突发事件来临时，企业不至于蒙受太多损失。

## 7.7.1 大型活动需要办理的保险种类

作为活动的主办方，在活动发起前应该办理哪些保险，以确保将损失降到最低呢？一般情况下，有如下几种保险需要办理。

（1）**意外伤害险。**这个比较容易理解，即需要为每一位服务人员与参与者投保意外伤害险。这样，才能最大限度地确保人身安全，当突发事件来临、人身安全受到威胁时，能够在第一时间报险理赔。

（2）**财产保险。**有些活动会用到一些大型贵重机器，那么也可以对这些机器进行投保。这样，一旦机器出现损坏，就可以及时理赔、及时维修。

（3）**场所责任险。**举办一次活动，场所的责任是最大的。为了能够起到承担责任、捍卫主办方自身权益、将损失降到最低的作用，主办方还需要投保场所责任险，从而在突发事件来临时能够进行自保。

（4）**工程保险。**大型活动会涉及很多施工方面的事情，因此工程保险必不可少。一旦出现纰漏，就可以及时报险弥补损失。

当然，大型活动需要投保的方面并不止上述这些。若遇到具体问题，还需要与专业的保险公司进行详细沟通，然后确定投保方案，切忌一味照搬。

## 7.7.2 做责任规避时应注意的问题

做责任规避时应注意如下问题。

（1）**找大型保险公司合作。**在确认活动的保险方案时，一定要找一些大型的保险公司进行合作，这样才能确保突发事件来临时，保险公司能够有专人接待、专人负责。否则，就会使企业陷入被动。

**（2）货比三家。**在为活动投保时一定要注意货比三家，多找几个保险公司为活动制定投保方案，从而挑选出最全面、最符合这次活动的保险方案。如果只咨询了一家保险公司就进行合作，那么就会有局限性，使活动的投保不够全面。

**（3）事无巨细。**作为活动的主办方，一定要思考全面，在投保时做到事无巨细，活动中能够投保的地方都进行投保，这样才能使活动安全顺利进行。

Tips：在做活动责任规避时，一定要选择正规的大型保险公司进行合作，这样才能确保在遇到突发事件后能够有专人来进行对接，商榷理赔方案。当然，在合作之前也一定要货比三家，要多看、多咨询，这样才能确保活动投保的全面性。

第 8 章

# 活动策划的原则

我们在做任何事情时，都会去寻找方式方法，这样做起事情来就显得容易很多。做活动也是如此，只有掌握了活动策划的规律和原则，才能在活动中如鱼得水。本章就来为你总结归纳活动策划的原则，帮助你从活动小白迅速蜕变为活动老手。

# 8.1　便于实操落地

创意再好，但如果不能实操落地，也只能是白搭。那么，我们到底该如何将创意实操落地呢？本节就来针对这一问题为你进行详细讲解。

## 8.1.1　使创意实操落地的方法

（1）**结合实际情况进行策划。**在策划活动的时候，我们要根据现场的实际物料情况来对活动进行策划，做到剩余物料的有效利用。这样，才能最大限度地为企业节省开支，从而确保活动的顺利进行。

（2）**与执行人员提前沟通。**如果想让活动创意切实落地，那么还需要与执行人员提前进行沟通，倾听一线执行人员的想法，确保创意能够被他们执行。只有这样，才能使创意切实落实到位。同时，也保证一线执行人员能够听得懂你的创意。

（3）**在脑海中进行推演。**在策划活动时，还需要策划人员针对活动创意在自己的脑海中进行推演，想象一下自己的创意到底该如何执行。这样，才能使策划人员真正意识到活动是否可以实操落地。

## 8.1.2　使创意实操落地时应注意的问题

使创意实操落地时应注意如下问题。

（1）**沟通要趁早。**在针对活动创意与一线实操人员进行沟通时，一定要趁早。这样，才能给执行人员和自己留有调整方案和解决问题的时间，进而在活动正式开始时能够顺利地展开活动，将创意付诸实践。

（2）**沟通要彻底。**在针对活动创意进行沟通时，一定要确保沟通的彻底性。不仅要让策划人员讲清楚自己的创意，还要让一线执行人员讲明白自己到底能否执行、怎样执行，这样才能确保活动创意的切实落地。

（3）**切忌异想天开。**在对活动创意进行构思时切忌仅凭想象、异想天开。策划人员一定要切实了解企业的技术水平和执行水平，这样才能最大限度地避免意外的发生。

**（4）查阅既往活动。**如果有可能，活动的策划人员还需要在活动之前查阅公司之前所发布的活动案例。只有这样，策划人员才能够真正、直观地了解企业的执行水平与技术水平，进而有根据地进行创新和策划。

Tips：在使活动创意实操落地时，一定要搞清楚企业的技术水平和执行水平，反复查阅既往活动案例，这样策划人员才能有根据地对活动创意进行策划。当然，我们还需要在策划之前注意和一线执行人员进行有效沟通，这样才能互相了解，确保活动创意切实执行到位。

# 8.2 植入创意

一个成功的活动离不开好的创意，所以我们在策划活动时，一定要注意在活动中植入创意。活动中的某个环节，一定要给参与者一种眼前一亮的感觉，这样参与者才会觉得来得很值，进而记住这次活动。那么，我们又该如何在活动中植入创意呢？本节就来为你揭开这一问题的答案。

## 8.2.1 如何在活动中植入创意

**（1）利用高新科技。**比如，现在是新媒体时代，那么在活动中就要用到二维码等元素，从而使参与者感觉你的企业与时俱进，走在时代前沿。

**（2）利用未来科技。**近年来，VR、人工智能、智能穿戴设备比较火热，也是大众提到比较多的未来科技。那么，企业在活动中就可以植入这样的元素。比如，一按戒指就可以进行 PPT 演讲等，这些小细节同样可以使参与者眼前一亮，感受到未来科技就在身边。

**（3）剩饭新炒。**比如，原本颁奖的环节是由嘉宾将奖状发放到获奖者手中，那么我们可以换种方式，利用无人机、智能机器人来进行颁奖，这同样能够给参与者焕然一新的感觉。

**（4）与时俱进。**活动之前，搜集海量活动内容，看一看竞争对手和同行都是怎样策划同类活动的，从而确保活动与时俱进。与此同时，还要注意查看当下年轻人都在玩什么社交软件、关注哪方面的内容，然后将这些运用到活动中。只有这样，参与者才能够感受到活动的新颖性，进而对企业产生好感。

### 8.2.2 在活动中植入创意时应注意的问题

在活动中植入创意时应注意如下问题。

**（1）场地的局限性。**如果在活动中需要展示 VR 设备，或者利用可穿戴设备来进行操作，那么要考虑到信号接收及网络 Wi-Fi 等问题。在活动之前要反复测试，从而确保在活动正式展开时呈现出最好的状态，确保万无一失。

**（2）创意的新颖性。**由于策划人员自身眼界的局限性，有些高新科技我们认为新颖，但其实已经泛滥。因此，在活动之前，一定要注意查阅同行的活动，确保你的创意足够新颖，能够让大多数参与者闻所未闻，这样才能起到冲击思维的作用。

**（3）执行上的难易度。**固然有些高新科技很新颖，但在展示和执行上却非常困难，往往需要绝对安全及平稳的 Wi-Fi 信号，或者需要很多工作人员参与。如果真是如此，为了确保活动的顺利进行，在此建议活动主办方将这个环节省去。一定要选择一些容易展示的东西在活动中进行展示，否则一旦展示不成功，就会造成时间上的浪费，甚至使企业陷入尴尬局面。

Tips：在策划活动时，可以利用高新科技、未来科技、剩饭新炒、与时俱进的方法将活动推向高潮，让参与者有眼前一亮的感觉。只有这样，参与者才会被活动所吸引，进而记住这次活动。

## 8.3 确保活动内容吻合主题

在活动中，吻合主题也是尤为重要的。只有当参与者参与活动后能够明确你的活动主题、传递的信息，参与者才能够最大限度地记住企业，并对企业所营商品产生印象，进而在有需求时想起企业。那么，该如何确保活动内容吻合主题呢？本节就针对这一问题进行详细阐述。

### 8.3.1 确保活动内容吻合主题的小技巧

**（1）反复重复主题。**如果在活动中穿插一些其他表演，那么主持人就要在串场时通过反复重复活动主题的方式，来告知参与者举办这次活动的目的，以及活动主题到底是什么。这样，参与者便在不知不觉中形成记忆，进而在有需要的时候自发联想到品牌，并形成购买。

**（2）在活动中增加主题元素。**如果你觉得活动主题无法突出，那么还可以在活动的每个环节中增加主题元素。比如，这次活动的主题是“中华文化”，那么就可以在活动的表演者身上添加诸如中国结、国画、中国风服饰等经典中华文化元素，以确保活动内容吻合主题。

### 8.3.2 确保活动内容吻合主题时应注意的问题

确保活动内容吻合主题时应注意如下问题。

**（1）渲染要柔和。**在活动中一定要注意渲染要柔和，让参与者感觉主持人是在自由过渡，而非硬性地因为要迎合主题而刻意渲染。这样，才能够提升参与者的观感。

**（2）主题元素不宜泛滥。**如果要在活动中添加主题元素，那么一定要确保主题元素不要泛滥。否则，就会给人一种可以渲染主题的感觉，进而影响参与者的体验。

> Tips：如果想使参与者记住这次活动，并对活动内容产生深刻印象，就一定要确保活动内容吻合主题。在这里，有两个小技巧可以帮你快速突出主题：①反复重复主题；②在活动中添加主题元素。做到这两点，才能使参与者接收到关于活动主题的信息，进而在无形当中记住活动和品牌。

## 8.4 刺激大众踊跃参与

无论发起什么活动，只有大众愿意参与，才能起到渲染气氛、吸引更多意向客户的作用。因此，刺激大众踊跃参与也是活动所要遵守的一个原则。

### 8.4.1　刺激大众踊跃参与的手段

下面，笔者根据实操经验总结了一些刺激大众踊跃参与的手段，供大家在日常工作中参考使用。

**（1）奖励激励法。**奖励激励法比较好理解，即活动主办方通过礼品奖励的方法来刺激大众参与活动。只要大众参与活动，就能够获得一份礼品。在礼品的刺激下，相信会有很多人愿意参与活动。

**（2）趣味吸引法。**趣味吸引法，即活动主办方将活动办得有趣一些，找一些有趣的人来做一些有趣的互动活动。因为有趣，所以很多人会自发地参与活动，这就在无形当中使主办方达到了渲染活动现场热闹气氛的目的。

**（3）主动互动法。**有些时候，大众不是不愿意主动上台参与互动活动，而是碍于面子不敢主动参与到活动中来。这里，就需要活动主持人给大众一些勇气，主动拉一些人到台上参与活动。

**（4）自己人参与法。**有时候大众看到没有人先上台参与，所以自己也不会主动参与到活动现场的互动中来。这时，企业可以找一两个自己人，率先参与互动活动，从而吸引大众主动参与。

### 8.4.2　刺激大众踊跃参与时应注意的问题

刺激大众踊跃参与时应注意如下问题。

**（1）切忌强制。**刺激大众踊跃参与活动绝非强制，如果感觉围观者确实不愿意参与，那么也不要强拉他们上台。否则，只会使主持人陷入被动，甚至出现一些小摩擦，得不偿失。

**（2）不断渲染。**这需要活动主持人拥有丰富的临场经验。活动主持人在主持互动活动时，一定要眼观六路，看台下有没有想要参与，但却碍于面子不敢上台的人。如果有，那么这时候就需要主持人不断地进行语言渲染，为他鼓劲，使其产生上台参与的勇气，进而自发参与。

**（3）礼品要有诱惑力。**如果你选择用礼品来刺激围观者参与，那么就一定要确保礼品有诱惑力。只有这样，参与者才能够真正被吸引过来参与活动。

Tips：在刺激大众踊跃参与活动时，一定要注意切忌强制，要让大众自发参与活动。只有这样，才能带给参与者良好的体验，使他们记住品牌，并对品牌产生好印象。

# 8.5　形成转化

任何活动的最终目的都是形成转化、实现购买，那么作为活动的主办方，在活动中又该如何形成转化？本节就根据这一问题为你进行详细阐述，帮助你提升活动中的成交率。

## 8.5.1　如何在活动中形成转化

一般情况下，在大型活动中要想形成转化，有以下几种方式。

**（1）空隙介绍法。**空隙介绍法比较好理解，即活动主办方找一些促销人员，在活动的休息间隙或者表演间隙对活动参与者进行企业产品及相关促销策略的讲解，使参与者更加了解企业及产品，进而促使有购买意向的人形成购买。

**（2）定金支付法。**如果在活动中看到有人想要购买产品，但却犹豫不决，那么不妨使用定金支付法，使其先付一小部分定金，而且允许其支付定金后反悔。这样，购买者并没有损失什么，虽然看上去企业也没有赚到什么，但却在无形当中增加了参与者购买产品的决心，进而使参与者在活动结束后果断支付全款进行购买。

**（3）POSS 机现场支付法。**可能在活动中有很多人想要购买企业产品，但却因为一时手头上没有现金而不得不放弃，这就在无形中使企业流失了很多订单。因此，企业一定要在活动现场备好 POSS 机，从而能够最大限度地留住客户，方便客户购买。

**（4）记录基本信息法。**记录基本信息是企业在大型活动中的惯用手法，从而方便企业在活动结束后针对活动参与者进行电话营销。当然，要记住一点，不要反复打电话，否则会对参与者造成骚扰，从而使参与者对企业产生不良印象。

**（5）饥渴营销法。**这种方法其实并不陌生，即主办方反复强调优惠的即时性，强调优惠策略在活动结束后再难遇到，从而使参与者产生紧迫感。在这种心态下，参与者很容易产生购买冲动，进而形成购买。

### 8.5.2　形成转化时应注意的问题

形成转化时应注意如下问题。

**（1）不要夸大承诺。**很多销售人员在活动现场由于受到活动氛围的影响，喜欢夸大公司的能力，承诺一些公司根本无法做到的事情。这一点一定要避免，否则就会使企业陷入被动，进而使购买者不愿意再回购，甚至对企业产生负面情绪。

**（2）不要触及法律。**在根据活动中所搜集到的信息进行电话营销时，一定要注意拨打电话的次数和频次，千万不要对参与者造成人身骚扰。否则，只会让参与者对你的企业产生厌倦感，严重者还会触及法律。

**（3）不要恶意强制。**要知道，我们只能在活动中引导参与者促成成交，如果参与者实在不愿意购买，我们也不应该使用限制人身自由、强制讲解营销策略等方法将参与者留在活动现场。否则，只能给参与者一种被绑架的感觉，进而对企业/品牌彻底失去信任。

> Tips：要想在活动现场形成转化，一定要注意参与者的观感，千万不要给参与者一种被绑架或者强制购买的感觉。否则，只会使参与者对品牌产生厌倦感，严重者还会触及法律。

## 8.6　达到轰动效应

活动的最终目的是营销，如果活动达不到轰动效应，无人问津，那么再好的创意都只能是空谈。因此，如何使活动达到轰动效应就显得尤为重要了。本节就来针对这一问题进行详细探讨。

### 8.6.1 使活动达到轰动效应的方法

**（1）提前造势。**如果想使活动达到轰动效应，则活动之前的造势必不可少。在活动开始前的半个月，就要接连抛出关于活动的话题，从而引导阅读者进行讨论。这就在无形当中提升了大众的期待感，进而在活动正式开始时吸引更多人来参与。

**（2）编排故事。**故事是最能够吸引人的。因此，如果想要使活动达到轰动效应，就不妨为活动编排一个感人的故事。这样，当参与者接收到信息，了解故事后，就会自发地参与到活动中来。

**（3）大张旗鼓。**还有一种最直接也是最简单的方法，即大张旗鼓。无论在宣传阶段，还是在活动的正式展开阶段，抑或是活动结束，都要大张旗鼓地将活动信息释放出去，尽可能争取最大曝光度，这同样能够起到吸引参与者参与的作用。

**（4）媒介宣传。**众所周知，重磅媒体一直都是大众关注的热点。如果企业拥有媒介资源，就可以邀请它们来做宣传。这样，当重磅媒体都在铺天盖地地讨论企业的这次活动时，自然也就达到了引爆效应。

**（5）制造事件。**为了使活动达到轰动效应，我们还可以制造一些事件。比如，最近军旅题材的影视剧比较火热，那么我们就可以邀请一些军旅影视剧主角到活动现场与大家见面交流。这样，军旅题材主角本身就是明星，与大家面对面就更是焦点了，大家的关注度自然就会提升上来。但要切记，制造事件一定要制造一些中性事件，主旋律应该是积极、健康的，千万不要制造一些触及道德底线的社会事件，否则只能对企业起到负面作用。

### 8.6.2 使活动达到轰动效应时应注意的问题

使活动达到轰动效应时应注意如下问题。

**（1）不要触及法律和道德底线。**如果企业想要靠制造事件来博眼球，那么一定要制造一些弘扬主旋律，至少让大众易于接受又眼前一亮的事件。千万不要为了使活动达到轰动效应而制造一些擦边道德和法律的事件，否则会被大众视作恶性营销，甚至损伤企业/品牌在大众心目中的形象。

**（2）不要影响正常生活秩序。**有些企业在线下活动中为了达到轰动效应，不惜使用高音喇叭或悬挂很多热气球。如果是在市区内，或者离居民楼比较近，那么就不合适了，这会影响附近居民的正常生活秩序，不但起不到引导大众参与和关注活动的作用，严重者还会触及法律。

**（3）宣传时要有内涵。**企业在活动前期造势宣传时，一定要有内涵。企业要切实传递出一些实质性的内容，这样大众才会对企业拥有良好的认知，进而自发参与活动。如果企业在前期宣传时只做硬性推广，没有实质性的内容传递出来，那么往往会使大众产生反感。

**（4）要给大众一些谈资。**在为活动进行前期宣传造势时，一定要给大众一些谈资，充分给足大众宣传你这次活动并邀请别人来参与这次活动的理由。这样，才能便于传播，吸引更多的人参与到活动中。

Tips：如果想使活动达到轰动效应，就一定要在活动正式发起之前进行良好的造势宣传。在宣传时，不仅要向大众传递一些实质性的内容，同时也要给大众一个向别人推荐你这次活动的理由。这样，才能够最大限度地使活动便于传播。当然，使活动达到轰动效应的同时，也要注意不要触及法律，不要影响他人生活。

# 8.7　迅速处理危机

在活动现场，除活动内容的新颖性外，对危机事件的处理速度也影响着活动参与者对活动的观感。那么作为活动的主办方，如何才能够做到迅速处理危机呢？本节就来针对这一问题进行详细解析。

## 8.7.1　如何做到迅速处理危机

**（1）专人负责。**当活动中出现危机或者突发事件时，要确保有一个应激小组第一时间站出来解决问题。同时，也要确保活动现场秩序不混乱。这就需要活动现场增派专人/专门小组，来对活动现场的危机事件进行处理。

**（2）及时安抚。**当危机或突发事件来临时，作为活动的主办方，千万不要一躲了之，一定要在第一时间对当事人进行安抚。只有这样，参与者才能够最大限度地感受到企业负责任的态度，进而对企业产生信任感。

**（3）当面沟通。**如果解决危机、突发事件需要企业负责人与其他组织/企业打电话沟通解决，那么如果条件允许，最好当着参与者的面来打电话，让参与者清楚地知道这件事情已经解决到了哪种程度、活动主办方是否在积极解决问题。只有这样，才能最大限度地消除误会，使参与者重建对企业的信心。

### 8.7.2 迅速处理危机时应注意的问题

迅速处理危机时应注意如下问题。

**（1）即时性。**在遇到问题时，一定要在第一时间出现在参与者面前，从而使参与者对活动主办方产生良好的印象，进而对品牌产生信任感。如果在活动中企业并没有选择第一时间出现并解决问题，就会给参与者一种非常恶劣的体验，进而使参与者对品牌失去信心。

**（2）连续性。**在处理突发事件的时候，一定要注意连续性，要让参与者明确知道企业一直在积极沟通、处理问题，这样才能建立起参与者与企业之间的信任。

**（3）追踪结果。**为参与者进行危机处理时一定要注意追踪最终的事件处理结果，让参与者真实地感受到企业在处理事件时对结果负责，对参与者的人身安全及财产安全负责。这样，参与者才能够感受到企业负责、严谨的态度，进而重建对企业的信任。

> Tips：作为活动的主办方，在进行危机事件处理时，一定要选择积极应对、及时处理、连续追踪、注重结果的态度。只有这样，参与者才能够感受到企业负责、严谨的态度，从而使参与者重建对企业的信任。

## 8.8 满足舒适需求

作为活动主办方，在策划活动时也要考虑到参与者的舒适需求，这样才能够增加参与者的逗留时长，进而使他们转变为企业的客户。那么，我们在活动中该如何满足参与者的舒适需求呢？本节就来针对这一问题为你进行详细阐述。

### 8.8.1　如何满足参与者的舒适需求

参与者的舒适需求具体可以分为如下几类。

**（1）交通需求。**在活动中要注意参与者的交通需求，活动地点一定要选择在交通便利的地方。这样，参与者才愿意坐车前往。否则，会造成参与者的流失。

**（2）餐饮需求。**有些活动本身的确很好，但由于活动现场附近没有餐饮店，从而使参与者因为就餐问题而离开活动现场。一旦参与者离开了活动现场，那么再度返回的概率就会大大降低，这就在无形当中使企业丢失了很多订单。因此，在活动现场增设餐饮摊位必不可少。

**（3）休憩需求。**一场大型活动参与下来，参与者肯定会感到劳累。那么，作为活动的主办方，就应该考虑到这一点，在活动现场增设一些休息的座位，让参与者能够坐下来好好休息。这样，参与者才能够打起精神，继续参与活动。

**（4）如厕需求。**如果在活动现场找不到如厕的地方，那么难免会使参与者陷入尴尬，进而在生理问题的驱使下离开活动现场，到其他地方如厕。参与者一旦离开，回来继续参与活动的可能性就会变得很小。因此，必须确保活动现场附近有如厕的地方。

**（5）温度需求。**在夏天和冬天，参与者对温度也是有需求的。如果活动现场太热或者太冷，参与者都会感觉不舒服，从而离开活动现场。因此，作为活动的主办方，一定要考虑到这一点，做好活动现场的温度调节。这样，参与者才能够舒服地参与活动，获得良好的体验。

**（6）主动权需求。**作为活动的主办方，我们需要在活动现场增设讲解员和促销员，但千万不要太多。毕竟，很多参与者参与活动的目的是享受其中，而非一味地听讲解员和促销员讲话。这时候，我们要满足参与者想要获取主动权的需求，给参与者一些空间，让他们自行参与活动。当他们遇到问题时，或者想要购买时，自然会来询问讲解员和促销员。

**（7）获得实惠的需求。**既然参与者选择参与活动，那么也就意味着他们渴望通过一个实惠的活动价格来买到商品。因此，作为活动的主办方，也要考虑到参与者想要获得实惠的需求，进而最大限度地让利，让参与者愉悦地选择购买。

### 8.8.2 满足参与者的舒适需求时应注意的问题

满足参与者的舒适需求时应注意如下问题。

**（1）服务质量。**作为活动的主办方，一定要确保服务质量，让参与者最大限度地感觉到舒适，这样他们才能够对企业产生好感。

**（2）人流量。**在这里，我们还要考虑到人流量的问题，估算一下我们提供的餐饮点、休憩点、如厕点是否可供活动所有参与者使用。在使用的过程中，是否会出现冗员现象，是否会因为人员流量大而对参与者有所怠慢，从而决定是否需要增设服务点。

> Tips：在策划活动时，除要搞好活动主题内容外，对于参与者的体验也要充分考虑到，满足参与者的舒适需求，这样参与者才愿意留在活动现场，进而形成购买。

## 8.9 确保活动现场安全

在大型活动中，活动现场的安全也是决定参与者是否能够安心参与的关键。如果活动现场发生事故、意外，就会使参与者对企业的信任度直线下降。因此，作为活动的主办方，一定要确保活动现场的安全。只有这样，才能让参与者对企业产生信任感。

### 8.9.1 如何确保活动现场的安全

**（1）与专业安保公司合作。**在很多大型活动中，活动现场的安全都由专业的安保公司来操作。这样做的好处是，能够增加安保的专业度。同时，也能够最大限度地减轻活动主办方的压力，使企业专注于活动内容，做好本职工作。

**（2）与公安等部门合作。**如果你的活动比较大型，同时影响力也比较大，那么也可以与公安部门合作，从而提高活动现场安保工作的专业度。同时，还能够在第一时间遏制恶性事件的发生。

**（3）自建安保体系。**如果企业还不具备与其他公司合作的能力，那么也可以利用好企业自身的安保人员，从企业中抽调一部分安保人员作为活动安保，自己搭建安保体系，确保在出现突发事件时能够有人在第一时间处理解决。

### 8.9.2　确保活动现场的安全应注意的问题

确保活动现场的安全应注意如下问题。

**（1）责任到人。**在确保活动现场的安全时，一定要注意责任到人，有专人负责跟踪处理，这样才能最大限度地保证参与者的人身安全。

**（2）提前预演。**在活动举办之前，一定要带着活动的安保人员熟悉场地，甚至针对活动进行安保预演。只有这样，才能确保活动的安保人员对活动场地的熟悉度，进而使他们在正式的活动中表现出绝佳水平。

**（3）不留死角。**活动现场的安保一定要确保不留死角，这样企业才能够尽可能地将活动中的危险降到最低，进而确保整场活动的安全。

Tips：如果想要保证活动现场的安全，就一定要做到责任到人、提前预演、不留死角。当然，作为企业家，必要时还可以将活动的安保工作交由专业安保公司或公安部门，这样才能做到专业的人做专业的事情，进而最大限度地确保活动现场的安全。

## 8.10　有效搜集反馈信息

企业发布一次活动，绝不只是赚取曝光度就结束，而是要解决企业切实的营销问题。那么，如果活动现场的成交量不尽如人意，你知道该如何弥补吗？答案就是尽可能地搜集有效信息。这样，企业还可以通过这些信息来对参与者进行后续的跟踪营销。

### 8.10.1 如何做好反馈信息的有效搜集

在活动现场，企业如果想要通过搜集有效信息的方式来对参与者进行后续营销，那么首先要思考的问题是，到底怎样的信息才是企业最为需要的？在这里，笔者总结了一些常见的必填资料，供大家在日后的工作中参考使用。

**（1）姓名、电话。**姓名、电话自然不必多说，如果想进行后续的营销，就必须与参与者建立联系，那么得知对方的电话和姓名就变得尤为重要了。

**（2）邮箱。**虽然现在邮件营销已经不再流行，但依旧有很多人每天会关注邮箱。因此，在大多数企业选择放弃邮件营销时，我们的企业要适当地进行邮件营销，这也是一种可以增加企业曝光度的手段。

**（3）微信。**现代人几乎每天都会登录微信，更有一些企业甚至将微信视为沟通工作的一种手段。因此，添加对方微信，无异于让对方向你敞开心扉。企业可以每天适当地发布一些企业相关信息，从而在潜移默化中让参与者变成企业的客户。

**（4）QQ。**企业知道了参与者的 QQ 后，就可以随时与参与者建立联系，进而在 QQ 上进行有效沟通，将企业的相关信息传递给参与者，让参与者变成企业的意向客户。

**（5）职务。**很多企业销售的产品并不是普通的衣物，而是昂贵的汽车、广告位等。这就需要企业能够找到客户所在公司的直接负责人，从而达成合作。因此，搜集参与者的职务这一环节必不可少。企业在活动结束后，可以根据对方的职务，选择自己所需要的人群进行营销。

**（6）偏好。**在销售过程中，了解对方的偏好也尤为重要，因为这是能够使对方向你倾吐心声、敞开心扉的钥匙。因此，在活动中也要注意参与者的偏好搜集，明确对方的爱好，这样才能够拉近彼此之间的距离。

**（7）对本次活动的看法。**如果有可能，还需要搜集参与者对本次活动的看法，这样才能够从侧面看出企业在参与者心目中的地位，进而开启话题，有针对性地进行后续营销。

## 8.10.2　有效搜集反馈信息时应注意的问题

有效搜集反馈信息时应注意如下问题。

**（1）确保信息的真实性。**在进行反馈信息搜集时，一定要确保信息的真实性。只有搜集到的信息是真实的，企业才可以针对这些真实信息进行后续营销。如果信息源头就不是真实的，那么后续营销做得再好也无济于事。

**（2）进行软性引导。**在搜集反馈信息时，一定要尽可能地做到软性引导，让参与者自愿填写。只有这样，才能最大限度地使后续营销变得顺利。

**（3）尊重参与者的意愿。**如果参与者实在不愿意填写反馈信息表，那么也不要逼迫其填写。否则，只会造成参与者的反感，甚至拒绝再度关注企业。

**（4）使用礼品刺激。**如果感觉活动现场填写反馈信息表的人员比较少，那么我们还可以通过发放礼品的方法来刺激参与者填写。

Tips：如果企业想要针对活动的参与者进行后续营销，那么就一定要做好反馈信息的有效搜集，最大限度地确保参与者所填写信息资料的真实性。同时，还要最大限度地避免给参与者一种强制填写的感觉，可以适当地使用发放小礼品等手段来刺激参与者填写。

第 9 章

# 如何策划不同类型的活动

众所周知，不同类型的活动，一定有着不同的侧重点。如果笼统地将所有活动按照一个套路来策划，那么一定会显得生硬，也达不到预期的效果。在本章，笔者根据多年实操经验，总结了公关活动、大学生活动、会展展览类活动、促销类活动、分享讲座类活动、团建竞赛类活动、儿童成长类活动、公益关爱类活动、兴趣同好类活动、旅行类活动的策划重点，帮助你找到活动策划的核心，玩转不同类型的活动策划。

# 9.1　如何策划公关活动

品牌公关活动，是很多企业每年都要发起的，但大众为什么还是无法记住呢？为什么在进行营销时有很多人会对企业产生不信任感？本节就来针对上述问题为你进行详细解析。

## 9.1.1　策划公关活动的核心

（1）**具备目标性。**公关活动的目标决定着活动能否被顺利执行，以及最终活动结束后能否获得预期效果。如果活动的目标定位不清晰，那么在执行的过程中就会造成人力与物力的浪费，同时还会使活动策划时间延长，甚至影响活动如期执行。因此，一定要在活动的策划初期就确定好活动目标，然后以目标为导向进行活动的策划与执行。

（2）**卖点集中。**在公关活动中，一定要确保活动卖点集中，一次活动主打一个卖点。这样，才能够使参与者清晰地接收到卖点信息，进而在脑海中形成品牌印象，便于促成购买。

（3）**个性突出。**既然是公关活动，就一定要让参与者记住品牌。参与者怎样才能更深刻地记住品牌呢？这就需要活动策划人员在活动中利用各种资源来使品牌拥有个性，在活动中传递出品牌的文化和理念，这样参与者才能够在脑海中加深对品牌的印象。

## 9.1.2　策划公关活动时应注意的问题

策划公关活动时应注意如下问题。

（1）**避免资源浪费。**一场大型公关活动举办下来，往往要耗费众多人力与物力。因此，我们在策划活动时就应该将这些考虑到，注意资源配比问题，最大限度地避免物力及人力资源的浪费。这样才能够保存企业实力，避免因过度浪费而造成人力、财力紧缺。

（2）**注意及时沟通。**大型公关活动不可能是由一两个人来完成所有策划与执行任务的，必须通过团队紧密配合才能使公关活动顺利进行，并获得预期成效。

所以，需要活动的策划与执行人员做到及时沟通，有不明白的问题一定要在第一时间说出来、讲清楚，这样才能确保活动达到预期效果。

**（3）注重细节。**公关活动的细节更加能够体现出企业的专业度和文化，因此作为活动的策划与执行人员，就应当具备全局观念，将活动的细节之处做好。这样，才能够树立起企业的正面形象。

### 9.1.3 案例：以N公司的公关活动为例详解如何策划公关活动

N公司是以销售奶茶饮料闻名的公司，现在有一款新型辣口奶茶需要打入市场，售价为18元一杯。N公司的惯用颜色是肉色，品牌一向以年轻、创新、服务完美、贴心关怀著称。如果你是N公司策划经理，该如何策划这次活动呢？

根据上面的案例资料可知，N公司销售的是奶茶饮料，现在想要主推一款新型辣口奶茶，售价为18元一杯；N公司惯用的品牌色是肉色，品牌形象是年轻、创新、服务完美、贴心关怀。

因此，N公司的这次营销活动可以这样策划：在大型商业街展开赠饮表演活动，活动所用物料背景主题色是肉色，主推新型辣口奶茶。另外，赠饮奶茶杯可以使用运动塑料奶茶杯（喝完以后还可以当作便捷的运动水壶），同时配上一块速干小毛巾（毛巾颜色为肉色，并印有公司Logo）。这样，在活动中企业的品牌形象和主推产品就能够被凸显出来了。

Tips：在策划品牌公关活动时，一定要围绕一个卖点来进行推广，同时在活动中一定要随时随地想办法增加公司的固定元素，如主题色、公司Logo等。这样，才能够加深参与者的印象，进而使参与者记住品牌和产品。

## 9.2 如何策划大学生活动

众所周知，学生是最容易被外界事物所吸引和引导的一部分人群。因此，有的企业便掌握了这一点，不断地策划校园活动，进而赢得了大批意向客户。那么，你知道策划大学生活动的核心吗？知道该注意哪些问题吗？本节就来针对上述问题进行详细阐述。

### 9.2.1　策划大学生活动的核心

**（1）新颖性。**大学生是年轻群体，在策划活动时也要迎合这一群体的特性，策划一些新颖的活动。这样，才能够打开学生的眼界，调动起学生的积极性，让更多的学生参与到活动中来。

**（2）便利性。**在策划大学生活动时，一定要注意便利性，要让学生能够很容易参与进来，这样才能最大限度地使其记住品牌。

**（3）参与感。**在学校，学生才是主角，而且现代年轻人越来越喜欢突出自我。因此，策划的活动一定要具有参与感。这样，学生才能够在好奇和渴望探究的心态驱使下来参与活动。当他们发现自己是主角时，就会对品牌产生好感，也就在无形当中记住了品牌。

### 9.2.2　策划大学生活动时应注意的问题

策划大学生活动时应注意如下问题。

**（1）注意安全性。**在校园举办活动最重要的就是保证安全，一定要确保活动现场的安全性。这样，才能够说服校领导在学校继续举办接下来的活动。如果活动现场出现了安全事故，那么相信校领导与学生家长就会对品牌产生负面印象，进而拒绝企业再次在校园内举办活动。

**（2）注意时间问题。**校园是学生上课学习的地方，娱乐仅占一小部分。因此，一定要注意活动的时间问题，为了不影响学生的正常学业，一定要选择在学生上完课后发布活动。这样不仅能够确保学生有时间来参与活动，还能够确保学生不会因为要参与活动而逃课。

**（3）做好提前沟通。**在举办校园活动时，还应做好与校方的提前沟通，这样才能够使活动正式开始时得到校方的允许和支持，不至于陷入活动进行到一半却被校方清场的尴尬境地。

**（4）调动学生组织。**在学校里，学生组织在学生心目中的地位可想而知。为了拉近与学生之间的距离，还应该尽可能地调动学生组织，拉拢学生组织和企业一起为活动进行宣传、策划、推广，这样才能使活动被更多学生认可。

### 9.2.3 案例：以 W 服饰公司的校园推广活动为例详解如何策划大学生活动

W 服饰公司最近想要在校园里进行一次推广活动，但其夏季服装的样式也就那么几种，且 100～200 元的服装有很多。W 公司实在找不到什么新颖的创意点在校园内进行推广活动。如果你是 W 公司策划经理，该策划什么样的活动呢？

根据上面的案例资料可知，W 服饰公司想要进行一次校园推广活动，其产品是夏季服装，价格为 100～200 元/件。乍一看，确实没有什么新颖的创意点可以拿来做活动。那么，我们接下来需要思考的就是，有什么创意点可以吸引学生呢？

答案其实很简单，每个学校都有喜欢画画的学生，基本都有艺术系、美术系。那么，W 服饰公司就可以以“寻找校内最美夏装”“你的夏装你做主”或“装出你模样”为主题，发起校园活动，吸引喜欢画画的同学在 W 公司提供的白色服饰上作画，并进行展览，让学生评出最喜欢的夏装图案。

Tips：策划大学生活动的核心在于新颖性、便利性、参与感，只有做到这三点，才能够最大限度地起到吸引大学生参与的作用。与此同时，还应注意活动的安全性、时间问题，并与校方、学生会提前打好招呼，这样才能够使整场活动既被校方支持又被学生喜爱。

## 9.3 如何策划会展展览类活动

很多行业都会定期举办展览、展会，也有一些企业通过举办展会奠定了自己在行业中的地位。那么，策划会展展览类活动的核心到底是什么呢？在策划此类活动时又该注意哪些问题呢？本节就来针对上述问题进行详细阐述。

### 9.3.1 策划会展展览类活动的核心

**（1）突出行业动态。**在策划会展展览类活动时，一定要让参展者了解到，目前这个行业到底发展到了何种程度、有什么新型的技术正在被应用、这个行业的关注点在哪里。这样，参与者才能够通过活动了解行业，进而对产品产生兴趣。

**（2）第三方评价。**会展展览类活动的价值是通过第三方突显出来的，因此在策划活动时一定要邀请一些具备权威性的新闻媒体来进行报道。这样，才能够最大限度地彰显活动的权威性，突出企业的影响力。

**（3）全局性。**策划会展展览类活动，一定要保证参展企业的全局性，让行业中具有代表性的企业都来参与。这样，才能确保展会内容的丰富性，使参与者更加全面地了解行业。

### 9.3.2　策划会展展览类活动时应注意的问题

策划会展展览类活动时应注意如下问题。

**（1）提前预约。**在策划会展展览类活动之前，一定要对所有参展企业提前进行电话沟通，并在活动前一天下午进行及时提醒。只有这样，才能最大限度地确保参展企业的到场率，为参与者呈现一次完美的活动。

**（2）会场保持清洁。**在会展展览类活动中，由于人流量大，因此难免会出现一些垃圾随手丢弃的问题。作为活动的主办方，一定要想办法保持整个会场的清洁，从而给参与者带来良好的参与体验。

**（3）亮点突出。**作为活动的参展企业，还要确保自己展台上的亮点突出。这样，才能够起到吸引参与者来关注的目的，让参与者感受到展会的魅力。

### 9.3.3　案例：以 Y 公司的会展活动为例详解如何策划会展展览类活动

最近行业内有很多企业都开始研发触感门、人脸识别门，Y 公司研制出了防盗自动报警门。于是，Y 公司想要举办一次展会，并通过举办展会奠定行业地位。但 Y 公司不知道该以怎样的主题来发起活动，以及该如何举办展会。如果你是 Y 公司的策划人员，你知道该如何做吗？

根据上面的案例资料可知，行业内正在研究触感门、人脸识别门，Y 公司的最新研究成果是防盗自动报警门。Y 公司想要通过举办展会奠定行业地位。

因此，这次展会的主题就可以定为“未来生活”“智能生活”，并邀请行业内比较领先的企业都来参展，让大众知道目前门业的发展状态。同时，展示企业防盗自动报警门的风采。与此同时，邀请一些新闻媒体来对这次展会进行报道。

Tips：企业在策划会展展览类活动时一定要具有全局性，同时突出行业内的最新动态，并且邀请第三方新闻媒体对活动进行报道。这样，才能够使活动举办成功，发挥本该拥有的影响力。当然，也要做好参展企业的邀约工作，注意会场卫生，保持自家展台上的亮点突出，这样才能够给参与者带来良好的参与体验。

# 9.4 如何策划促销类活动

促销活动是企业经常举办的一种活动，那么促销活动分为哪几种呢？在策划促销活动时又应该侧重哪些方面呢？在策划促销活动时又该注意什么呢？本节就来为你一一揭开上述问题的答案。

## 9.4.1 促销活动的种类

促销活动根据促销方式的不同，可以分为如下几类。

**（1）试用。**试用比较好理解，很多化妆品企业都会在新品上市之前对广大消费者进行试用装的免费分发。这样，当参与者拿到试用装并且觉得确实好用时，就会选择购买及多次回购。

**（2）赠送。**赠送在生活中也并不少见，即顾客在购买某件商品时还能够免费得到一件同样或同类的商品。这样，既让购买者得到了实惠，企业还能够通过赠送的方式来推广新品。这样的方法在奶制品和饮料行业中比较多见。

**（3）打折。**无论在商场还是在网上商城，都能够看到这样的活动。这样做的好处是，能够在没有活动时让顾客享受到实惠，满足顾客渴望得到实惠的心理。由于打折的力度不是太大，企业并没有蒙受什么损失，但能够起到拉拢客户的作用，何乐而不为？

**（4）降价。**降价一般在节假日和企业清理库存的时候比较多见，即企业通过降低商品原价的方式对商品进行倾销。这样，在低廉价格的驱使下，很多人就会选择抢购。企业能够达到倾销与拉拢顾客的目的，顾客也能够从中得到切实实惠。

**（5）返券。**这是一种诱导参与者回购的促销方式。参与者在第一次购买时得到了现金券，那么其就会想着在规定的时间内将现金券用掉，于是就会选择回购。但是要知道，现金券的使用是有额度的，所以一般人就会选择多买一些。这样，参与者在用了原有的现金券后就必须补钱，而补的钱数一般还能满足再得到新现金券的额度。这样一环扣一环，在无形当中使顾客反复回购。

### 9.4.2　策划促销活动的核心

**（1）促销力度。**促销活动最吸引人的就是促销额度，因此企业一定要最大限度地让利。只有当大众感觉确实能够得到实惠时，才会被促销活动所吸引，进而选择购买。因此，促销力度一定要大，让大众切实得到实惠。

**（2）商品品质。**打折促销并不意味着商品质量也要打折，商品品质永远是决定顾客是否回购、是否购买的标准。所以，作为企业来讲，一定要确保商品品质不打折。这样，大众才能建立起对企业的信心，变成忠实客户。

### 9.4.3　策划促销活动时应注意的问题

策划促销活动时应注意如下问题。

**（1）品质如一。**无论特价商品还是试用装，都要和正常产品保持统一品质，这样大众才能够在购买和使用之后对产品产生良好印象。如果试用装质量好、正常产品质量一般，就会让购买者在认知上形成错位，从而拥有一种被欺诈感，进而对产品失望。

**（2）不要哄抬物价。**在进行打折和降价促销时，一定要注意避免哄抬物价。不要进行先提价再降价的操作，这样只能让大众感觉企业的促销缺乏诚意，进而无论企业后续再如何营销，大众都不会再关注了。

### 9.4.4　案例：以刘经理的奶昔促销为例详解如何策划促销类活动

*刘经理经营一家奶制品小店，现在店内的奶昔原料库存很多，于是他想要通过促销活动来吸引附近的居民进行购买，但却不知道该如何策划活动。如果你是刘经理，该如何策划这次促销活动呢？*

根据上面的案例资料可知，刘经理经营的是一家奶制品小店，现在面临的问题是奶昔原料库存很多。那么，刘经理策划这次活动的目的就是推广店内奶昔，加速奶昔库存的消耗。所以，刘经理可以对奶昔这款商品进行打折促销。

刘经理的促销方式可以为：①奶昔买一杯赠一杯；②首次购买 6 折优惠，老顾客 5 折优惠；③双人同行一人免单。

Tips：在策划促销活动的时候一定要注意商品质量，无论试用装还是促销装，都一定要保证商品品质如一。同时，也要注意不要哄抬物价，切实让利给购买者。只有这样，大众才能够感受到企业促销的诚意，进而对品牌产生信任，变成忠实客户。

# 9.5 如何策划分享讲座类活动

很多企业通过分享讲座类活动赚得盆满钵满，那么策划分享讲座类活动的核心是什么呢？在策划分享讲座类活动时又该注意哪些问题呢？下面笔者为你进行详细阐述。

## 9.5.1 策划分享讲座类活动的核心

**（1）解决实际问题。**讲座的内容是分享讲座类活动的核心。在策划这样的活动时，一定要言之有物，让参与者在听讲座的过程中切实解决一些心理疑惑，这样参与者才会有参与活动的动力。

**（2）贴近生活。**分享讲座类活动所讲的内容一定要贴近大众生活，让大众在日常生活中能够还原并解决实际问题。只有让参与者感受到活动与自己息息相关，才能够最大限度地起到调动参与者积极性的作用。

## 9.5.2 策划分享讲座类活动时应注意的问题

策划分享讲座类活动时应注意如下问题。

**（1）时间问题。**分享讲座类活动需要耗费大量的时间来听，因此一定要选择目标受众有大段时间来听的时候发起活动。这样，参与者才能静下心来，活动所分享的内容才能够被参与者记住。

**（2）通俗易懂。**无论分享讲座的人有多么高的学历，都要明白讲座的目的是将专业的问题讲给所有人听。因此，讲座内容一定要通俗易懂，这样参与者才能够准确地知道主讲人在说什么，进而将其所讲述的内容切实应用到生活中。

Tips：在策划分享讲座类活动时，一定要注意贴近生活，主讲人所讲述的内容要通俗易懂，使参与者在听完以后能切实解决生活中的实际问题。这样，参与者才会有兴趣参与下次分享讲座活动。

## 9.6　如何策划团建竞赛类活动

很多企业内部都会不定期地策划一些团建竞赛类活动，那么企业这么做的目的是什么呢？在策划团建竞赛类活动时又该注意哪些问题呢？下面笔者就针对上述问题为你进行详细阐述。

### 9.6.1　策划团建竞赛类活动的核心

**（1）对抗性。**对抗性是竞赛类活动的核心。一定要在策划活动的时候突出双方的对抗性，想办法激起竞赛双方对胜利的渴望。只有参赛者热血沸腾，才能够吸引更多的人来围观。

**（2）协作性。**协作性是团建活动的核心。无论怎样的活动形式，都应该很好地照顾到这一点，增加参与者之间的协作与互动机会。这样，才能够切实达到策划团建活动的目的，使参与者之间互相了解，形成良性沟通。

### 9.6.2　策划团建竞赛类活动时应注意的问题

策划团建竞赛类活动时应注意如下问题。

**（1）氛围烘托。**氛围烘托对团建竞赛类活动来说非常重要。在竞赛类活动中，要让参与者有一种紧迫感和求胜欲；在团建活动中，要突出齐心协力、团队力量无限大的精神。这样，参与者才能够被活动氛围所感召，调动起积极性，使活动达到预期效果。

**（2）制定激励办法。**为了能够吸引更多人来参与活动，一定要制定一个非常合理的激励办法。所设置的大奖一定要足够吸引人，这样才能够使参与者拥有足够的热情参与到竞赛中来。如果是团建活动，就要在团队齐心协作完成一件事情之后，进行适当的鼓励和仪式性的表彰，这样才能够凝聚人心，便于团队成员日后在工作中配合。

**（3）公平性。**公平性是竞赛类活动的关键，作为活动主办方，一定要确保裁判的公平公正。这样，才能够使参赛者拥有足够的积极性来参与比赛；否则，会大大挫伤参赛者的积极性，进而使参赛者对活动的发起者产生负面情绪。

### 9.6.3 案例：以王经理的公司团建活动为例解析如何策划团建竞赛类活动

王经理是一家商场的总经理，现在他想要通过策划团建活动来促进各部门人员之间的交流，通过竞赛类活动来刺激公司内各部门的实力比拼。但是，王经理不知道怎样做才能够既使团队成员互相了解，又不失去比拼和竞争感。如果你是王经理，你知道该如何做吗？

根据上面的案例资料可知，王经理策划该次活动的目的是想要使各部门成员互相了解，同时又要刺激各部门在专业度和实力上进行良性比拼。因此，活动中既要有团队项目，又要有比拼项目。

那么，我们就可以利用全员绑腿跑、信任接力、密室逃生等小游戏来培养所有员工的配合度和默契度。同时利用部门长跑竞赛、部门寻找竞赛来刺激各部门的良性比拼。当然，在活动结束后一定要给胜利方进行颁奖或者送出奖品。这样不仅能够增加各部门人员的凝聚力，还能够使未获奖部门拥有获奖欲望，进而在实际工作中提升能力，暗中比拼。

Tips：在策划团建竞赛类活动时，一定要注意氛围的烘托。如果是竞赛类活动，就一定要增加对抗性；如果是团建活动，就一定要增加协作性。只有这样，参与者才能够被活动氛围所感染，拥有良好表现；同时也能吸引更多人前来围观，使活动达到预期效果。

# 9.7　如何策划儿童成长类活动

有很多企业会针对儿童来发起活动，进而吸引一大批家长的追随。那么，儿童成长类活动该如何策划呢？在策划儿童成长类活动时又该注意哪些问题呢？本节就来针对上述问题为你进行详细解析。

## 9.7.1　策划儿童成长类活动的核心

**（1）互动性。**众所周知，孩子是不可能坐一下午或者听谁讲一两个小时的。因此，一定要注意活动的互动性，要让孩子和家长真正地参与到活动中来。这样，才能够最大限度地留住意向客户。

**（2）知识性。**在活动中一定要突出知识性，让儿童在参与活动的同时能够了解一些知识，这样家长才乐于让孩子参与。同时，也能够最大限度地树立企业专注儿童成长、严谨、专业的形象。

**（3）益智性。**对儿童来说，智力开发非常重要，因此活动的益智性也要凸显出来，最好在活动中能够让家长发现孩子不同的一面。这样，既能够增加家长对孩子的理解，也能够使孩子家长对活动充满期待感，对品牌产生信任。

**（4）便捷性。**既然活动需要孩子和家长共同参与，那么就一定要注意活动的便捷性，不要把活动参与方法设定得太难，要让孩子与家长很容易就可以参与进来，并完成任务。这样，才能够最大限度地起到刺激参与的作用，调动家长与孩子的积极性。

## 9.7.2　策划儿童成长类活动时应注意的问题

策划儿童成长类活动时应注意如下问题。

**（1）时常鼓励。**孩子与家长来参与活动时，无论在活动中还是在参与完活动后，都要对孩子进行夸赞和表扬，将一些小礼物奖励给孩子。这样，才能增加孩子的自信，使家长更乐于与孩子一起参与活动。

**（2）设置纪念奖。**在策划儿童成长类活动的时候，一定要注意设置一些纪念奖，让每位参与活动的孩子都能够得到礼品。这样，才能最大限度地达到拉拢孩子、使孩子高兴的目的。如果孩子没有完成活动任务，参与活动后没有拿到礼品，就会大大降低自信，甚至产生哭泣等情绪，从而使家长陷入僵局和尴尬，进而对品牌产生负面印象。

**（3）确保安全。**儿童成长类活动一定要注意安全性，这样家长才能够放心地让孩子参与到活动中来。如果活动现场的安全无法保证，那么家长便不会支持孩子参与，甚至会导致孩子因此而受伤的情况，从而使家长对品牌产生负面情绪。

### 9.7.3 案例：以赵经理的儿童图书推广活动为例详解如何策划儿童成长类活动

*赵经理经营一家儿童图书店，现在有一批新洞洞书需要打入市场。于是，他想要通过举办活动的形式使儿童和家长对这批书产生兴趣。但是，他不知道该如何策划活动。如果你是赵经理，该如何策划这次活动呢？*

根据上面的案例资料可知，赵经理经营的是一家儿童图书店，现在有一批新洞洞书需要打入市场。所以，这次活动的目的就是推广洞洞书。

根据儿童成长类活动需要具备互动性、知识性、益智性、便捷性的特点，我们可以在活动现场设置若干动物、水果、车辆的洞洞书卡片，引导家长与孩子参与到竞猜游戏中来。只要孩子参与，就能够获得书店纪念书签、纪念小玩偶一个。如果有孩子猜出两种或者两种以上，就能够获赠洞洞书一本。这样，在活动中，孩子既能够认识更多的动物、水果、车辆，还能够与家长形成互动，让家长了解孩子的知识储备情况。同时，也开发了孩子的智力。

> Tips：在策划儿童成长类活动的时候，一定要注意活动的互动性、知识性、益智性和便捷性，这样才能够极大地调动家长与孩子的积极性。当然，在活动中对孩子的赞赏和奖励也是必不可少的。

## 9.8 如何策划公益关爱类活动

几乎每个企业都会策划公益关爱类活动，但却不是每个企业都能够收获鲜花和掌声的。那么，策划公益关爱类活动的核心要素是什么呢？在策划公益关爱类活动时又该注意哪些问题呢？下面笔者就根据上述问题为你进行详细解析。

### 9.8.1　策划公益关爱类活动的核心

（1）**价值观传递。**公益关爱类活动最主要的就是，传递出企业关爱社会、关爱贫苦人民，让世界充满爱的价值观。因此，在活动中一定要编一个口号，使品牌与核心价值观易于被大众所记住。

（2）**大众生活化。**在策划公益关爱类活动时，一定要使活动大众生活化，让关注者看得到企业切切实实的付出，以及真正的关爱某一群体。这样，大众才能够对企业产生信任和认同感。

（3）**具备普遍性。**策划公益关爱类活动时，受助人群一定要具备普遍性，要尽可能多地让更多人得到资助，避免只关注一人或者设立关注条件的现象出现。否则，只会给大众一种有利可图的感觉，进而使好事变成了企业的负面新闻。

### 9.8.2　策划公益关爱类活动时应注意的问题

策划公益关爱类活动时应注意如下问题。

（1）**不要新奇。**在策划公益关爱类活动时，一定要尽可能地避免活动内容的新奇感，不要给参与者一种企业只想要哗众取宠、博眼球，不考虑受助者感受的错觉。因此，这样的活动不用出新，只需切实解决受助者的实际问题即可。

（2）**全程透明。**为了避免流言蜚语，一定要确保活动全程透明化。从资金流向到资助全程，都要透明化。这样，才能让关注者感觉到公益关爱类活动是在切实解决受助者的实际问题，从而使大众对企业产生良好印象。

（3）**避免跟风。**企业在策划公益关爱类活动时，一定要避免跟风。否则，会让大众质疑企业开展公益关爱活动的初衷，进而对企业产生负面情绪。

（4）**不要铺天盖地宣传。**要知道，策划公益关爱活动是一种献爱心、履行社会责任感的行为。因此，作为企业来讲，不要铺天盖地地宣传本企业都做了哪些公益关爱活动。如果宣传过多，就会给大众一种不真诚感，进而使大众对品牌和企业产生反感。

**（6）解决实际问题。**公益关爱类活动一定要解决受助者的实际问题，让受助者切实得到实惠。比如，受助者家里没有壮劳力，而房屋又破损了，那么企业就可以出资找人帮助他们翻修房屋。再如，受助者的家里没有钱，那么企业可以资助他们的孩子上学，或者给受助者的孩子提供进入本企业实习的机会。通过孩子的努力，使他们拥有赚钱的能力，改变家庭生活。

### 9.8.3 案例：以李经理的助学活动为例详解如何策划公益关爱类活动

最近又到了宣传期，李经理想要通过助学活动来对企业进行宣传。但是，以往的捐书、捐款、捐学习用品显得太过老套，同时也解决不了山村孩子无法获得良好师资的问题。如果单独资助一两个孩子，又显得企业另有所图。这一时让李经理摸不着头脑，他不知道该策划怎样的活动才能既解决受助孩子的实际问题，同时又能树立企业的良好形象，避免非议。如果你是李经理，该如何策划本次活动呢？

根据上面的案例资料可知，李经理想要策划一次助学活动。他想要达成的活动效果是，既能够解决山村孩子师资力量不足的问题，又能够树立企业的良好形象，避免非议。

那么，企业可以从偏远山村师资力量不足这方面入手，以高管每年、每半年、每季度进村巡讲的方式，将社会见闻、高新科技带到山村中去，让孩子们了解当下世界。

如果企业条件不允许，那么企业还可以通过资助电脑、搭建电波频率的方式，让偏远山村的孩子能够通过电脑、收音机了解外界。当然，企业还可以组织高管定期给偏远山村的孩子们写信、邮寄照片，帮助孩子解决实际心理问题，同时开阔眼界。

Tips：企业在策划公益关爱类活动时，一定要注意价值观的传递、活动的大众生活化，以及受助人群要具备普遍性。这样，才能够最大限度地解决受助者的实际问题，同时使企业规避负面新闻和非议。另外，在策划活动时还要注意活动过程的透明化，避免跟风，避免大肆宣传。

# 9.9　如何策划兴趣同好类活动

在生活中，我们也不难看到一些由兴趣同好为核心发起的活动，那么这类活动如何策划才能达到预期效果呢？在策划这类活动时又该注意哪些问题呢？本节就来针对上述问题为你进行详细阐述。

## 9.9.1　策划兴趣同好类活动的核心

**（1）创造舞台。**在策划兴趣同好类活动时，一定要给参与者创造一个展示自己兴趣爱好的舞台，让他们施展在日常生活中无法施展的兴趣爱好。

**（2）技术交流。**在兴趣同好类活动中，一定要注意技术交流，让参与者在活动中能够彼此学习。当参与者在活动中切实学到了一些东西，提升了能力后，就会持续追随企业，进而参与企业接下来的活动。

**（3）共融性。**虽然兴趣同好类活动的确是为喜欢某一爱好、具备某一兴趣的人群发起的，但也要注意共融性。在进行高端交流时，也要让对这方面感兴趣的新人加入进来，这样才能确保活动的参与度和火热度。

## 9.9.2　策划兴趣同好类活动时应注意的问题

策划兴趣同好类活动时应注意如下问题。

**（1）专业度。**策划兴趣同好类活动时，要确保活动的专业度，让参与者切实地感受到活动主办方是了解、关注这个群体的，这样参与者才能够产生进行交流和互动的兴趣。

**（2）门槛放低。**不要让一直对这一领域感兴趣，但却没机会深入研究与学习的人有被拒之门外的感觉。活动的门槛要放低，这样才能让很多新人参与进来，从而确保活动参与者的基数。

**（3）树立榜样。**在兴趣同好类活动中一定要树立榜样，让同一领域的人知道在我们身边都藏着哪些“大神”，或者将“大神”请到活动现场。这样，才能够起到刺激参与者参与，进行榜样追逐的作用。

### 9.9.3 案例：以夏女士的朗诵活动为例详解如何策划兴趣同好类活动

夏女士最近想要策划一场朗诵活动，来为自己的普通话兴趣班、表演班进行招生。但是，她不知道该如何策划活动内容。如果你是夏女士，该如何策划这次活动的内容呢？

根据上面的案例资料可知，夏女士想要策划一场朗诵活动；她举办这次活动的目的是为自己的普通话兴趣班、表演班进行招生。因此，夏女士可以以“谁是未来金话筒”为主题来策划此次活动。活动内容主要以儿童朗诵表演为主，并进行选秀。另外，和话剧团、电视台合作，优胜者可参演话剧、登上卫视舞台。这样，就能给爱好朗诵的儿童一个展示自我的舞台。同时，也起到了刺激参与的作用。在活动中，孩子们也能了解自己在朗诵方面的不足，进而促进交流、学习。

Tips：在策划兴趣同好类活动的时候，既要满足高端爱好者渴望交流、学习的目的，又要满足新人爱好者渴望入行钻研的目的。同时，也要给爱好者一个舞台，让他们尽情地施展个人风采。与此同时，注意榜样和领袖的树立。这样，参与者的积极性才能够被调动起来，进而自发参与活动。

## 9.10 如何策划旅行类活动

在生活中，我们经常会看到旅行类活动，如自驾、探险、重温等主题，看起来既炫酷又轻松，一路沿途风景更是让人羡慕不已。那么，旅行类活动到底该如何策划呢？在策划旅行类活动时又该注意哪些问题呢？本节就针对上述问题为你进行详细阐述。

### 9.10.1 策划旅行类活动的核心

**（1）路线。**路线是旅行类活动的核心。策划的路线一定要新颖，沿途的风景一定要引人入胜，或者让人耳目一新，抑或是险峻刺激。这样，参与者才能够产生参与活动的欲望，进而参与到活动中来。

**（2）新颖性。**旅行类活动一定要注意新颖性，可以在出行、吃、居住或者体验方面创新。这样，参与者才能够对活动产生兴趣，从而参与活动，进而对企业产生好感。

**（3）统一性。**毕竟旅行类活动都是出门在外，因此在活动中一定要通过帽子、汗衫、背包等细节突出统一性，也可以由活动主办方统一发放旅行卡片。这样，既能够起到便于找到团队，避免参与者走失的作用，又能够在无形当中宣传企业和品牌。

### 9.10.2　策划旅行类活动时应注意的问题

策划旅行类活动时应注意如下问题。

**（1）体能极限。**策划旅行类活动时，一定要注意参与者的体能极限问题，尽量避免让参与者达到体能极限。一旦参与者产生劳累过度的情况，就会发生危险，甚至死亡。这一点一定要注意，选择轻松、好走的路线。

**（2）舒适度。**在活动中，参与者的舒适度也是重中之重。一定要安排好参与者的衣食住行，这样参与者才会感到舒适，进而在企业下次发布活动时乐于参与。

**（3）安全度。**旅行活动出门在外，一定要注意参与者的安全。最好提前为参与者购买人身意外伤害等保险，这样一旦出现意外就会有赔付，可以最大限度地保障参与者的权益。同时，也要避免去一些未开发，或者可能出现危险的地方。

### 9.10.3　案例：以夏女士的郊游活动为例详解如何策划旅行类活动

*夏女士是 E 旅行公司的经理，现在她想要在节假日期间发起一次郊游活动。但是考虑到参与者都是老人和小孩，又不宜走得太远。这让夏女士犯了难，她不知道该如何策划这次郊游。如果你是夏女士，该如何策划这次郊游呢？*

根据上面的背景资料可知，夏女士想要发起一次郊游活动；她所面临的问题是参与者以老人和小孩为主，不宜走得太远。所以，夏女士可以将郊游路线设定在离市区不远的近郊公园、植物园、动物园内。并且，发放 E 公司的 Logo 贴纸，作为统一的标识。这样，参与者既可以自己坐车到达目的地，又可以随着夏女士安排的统一车辆到达目的地。在近郊公园、植物园、动物园内，可以进行寻宝、捡落叶、特色拍照、歌舞表演、野餐等小活动，来增加参与者的参与感。这样，在活动中，既能够让参与的老人和小孩感受到近郊公园、植物园、动物园的不同风光，又能够确保活动的安全性，不至于发生人员丢失等问题。

Tips：在策划旅行类活动的时候，一定要注意确定好活动路线，让参与者能够看到平日在生活中很难见到的风光；同时，也要注意活动的新颖性。这样，参与者才能够记住这次活动。另外，在活动中也要照顾到参与者的体能极限、舒适度、安全度，这样才能确保活动顺利进行，给参与者一次完美的体验。

第 10 章

# 如何策划不同行业的活动

每个行业都有自己的特点，在策划活动时也要根据行业的不同来调整活动内容和侧重点。这样，才能策划出迎合自身行业的专属活动，起到让参与者眼前一亮的作用。本章笔者根据多年实操经验，总结了主流行业的活动侧重点，帮助你快速熟络自身行业的活动策划方法。

# 10.1 策划互联网行业的活动

近年来，随着互联网、新媒体的日趋火热，互联网行业也逐渐被大众认可，并且开始策划各种活动，通过活动赚得盆满钵满。那么，互联网行业到底该如何策划活动呢？在策划活动时又该注意哪些问题呢？本节就来针对上述问题进行详细阐述。

## 10.1.1 如何策划互联网行业的活动

互联网行业最主要的是资源对接、信息传递、人脉流量。因此，在策划活动时也要围绕这三点来进行思考。

除此之外，在策划互联网行业的活动之前，企业需要针对公司现有资源进行整合。首先要思考公司是否拥有基本客户群、新旧媒体资源、异业合作资源，这些资源可以确保活动能够达到预期效果。

整合完上述资源后，就可以开始进行活动的策划了。根据互联网行业专业度比较高，需要具备较高知识素养和学习能力的特点，企业在策划活动和推广产品时要为意向客户进行培训和讲解，讲清楚企业在产品中所使用的技术，以及产品能够为企业带来什么。

因此，一般情况下，互联网行业的活动通常有如下几种。

**（1）会议讲座。**由于互联网行业技术的不断翻新，互联网行业企业往往需要通过会议讲座的方式为大家讲解自己的产品，从而起到培养客户习惯、刺激客户购买需求的作用。当然，在活动之前还要主动邀请新老客户进行参与。

**（2）资源对接。**现在很多传统企业都需要与互联网行业进行资源对接，通过互联网行业企业所拥有的海量资源进行产品的推广，刺激企业自身产品的更新与迭代。因此，资源对接会必不可少。

**（3）新媒体活动。**由于互联网行业依托互联网营销的特点，因此在大多数情况下会发起新媒体活动。企业在自己的新媒体账号中发布活动信息，将活动页面传递给新老客户，从而在奖励和礼品的刺激下就会形成传播和引爆。

### 10.1.2　策划互联网行业的活动时应注意的问题

策划互联网行业的活动时应注意如下问题。

**（1）注意通俗性。**互联网行业在大多数人眼里都是非常难懂的，因此互联网行业在发布活动的时候一定要注意通俗性。即便你所讲解的内容是非常专业的，你的产品使用了很多高新科技，也要用通俗的语言为参与者进行讲解。只有参与者清楚地明白产品对其有何用处时，才会选择购买。

**（2）便于传递。**由于互联网行业“流量即金钱”的特点，因此在策划活动时一定要注意活动内容要便于传递，给足参与者谈资。这样，才能聚拢大众眼球，吸引更多人为活动进行宣传，进而使活动形成引爆效应。

**（3）新鲜感。**策划互联网行业的活动一定要注意活动的新鲜感，要给参与者一种眼前一亮的感觉，这样参与者才能够产生思维冲击，进而被活动内容所吸引。

**（4）便捷性。**互联网行业并不像传统行业那样，可以面对面付款、触摸到真实的产品。因此，在活动中一定要注意便捷性，让参与者能够非常便利地在线付款，从而缩短参与者购买的思考时间，最大限度地争取订单。

### 10.1.3　案例：以王经理的传媒公司为例详解如何策划互联网行业的活动

王经理经营一家传媒公司，现在他想要通过策划活动来将信息流广告打入市场。但是，他不知道该怎样策划活动内容。如果你是王经理，该如何策划活动内容呢？

根据上面的案例资料可知，王经理想要通过策划活动将信息流广告打入市场。那么，我们接下来需要思考的问题是，他的目标受众是谁？谁需要信息流广告？有多少传统企业了解信息流广告？

很显然，能够使用信息流广告的人群一定是拥有自有产品，并且需要在网络上进行推广的人群。那么，这部分人群了解信息流广告吗？答案不得而知。因此，王经理接下来要做的事情是培养客户，让更多的企业认识信息流广告、了解信息流广告。

所以，王经理可以以“现代传统企业转型”或者“传统企业该如何赢在互联网时代”为主题，来发起一次讲座类活动。

Tips：在策划互联网行业的活动时，一定要注意通俗性、信息传递的便捷性、新鲜感和购买的便捷性。要考虑到并不是所有人都了解互联网行业这一特点，不要给参与者设置过多障碍或者使用专业名词进行交流，否则会将你的意向客户拒之门外。

# 10.2 策划教育行业的活动

随着大众对于教育和知识的渴求度不断飙升，现代教育企业已经不再拘泥于和学校合作招生，而是开始全面布局电视、广播、报纸、互联网、新媒体，不断曝光。而且和其他行业一样，教育行业也开始通过策划活动的形式来开拓生源。那么，作为叱咤教育行业的老手，该如何策划活动才能促成报名呢？在活动过程中又有哪些问题需要注意呢？本节就来针对上述问题为你进行详细阐述。

## 10.2.1 如何策划教育行业的活动

现代教育行业除需要老师具备较高的专业素养外，还需要老师具备广博的知识面和幽默感，甚至是特长。只有让学生在大开眼界、轻松幽默的氛围中学到知识，才能使学生对老师产生崇拜感，进而持续报名学习。

因此，教育行业在策划活动之前，一定要思考清楚如下问题：①活动的专业性；②活动的趣味性；③活动的新颖性。

思考完上述问题后，我们就可以开始对教育行业的活动进行策划了。现代教育行业的活动形式主要有以下几种。

**（1）试听。**这个方法被很多培训机构使用，即在得知意向客户的电话和姓名后，邀请其在统一时间来进行试听。当试听课过后，如果学生认可老师，就会自发报名。

**（2）校园演讲。**这是教育行业惯用的一种手段。很多教育机构会与各大学校合作，通过演讲的方式告诉学生参加培训机构的必要性，以及学习机构课程的必要性。这样，学生在听懂之后，就会自发报名。

**（3）平台合作。**这个方法比较讨巧，一般适用于舞蹈等艺术类培训。简而言之就是，企业通过联系导演、艺术团长、电视媒体等进行合作，给学生创造一些展示和表演的机会。当家长看到别人家的孩子小小年纪就在巡回演出，或者上了大银幕时，也不愿意自己家的孩子落后，从而促使家长给孩子报名。

**（4）网络讲座。**网络讲座是近年来兴起的讲座形式，即企业准备一些简短的网络课程在视频直播平台或免费的网络授课平台，进行义务宣讲或者授课视频上传。这样，不仅能够使学生自由选择听课的地点和时间，还能够吸引感兴趣的同学进行线下报名，来听机构的实体课。

**（5）社区。**这样的活动形式在幼儿培训活动中比较多见，即培训机构到社区组织趣味运动会或者趣味表演晚会，从而吸引幼儿参与。当然，除社区外，一些幼儿教育机构也会选择在商场举办这样的活动。

既然教育行业的活动有这么多种形式，那么在策划活动时我们又该如何选择呢？下面，笔者总结了一幅思路图，供大家在日常工作中参考使用。

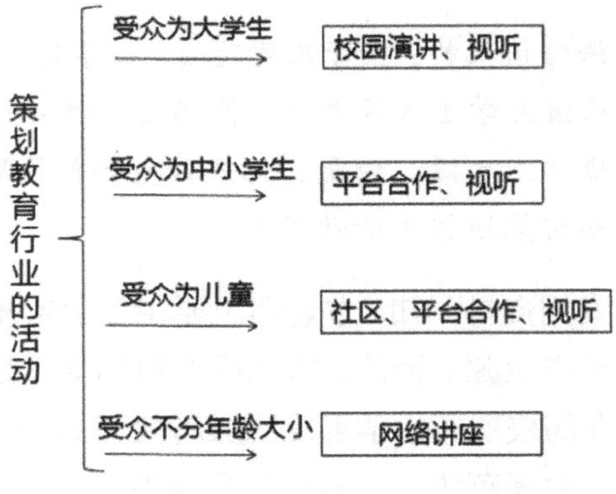


除上述活动形式外，还有一些培训机构会选择召开大型宣讲会来吸引生源。这种活动形式在几年前比较常见，现在已经不多见，因此这里不再讲述。

### 10.2.2 策划教育行业的活动时应注意的问题

策划教育行业的活动时应注意如下问题。

**（1）教师个人魅力。**近年来，教师的个人魅力、个人特长越来越被学生关注。与之前教师只管上课相比，现在学生更加喜欢在轻松愉悦的氛围中上课。而且，更加喜欢追逐具有一定个性和特色的教师。因此，教师的个人魅力越来越决定着教育行业的生源数量。在策划活动时，一定要选择有趣幽默、具备某方面特长的教师来进行宣讲。

**（2）活动氛围渲染。**与死板的传授相比，现代学生更加喜欢自主探索、宣扬个性。因此，在活动中一定要将氛围渲染得有趣、幽默，同时让学生意识到自己的重要性，以及学习后得到的提升。这样，学生才会产生一种学有所得的感觉，进而选择报名。

**（3）时间问题。**时间问题是教育行业策划活动时需要格外注意的，一定要选择家长与孩子都空闲的时间段来发起活动。这样，才能够使学生和家长静下心来听，从而选择是否报名。

### 10.2.3 案例：以方老师的英语培训机构为例详解如何策划教育行业的活动

方老师创办了英语培训机构，主营儿童英语、大学英语等级考试、成人英语、出国英语等课程。现正值大学生入校之际，他想要招收一批新学员，为新学期大学英语等级考试备考班扩充生源。但是，他不知道如何策划招生活动比较合理。如果你是方老师，该如何策划招生活动呢？

根据上面给出的案例资料可知，方老师想要在大学生开学之际为新学期大学英语等级考试备考班扩充生源。因此，方老师的目标受众是大学生。那么，方老师可以与学校合作，在高校展开大学英语四级考前动员会，以情景再现、情景模拟的方式，来告诉大学生考英语四、六级的重要性。

Tips：在策划教育行业的活动时，一定要注意教师的个人魅力，因为现代学生越来越喜欢追随具有个性和特色的教师。因此，教师的个人魅力也成了争夺生源的关键。与此同时，还应注意活动氛围的渲染和活动时间问题。

# 10.3　策划餐饮服务行业的活动

随着大众餐饮、娱乐生活的愈发多样化，餐饮服务行业也面临着极大的挑战。因此，餐饮服务行业也必须学会不定期地发布活动，通过发布活动争取最大曝光度，进而吸引大批客户。那么，餐饮服务行业又该如何策划活动呢？本节就来为你进行详细解析。

## 10.3.1　如何策划餐饮服务行业的活动

众所周知，餐饮服务行业一般并没有什么特殊的受众要求，只要人活着，就必须要吃饭。因此，它属于大众消费类。那么在策划活动之前，我们需要思考几个问题：①大众的饮食习惯有哪些？②大众关注的焦点是什么？③大众在选择餐饮服务时最看重什么？只有搞清楚上述三个问题，才能够确保活动效果。

由于餐饮服务业属于大众消费类的特性，在活动推广上一定要布局全面。当然，在策划活动时要尽量放低门槛，让更多的人能够参与进来。一般情况下，餐饮服务业的活动分为两大模块，具体内容如下。

**（1）线下模块。**线下模块的促销方式有很多种，常见的有：

**①赠送。**赠送比较好理解，即顾客在消费满一定金额后，店家会赠送一份额外的新服务或新菜品。这样，就能够起到推广新品，让顾客对店内新品进行深度了解与体验的作用。

**②打折。**打折在餐饮服务业比较常见，一般以打七折、八折为主。当然，打折也是需要满足一定条件的，一般满 100 元或 200 元才能够享受打折优惠。

**③同行免单。**这在大型餐饮店或者自助餐店内比较惯用，一般都是三人/五人同行一人免单，这就在无形当中为顾客打了折扣。

**④返券/盖章。**返券和盖章有着异曲同工之妙，都是吸引顾客进行二次回购。返券就是在顾客消费到一定金额后，通过返现金券的形式，吸引顾客再次体验。盖章就是顾客每消费一次就会盖一个章，等章积攒到指定数量后，就可以获得一次免单机会或获得一份新服务、新菜品。

**（2）线上模块。**随着近年来自媒体行业的不断发展，线上活动也成为餐饮服务业竞相争夺的领域。一般情况下，餐饮服务业的线上活动有如下几种：

**①抢东西。**这个比较好理解，就是企业通过发布线上活动的形式发放一些现金红包、新菜品，通过让好友助力、集赞的方式来吸引参与者产生互动，获得现金红包或新菜品。

**②晒单。**这是一种最直观地使更多人了解店铺的方式，即顾客在购物后，将菜品照片和消费的照片发布到朋友圈或其他店铺指定的地方，让更多的人来了解店铺，直观地感受店铺的氛围和菜品，从而吸引更多的人来消费。

下面，笔者将上述内容整理成一张表格，便于大家理解与记忆。

| 店面小<br>想让利给老客户<br>通过老客户转介绍 | 店面大<br>想吸引更多客户群 | 想培养回头客 |
|---|---|---|
| 赠送 | 抢东西 | 返券/盖章 |
| 打折 | | |
| 同行免单 | 晒单 | |

## 10.3.2　策划餐饮服务业的活动时应注意的问题

策划餐饮服务业的活动时应注意如下问题。

**（1）菜品及服务质量。**在策划餐饮服务业的活动时，一定要注意菜品及服务质量，保证菜品、服务质量始终如一，千万不要因为是打折或赠送就降低了菜品、服务质量，否则只会让参与者对店铺失去信任。

**（2）独特性。**餐饮服务行业一定要注意独特性，保证菜品和服务比较新颖、不容易被复制，或者活动本身具有趣味性，让参与者能够很容易就记住。

**（3）做好店员培训。**很多餐饮服务业的店员已经跟不上现代活动的节奏，不清楚活动的折扣和规则到底是怎样的。这样，就会造成参与者在一旁等待，店员现研究规则的尴尬局面，很容易使参与者产生负面情绪，进而使参与者不再选择光顾。所以，餐饮服务业在策划活动时对店员进行提前培训，已经显得至关重要了。

**（4）店面承接能力。**有些店铺策划的活动非常火，每天能吸引很多顾客，但由于店铺非常小，容纳不了这么多人，就会造成排队和拥挤现象。如果等待时间过长，或者就餐环境没有得到及时清理，就会造成顾客体验较差，进而流失大量客源。因此，在策划活动时一定要考虑清楚店面承接能力，只吸引足够店铺服务的人群数量就好。

### 10.3.3 案例：以刘经理的串店为例解析如何策划餐饮服务业的活动

刘经理经营一家串店，但店铺选址选择在了巷子里。所以，为了招揽顾客，刘经理不得不策划活动。但是，刘经理不知道该策划怎样的活动才能为串店招揽到顾客。如果你是刘经理，你知道该如何做吗？

根据上面的案例资料可知，刘经理想要通过策划活动为串店招揽顾客；刘经理面临的问题是串店选址不好，在巷子里。

因此，想要大张旗鼓地进行线下宣传显得不太可能，因为很容易影响周围的居民，而且巷子里的人流量不大，也不适合进行线下宣传。所以，刘经理此次活动的重心应该放在线上。

刘经理可以以“谁是撸串高手”或者“最美串姐”为主题，策划一次线上活动，引导参与者通过玩游戏或投票的方式进行比拼，获奖者可以到店享受相应的菜品、酒水免费服务。

Tips：在为餐饮服务行业策划活动时，一定要做好店员培训，让店员明确知道这次活动的游戏规则，这样才能最大限度地给参与者良好的服务体验。同时，还要注意菜品及服务质量，考虑清楚店铺的承接能力，避免店铺造成过度爆满的局面，否则等待时间过长或者店员服务不及时，就会很容易使顾客产生负面情绪，进而放弃体验和回购。

## 10.4 策划旅游行业的活动

随着近年来旅游行业的火热，很多旅游公司也都在想尽办法通过策划活动的形式拉拢客户。那么，旅游行业的活动该如何策划呢？在策划旅游行业的活动时又该注意哪些问题呢？本节就来针对上述问题为你进行详细阐述。

### 10.4.1 如何策划旅游行业的活动

在为旅游行业策划活动之前，我们首先要思考这样的问题："在淡季旅游的都有哪些人？在旺季旅游的又有哪些人？"没错，淡季旅游的一般都是中老年人，因为这时候人流量少，而且子女都在上班、上学，相对比较清闲。而旺季旅游的则是年轻人和孩子，因为这时候一般都是放假的时间段，无论上学还是上班的人都会放假，时间上比较充裕。

因此，旅游行业的活动也是随着淡旺季来进行调整的。一般情况下，旅行社在旺季时会主推远郊、长途路线旅行；在淡季时会主推近郊路线旅行。但无论主推什么样的路线，旅游行业的活动无外乎下面几种。

**（1）票务活动。**在旅游行业，更多的是票务活动。旅行社每年都会在淡季打折扣或者降价三五百元，从而吸引想要旅游的人群来参团/购票旅游。

**（2）赠送服务。**除票务活动外，旅行社惯用的方法还有赠送服务。他们通过赠送星级酒店入住，早餐、午餐、晚餐，多去一个景点等方式，来让大众感觉这趟旅游特别实惠，进而吸引参与者报名参与。

**（3）新线活动。**在旅行社新开辟路线，对新路线进行推广时，都会率先找一批老客户以相对低廉的价格进行体验，这就在无形当中形成了口碑效应。当老客户将旅行照片晒到朋友圈以后，就会吸引大批人来参团旅游。

### 10.4.2 策划旅游行业的活动时应注意的问题

策划旅游行业的活动时应注意如下问题。

**（1）舒适性。**旅游行业在策划活动时，一定要注意参与者的舒适性，让参与者吃好、玩好、休息好。只有全程体验下来，参与者用相对低廉的价格享受到了比较实惠的服务，而且服务质量没有打折扣，才能够对旅行社产生信赖感，进而持续与该旅行社进行合作。

**（2）安全性。**出门在外，安全永远排在第一位。所以，在活动中一定要最大限度地避免发生意外，这样才能够使参与者对旅行社产生好感。因此，这就需要旅行社在出发之前为参与者办理好各类保险。

**（3）体验感。**在策划旅游活动时，体验感也是非常重要的，要让参与者深入旅游目的地，感受到不同的风土人情，这样参与者才能够对旅途加深印象，进而选择继续与旅行社合作。

**（4）自由度。**自由度也是决定参与者是否愿意与旅行社继续合作的重要因素。在旅行中，一定要留给参与者足够的自由观赏时间，以及自由选择是否购买物品的权利。这样，参与者才能够感受到旅行社的诚意和态度，进而继续与旅行社合作。

### 10.4.3 案例：以 F 旅行社为例详解如何策划旅游行业的活动

王经理是 F 旅行社的创始人，最近他发现有一条长途旅行线路发团较少，自己在当地也没有比较熟络的酒店和饭店资源进行让利和免费就餐，这让王经理犯了难。于是，他想通过策划活动的形式来吸引更多的人参团，但他却不知道该在什么时间发起什么样的活动。如果你是王经理，该如何策划这次活动呢？

根据上面的案例资料可知，王经理面临的问题是，发现有一条长途旅行线路发团较少；王经理想要做的事情是通过策划活动的形式来吸引更多的人参团。那么，我们接下来要思考的问题是，长途旅行适合哪类人群？没错，年轻人。

因此，我们可以选择在“五一”或者“十一”发起活动。由于王经理在线路当地没有熟络的酒店和饭店资源可供免费入住、就餐。因此，只能选择降低票价的方式开展活动。

Tips：在策划旅游行业的活动时，一定要注意时间和淡旺季，根据主流旅行人群来调整活动内容及促销线路。另外，在活动中也要注意体验者的舒适性、安全性、体验感和自由度。只有做好上述细节，才能够使活动达到预期效果。

# 10.5 策划健康医疗行业的活动

随着我国医疗事业的不断壮大，一些私立医院也在悄然兴起。并且，正在不断地以策划活动的形式走进大众视野。那么，健康医疗行业的活动又该如何策划呢？策划活动时又该注意哪些问题呢？本节就来针对上述问题为你进行详细讲解。

## 10.5.1 如何策划健康医疗行业的活动

一般情况下，健康医疗行业的活动包括以下几种。

**（1）义诊。**义诊就是医院通过抗震救灾、送医下乡等方式为偏远山区或者无钱就医的人群进行诊治。同时，帮助他们解决难缠的老病，留下一些感冒、腹泻等常用药，使更多的人能够享受到医疗。这样做的好处是，具有公益性质，有利于树立医院正面形象，同时也能够让大众看到医院的诚意，感受到医院的医疗实力。

**（2）普查。**普查一般会在社区进行，通过测量血压、血糖、视力等帮助社区中老年人了解自己的身体，排查常见病。这样做可以使医院直接与患者面对面交流，在体验中让患者对医院产生信任。

**（3）国际合作。**有些实力强大的医院还会采用国际合作的方式，将国际上比较著名的高端医生请到医院中，为广大疑难杂症患者进行现场排查和合作手术。这样能够使患者重燃希望、重获新生，更能够使更多人直观地了解医院的医疗及科研实力，进而对医院产生信任。

**（4）名医坐诊。**名医坐诊也是医院彰显实力的一种活动，即邀请国内知名的老医生、退休老医生到医院坐诊，让那些一直追随这位医生的人有机会与医生面对面看病。在看病的过程中，患者便对医院拥有了信任感，进而下次有其他病时也会选择这家医院就诊。

## 10.5.2 策划健康医疗行业活动时应注意的问题

策划健康医疗行业活动时应注意的问题如下。

**（1）保证医师的真实性。**无论国际合作医疗还是义诊，抑或是名医坐诊，都要确保医生具备正规的医师资格证，并在行业内拥有较高地位，治愈过众多患者。千万不要请一些假医生，否则只会让患者对医院失去信任。

**（2）保证医院的正规性。**信任是健康医疗行业面临的巨大问题。毕竟，我国健康医疗行业的发展并没有那么迅猛，很多人依旧对私营医疗机构不太信任。因此，健康医疗行业一定要确保医院或机构的正规性，严格按照高标准的卫生操作规范行医。必要时，也可以采用邀请相关监察机构的方式自证清白。

**（3）检查便利性。**健康医疗行业在策划活动时，一定要注意检查的便利性，最大限度地避免针刺。这样参与者面临的风险较小，就会很乐意进行免费的健康检查。

### 10.5.3　案例：以吴医生的 D 眼科诊所为例详解如何策划健康医疗行业的活动

吴医生经营一家 D 眼科诊所，由于客流量较少，他想要通过举办活动的方式来为诊所招揽人气。但是，他不知道该如何策划这次活动。如果你是吴医生，该如何策划这次活动呢？

根据上面的案例资料可知，吴医生遇到的问题是眼科诊所客流量较少；他想要通过举办活动的方式为诊所招揽人气。那么，接下来我们需要思考的是，到底怎样的活动才能展现诊所实力，同时又让参与者乐于接受？答案是进行视力检查、验光配镜、眼底检查。这样做既不用开刀也不用打针，安全系数高。

那么，吴医生就可以以“义务眼科普查”的名义，与社区或者学校合作，开展活动。当然，在活动前要取得相关营业执照和正规手续。同时，在活动中也要将获得的行医资格证书展示出来，从而最大限度地取得参与者的信任。

Tips：健康医疗行业在策划活动时面临的最主要问题就是信任问题，因此在活动中一定要想尽办法展示机构的相关资格证明，让参与者意识到医院是正规安全的。这样，参与者才会形成信任感。另外，在活动中也要注意严格按照医院卫生标准操作，注意检查的便利性。

# 10.6 策划文化影视行业的活动

近年来，文化影视行业发展迅猛，因此很多公司也正在通过策划各种不同的活动来吸引更多人群的关注。那么，文化影视行业的活动又该如何策划呢？在策划文化影视行业的活动时又该注意哪些问题呢？本节就来针对上述问题为你进行详细阐述。

## 10.6.1 如何策划文化影视行业的活动

文化影视行业乍一看离大众生活比较远，但实际上却息息相关。我们平时看到的新片发布会、路演活动，或者校园、图书馆里的签售会，都属于文化影视行业活动的范畴。一般情况下，文化影视行业常见的活动有如下几种。

**（1）发布会/签售会。**发布会/签售会是文化影视行业最为常见的活动。一般情况下，这类活动发布之前都会有媒体进行一系列报道造势。这样，当大众的参与热情被激发后，就会吸引各方人士踊跃参与。

**（2）交流见面会。**交流见面会一般都是明星与粉丝之间的交流会。在交流会上，明星能够教给粉丝一些专业技巧，帮助粉丝更好地成长，让粉丝有一种从明星身上能够学到很多、获得很多正能量的感觉。

**（3）大型比赛。**有些剧组/出版方为了找到自己想要的人才，同时也给广大群众一个展示自己的舞台，都会发布一些大型比赛。在比赛中，参与者可以展示自己的才艺，实现其成为明星的梦想，而公司也能找到想要的人才，一举两得。

**（4）路演。**在新片宣传期，剧组人员都会到各大商场进行路演。这样，一来能够起到宣传、推广新片的作用，二来能够起到增加主创人员知名度的作用，进而吸引大批粉丝围观与关注。

## 10.6.2 策划文化影视行业的活动时应注意的问题

策划文化影视行业的活动时应注意如下问题。

**（1）不影响正常秩序。**一般情况下，召开发布会、签售会、路演的人群都是大众焦点。因此，在活动过程中，需要注意不要影响活动所在地居民的正常生活，避免造成拥挤、发生踩踏事件。

**（2）宣传正能量。**既然是举办发布会、签售会、路演，也就意味着主创人员具备一定影响力。因此，在宣传的同时也要注意正能量的传递，千万不要传递负能量，否则会给大众造成错误引导。

**（3）注意言行。**一般能够举办发布会、签售会、大型比赛、路演的个人或企业都是大众关注的焦点，一言一行都有成千上万的人关注。因此，一定要格外注意自己的言行，哪怕是细微的小事，也要十分小心，千万不要给大众造成误解。否则，就会使多年树立起来的形象瞬间崩塌，甚至遭受非议。

Tips：文化影视行业在策划活动时，一定要考虑到自身的影响力，不要影响活动所在地的正常社会秩序。同时，也要注意正能量的传播。当然，更加要注意自身的一言一行。只有这样，才能够真正地树立起企业或个人的正面形象，达到宣传的目的。

## 10.7　策划自有产品企业活动

现在是一个创新的时代，因此很多企业都拥有研发技术，能够研发出独具特色的产品。但不管企业产品质量有多好，如果没有销路，也都是空谈。所以，现代企业都会不定期地举办活动，以此来扩大销量。那么，自有产品企业又该如何来策划活动呢？本节就来为你进行详细阐述。

### 10.7.1　如何策划自有产品企业的活动

自有产品企业在策划活动时，首先要考虑的问题是：“我的意向客户是哪类人？这类人都聚集在哪里？”只有解决了上述问题，才能够进行活动的策划。根据目标客户群的不同，选择不同的活动地点和宣传渠道，如下表所示。

| 客 户 群 | 活动地点 | 宣传渠道 |
|---|---|---|
| 高端客户（企业家、老总） | 高端会所、名车4S店、高端服饰店、高端商场 | 利用与高端会所、名车4S店、高端服饰店、高端商场合作的形式，进行资源互换，打电话邀请 |
| 老人/儿童 | 社区、公园、幼儿园 | 电视、报纸 |
| 年轻人/工薪阶层 | 新媒体、大型商业街、大型商超 | 新媒体、新闻门户网站、电视、户外LED |

一般情况下，自有产品企业的活动形式有如下几种。

**（1）促销打折。**自有产品进行促销打折是最常见不过的了，目的是让大众以低廉的价格购买产品后，感受到货真价实，进而选择回购。

**（2）新媒体活动。**新媒体活动是现代自有产品企业惯用的活动形式。简而言之，企业通过官方新媒体账号发布活动，参与者在接收到活动信息后，根据活动提示做出指定动作，完成后会得到相应奖励或到店体验。

**（3）试用赠予。**在更多的时候，企业还可以发布试用赠予活动，做一些小包装的赠品装来发给意向客户。这样，当大家使用后，感觉确实非常好用时，就会选择购买。

### 10.7.2 策划自有产品企业的活动时应注意的问题

策划自有产品企业的活动时应注意如下问题。

**（1）产品质量。**质量是决定自有产品命脉的关键。无论发起怎样的活动，一定要确保产品质量的一贯性。这样，大众才能对产品质量拥有足够明确的认知，进而对品牌产生信赖感。

**（2）购买便捷度。**自有产品由于企业知名度和质量对于大众来说都是未知的，因此一定要注意购买的便捷度。让对产品感兴趣、想要尝试的人群，在支付时更加便捷，这样才能够最大限度地避免订单流失。

**（3）有人背书。**自有产品企业在发布活动时，如果想让大众快速了解并信任你，那么就一定要找一些具备知名度的企业来为你进行信誉背书。这样，大众在喜欢那个知名品牌的同时，也会关注你。

## 10.7.3　案例：以王经理的罐头厂为例详解如何策划自有产品企业的活动

**王经理经营一家罐头厂，水果来源和质量都不错，但由于知名度不高，总是会产生滞销的情况。这让王经理非常着急，他想要通过发起活动的形式来推广自己公司的罐头产品，但却不知道该发布怎样的活动、在哪里发布活动。如果你是王经理，你知道该怎么做吗？**

根据上面的案例资料可知，王经理遇到的问题是，企业知名度不高，总会产生滞销情况；他想要做的事情是，通过发起活动的形式来推广自己公司的罐头产品。

要知道，罐头只有吃过之后才知道好不好吃；只有看过操作车间之后才知道卫不卫生。因此，王经理可以将制作流程录制成视频。同时，与相关部门联系好，在大型商业街、商超内展开试吃与买一赠一活动。

> Tips：在为自有产品企业策划活动时，一定要确保产品质量。只有参与者通过低廉的价格买到了靠谱且合适的产品，才能够对企业产生好感，对产品质量产生信赖感，进而选择持续购买。

第 11 章

# 传统行业如何通过发起活动进行自救

如今商海危机四伏，在互联网和新媒体的冲击下，传统企业面临着很多危机。当企业陷入危机时，又该如何来进行自救呢？企业该如何通过发布活动的形式重建在大众心目中的形象呢？本章就针对上述问题为你进行详细阐述。

# 11.1　企业卷入价格战

价格战，是企业之间进行相互竞争惯用的一种方法。在长久的价格战中，其实是没有赢家的。作为企业，一旦陷入价格战，就如同遭遇灭顶之灾。那么针对这一问题，传统企业又该如何破局呢？本节就来为你进行详细阐述。

## 11.1.1　企业卷入价格战时该如何做

当企业卷入价格战时，不要选择盲目降价，而是要冷静下来，仔细进行如下对比。当对比完后确认企业没有任何优势时，才需要跟风降价。

**（1）质量对比。**当企业卷入价格战时，一定要将自己的产品与其他企业的产品进行质量对比。如果能够明确地看出来自己企业的质量高于其他企业，那么企业就可以按兵不动，静待价格战局势的发展。

**（2）附加价值对比。**很多企业在售卖产品时只专注于产品的价值，却忽略了产品的附加价值。当价格战来临时，企业需要针对附加价值与同类企业进行对比。如果本企业产品的附加价值比较大，那么就可以先不压低价格，静待局势发展。

**（3）名人效应对比。**企业是否邀请明星为产品代言，在某些程度上也彰显了企业的实力。同时，也能够在无形当中增加产品价值。在价格战中，如果企业有名人为产品进行代言，那么大可以静观其变。这样就可以使购买者将本企业产品与其他同类产品区别开来，意识到本企业产品的质量与受众定位和其他企业不同。这样，就算是本企业产品稍贵一些，也会被大众所接受。

**（4）竞争力对比。**在价格战来临时，一定要将本企业的核心竞争力与其他企业进行对比。如果能够找到只有本企业才具备的核心竞争力，那么便可以放心大胆地静观其变。毕竟，企业的核心竞争力是其他企业无法复制和比拟的。只要大众了解了核心竞争力，意识到了本企业的技术实力，那么即便产品贵一些，也会选择购买。

## 11.1.2　企业卷入价格战时该发起何种活动

当企业针对上述细节都与其他企业进行了对比以后，就可以开始发布活动了。在活动中一定要突出企业核心竞争力、产品质量、附加价值，这就需要企业下一番功夫，让大众对企业的这三个方面进行详细且深入的了解。因此，我们可以发布如下活动。

**（1）产品说明会。**产品说明会比较简单，即企业针对现有产品进行详细讲解，告诉大众企业使用了何种高端工艺、邀请了哪位大师来制作产品。同时，突出制作产品时遇到的问题，以及是如何攻克的。另外，还要讲出行业内同类产品目前普遍存在的问题，以及自己的企业是怎样解决这个问题的。这样，大众就能够一目了然地知道本企业产品与其他同类产品的不同了。

**（2）全民都来用××活动。**这个活动需要在线上发布。简而言之，就是企业将一批试用品送给明星、老板、普通工薪阶层、大学生等各行各业的人，然后营造出一种全民都在使用这个产品的氛围。同时，需要被邀请者在社交平台上说出使用后的感受。这样，大众就能够对品牌拥有充分的认知。即便是价格昂贵，也会选择购买。

**（3）自拟主题活动。**在遭遇价格战时，企业还可以根据产品的特性，通过发布自拟活动的形式，来突出并告知本企业产品的质量过硬。比如，你的产品是手机，当手机出现价格战时，你就可以发起“寻找 24 小时特种机”的活动，通过摔打、水中浸泡、高温炙烤等不同的形式展示手机依旧完好无损的事实。这样，关注者就能够一目了然地知道公司产品的质量高于同行业，进而企业就算不参与价格战，也会销量可观。

### 11.1.3 案例：以刘经理的服饰公司为例详解企业卷入价格战时该如何发起活动

刘经理经营一家服饰公司，最近不知道为什么行业内流行打价格战。很多企业已经将棉服、羽绒服打到了 100～200 元一件。这让刘经理非常着急，他不知道该如何做才能应对这次价格战。如果你是刘经理，你知道该如何做吗？

根据上面的案例资料可知，刘经理遭到了服饰行业的价格战。那么，我们接下来应该思考的是，怎样才能让大众直观地感受到衣服的质量？因此，刘经理可以这样做：

（1）发起“谁是大力王”的活动，邀请自认为有力气的人来撕扯店内的指定衣服。同时，也拿来一些其他不知名品牌的普通衣服让自认为有力气的人来撕扯，并且计时。这样就可以使大众直观地感受到本店衣服的质量过硬，进而刺激大众选择本店衣服进行购买。

（2）发起“你来现场解剖羽绒服”的活动。这样做可以让大众直观地看到店内羽绒服的质量，从而意识到本店羽绒服质量与其他店铺的不同，进而选择购买价格稍贵但质量要好很多的羽绒服。

Tips：当企业卷入价格战时，千万不要惊慌，要搞清楚企业的产品质量、核心竞争力、产品附加价值、名人效应是否与其他同类产品具有一定区别。如果答案是肯定的，那么企业大可以按兵不动，静观事态走势，并且通过发布活动的形式突出产品质量、核心竞争力、附加价值和名人效应。当大众明确地意识到企业产品在各方面都高于同行业时，即便价格稍贵，也会选择购买。

# 11.2　企业遭遇渠道抢夺

传统企业在进行推广时，一定会遇到渠道抢夺的情况。那么，我们怎样做才能确保在渠道抢夺战中处于优势地位呢？本节就针对这一问题为你进行详细阐述。

## 11.2.1　企业遭遇渠道抢夺时该如何做

当企业遭遇渠道抢夺时，切忌产生过激行为，否则只会使客户对企业失去信任，进而下定决心与你的竞争对手进行合作。一般情况下，企业遭遇渠道抢夺时，我们可以通过如下方法来积极应对。

**（1）经常联络。**与其在被抢夺之后懊悔补救，不如在平时对企业原有渠道进行维系，与大客户及合作企业负责人定期开展联谊活动，通过各种能够想到的方式来维系供求关系。积极倾听客户的意见，并进行及时整改。

**（2）率先入驻。**在寻找渠道方面，我们要擦亮眼睛、积极洞察市场。在新型渠道出现时，不管能不能赚钱，一定要积极尝试，第一时间入驻，从而抢占先机。当客户习惯与你合作之后，一般情况下就不会另寻别家了。

**（3）开辟新渠道。**要知道，随着时代的发展，无论有没有竞争对手抢夺渠道，都会有原有渠道销量减弱的局面出现。这就需要市场人员在平时就对整个市场拥有把控力，积极地为企业开辟新的渠道。这样，才能确保在有人争夺渠道时，企业拥有争夺的资本和能力。

**（4）增加曝光度。**虽然打广告并不意味着产品质量有多好、企业实力有多强，但却在侧面彰显了企业的实力。因此，在遭遇渠道抢夺时，企业增加网络及电视新闻媒体等各类广告的曝光度也是必不可少的。这样，能够给你的渠道客户一种企业布局全面、实力雄厚、正规严谨的感觉，进而使他们乐于与你进行合作。

**（5）不断翻新。**一个具备竞争力、全心全意专注于产品、不断创新的企业是谁都不会拒绝的。因此，企业一定要做好产品的更新迭代工作，让渠道客户看到企业的实力在不断提升，技术在不断拔高，不定期地给渠道客户一些新鲜感。这样就能够使渠道客户拥有期待感，从而与企业长期稳定合作，进而使其他想要抢夺的企业无计可施。

### 11.2.2 企业遭遇渠道抢夺时该发起何种活动

企业遭遇渠道抢夺时，一定要让渠道客户看到企业的独特性，给渠道客户一个必须要和你合作的理由。这样，才能够确保合作的稳定性。因此，在活动中，需要将企业的技术实力、企业核心竞争力、能获得的好处都显示出来，从而使渠道客户坚定不移地与你进行合作。所以，企业可以举办如下活动。

**（1）厂区参观活动。**厂区参观这个比较好理解，就是邀请渠道客户通过参观厂区的方式，了解企业的技术能力，使渠道客户非常直观地了解企业，从而消除彼此之间的隔阂，增进了解，促进合作交流。

**（2）技术交流活动。**虽然是已经合作的客户，但也需要企业进行技术迭代和更新，这样才能给你的渠道客户一种新鲜感，同时让渠道客户感受到企业的诚意，并提升客户的技术能力，进而使合作双方在技术上进行很好的磨合。当这种磨合达成默契后，渠道客户一般不愿意再另寻他家。

**（3）联谊交流会。**虽然产品和质量依旧是渠道客户能否与你进行合作的关键，但感情上的沟通也是必要的。有些时候，即便企业在技术上稍弱，但如果感情到位，渠道客户也会愿意与你进行合作。因此，一定要不定期地为渠道客户开展联谊交流会，在会上告知企业的技术进度和项目进度，这样才能够在最大程度上消除隔阂，增进好感。

> Tips：当企业遭遇渠道抢夺时，一定要让渠道客户看到企业的技术能力，让其知道你能够带给他的好处，给他一个必须要与你进行合作的理由。另外，适当地增加一些曝光度也是彰显企业实力、造势争夺客户的较佳手段。除此之外，还应该时刻洞察市场，多开辟和入驻新渠道，这样才不至于使企业陷入被动。

# 11.3　企业发现产品同质化严重

现代企业最容易陷入的危机就是产品同质化严重。比如，今天你生产了产品 A，只要产品 A 一火，第二天就会出现若干与产品 A 类似的产品，进而导致产品 A 的销售业绩下滑。那么，针对这一问题企业又该如何应对呢？本节就来为你进行详细阐述。

## 11.3.1　企业发现产品同质化严重时该如何做

当市面上出现诸多同质化产品时，企业首先要做的就是，让大众从众多相似产品中找出你。那么，我们可以做出如下操作。

**（1）申请专利。**为了能够最大限度地保护产品的专有属性，防止盗版，我们需要在产品上市之前申请专利。

**（2）迅速迭代。**当其他企业开始模仿产品时，作为产品的创始企业，一定要以最快的速度为产品进行迭代。这样，大众就能够清晰地知道到底是谁最先研发了这个产品，在谁那里可以买到这款产品的最新配置，进而选择购买你的产品。

**（3）技术压制。**企业研制出的产品，其核心一定是技术。如果产品所用技术其他企业无法效仿，那么也就能够最大限度地避免同质化产品的产生。

### 11.3.2 企业发现产品同质化严重时该策划何种活动

企业能够被同质化产品所淹没最主要的原因不外乎两种：①宣传力度不够，大众找不到该产品最原始的生产商。②正版产品价格太过昂贵，让大众望尘莫及。所以，在策划活动时一定要考虑到上述两个原因。我们可以发起下列活动。

**（1）产品迭代体验活动**。产品的迭代一定要从产品还未火热时就着手准备，这样就算有人想要模仿，也没有充足的时间和精力。同时，还能够彰显企业的实力，让更多的人了解正版产品的优势，以及生产正版产品的企业到底是谁，进而选择正版产品来进行购买，拒绝同质化产品。

**（2）产品促销活动**。促销活动能够最大限度地起到增加企业影响力，让大众熟知正版产品生产商的作用。同时，也能够通过价格优势将同质化产品挤出市场。毕竟，在价格相同的情况下，大家都乐于选择正版，而非同质化的替代品。

### 11.3.3 案例：以马经理的U盘促销活动为例详解企业发现产品同质化严重时该如何策划活动

马经理的公司最近生产了一批U盘，刚刚形成火爆趋势就发现有类似仿制品登陆市场，进而流失了大量潜在客户。这可让马经理急坏了，他不知道该如何做才能使大众了解到自己公司才是这款产品的研发企业。如果你是马经理，你知道该如何做吗？

根据上面的案例资料可知，马经理面临的问题是，自己公司研发的新型U盘刚火，市面上就出现了盗版。因此，马经理策划活动的目的应该是：①让大众了解这款U盘的正版是什么样的、有哪些功能、研发公司是谁；②让大众知道正版U盘和盗版的区别，以及二者在价位上其实并没有多大差别。

因此，马经理可以在大型商超、大型电脑及硬件市场、大型电商平台、新媒体平台内发起促销活动。在促销活动的过程中，针对这款U盘的性能进行详细讲解，而且说出这款U盘辨别真伪的特殊标志，并且公布最近的促销优惠价格。这样，大众就能够清晰地分辨出哪款U盘是正版的，进而选择正版U盘进行购买。

Tips：当企业发现产品同质化严重时，一定要想尽办法争夺话语权，争取最大曝光度。并且，针对产品的性能、防伪标识进行详细讲解。另外，最好也搞一些促销优惠活动。这样，大众在权衡价格与质量之后，就会选择正版产品进行购买。当大众对产品质量的追求度被提升，习惯使用正版产品后，即便是同质化产品价格再低，也不会有人购买。

# 11.4　企业产生信任危机

在商业领域，企业总会因为这样或者那样的原因被大众误会，进而产生信任危机。那么，当企业出现信任危机的时候，又该如何发布活动来进行化解呢？本节就针对这一问题为你进行详细阐述。

## 11.4.1　企业产生信任危机时该如何做

当企业产生信任危机时，切忌惊慌失措、马上解释，一定要先冷静下来，针对下列问题进行自查。

**（1）事件起因。**当企业出现信任危机时，首先要调查清楚产生这一问题的原因，以及问题的根源，这样才能够有针对性地重建信任。

**（2）企业是否存在过失。**调查清楚事件的真相以后，我们还要思考企业在事件中是否存在过失，是否真的是企业哪里做得不到位，还是企业之前没注意到曝出的问题？

**（3）如何自证清白。**如果企业在事件中不存在过失行为，或者说企业是被诬陷的，那么就要针对所曝出的问题找到可以自证清白的证据。企业可以邀请相关部门到企业中来监察，还可以邀请业内泰斗来对企业及产品进行监督，抑或者将制作车间等全部曝光给大众看。这样，大众才能看到企业的诚意。

## 11.4.2　企业产生信任危机时该策划何种活动

**（1）召开发布会。**当问题被曝出，企业对事情的全过程进行详细了解后，就需要召开发布会了。在发布会上一定要拿出真实可靠的证据，来证明企业的清白，这样大众也会在见到真实证据以后对企业重建信任。

**（2）测试活动。**除召开发布会进行解释外，企业还可以针对曝出的问题进行压力测试。比如，洗衣粉公司被人抹黑说根本洗不净衣服，那么洗衣粉公司就可以召开百人洗衣活动、你洗衣我埋单活动，邀请大众亲自使用洗衣粉，看到底能不能洗干净。这样，在活动中谣言就不攻自破了。

### 11.4.3 案例：以刘经理遭遇的有毒物危机为例详解企业产生信任危机时该如何策划活动

**刘经理经营一家文具用品公司，现在有传言说他们公司所生产的儿童学习用笔记本含有有毒物质。这可让刘经理急坏了，公司一直都是正规生产，也经过了层层检查和审核。如果你是刘经理，你知道该如何做吗？**

根据上述案例资料可知，刘经理面临的问题是有人怀疑他们公司所生产的儿童学习用笔记本含有有毒物质。因此，刘经理可以以“找出笔记本中的有害物质”为主题发起活动：

（1）邀请相关部门对本公司所生产的笔记本进行检验，并全程录像作为证据资料。

（2）召开新闻发布会，将录像和证据资料呈现给大众。

这样，就能够达到自证清白的目的。

> **Tips：当企业产生信任危机的时候，千万不要冲动，进而做出过激行为，而是要率先搞清楚事情的起因、经过、结果，然后积极地邀请相关部门来对企业进行监督，同时找出企业可以自证清白的证据。最后，通过新闻发布会或者压力测试的形式来破除谣言，使大众对企业重建信任。**

## 11.5 企业被线上电商冲击

现在互联网电商行业发展得如火如荼，已经有很多传统企业明显感受到了来自互联网电商的冲击。那么，作为传统企业，该如何通过发起活动的形式来使企业立于不败之地呢？在活动中又该注意哪些问题呢？本节就来为你进行详细阐述。

### 11.5.1　企业被线上电商冲击时该如何做

**（1）借势。**随着电商的火热发展，人们对线下实体店的关注度大大降低。所以，作为传统企业，一定要学会借势，利用互联网的思路，抓住热点来进行营销，从而最大限度地争取曝光度。

**（2）打入线上。**既然线上电商的关注度比较高，那么传统企业不妨也打入线上市场，在网站和新媒体平台发布活动。这样，就能够争取最大曝光度，吸引大众眼球，进而吸引参与者到实体店来进行消费。

**（3）突出实体店的优势。**就算线上电商再好，也不能使购买者亲手触摸到实体物品。一旦购买者看走眼，买来的商品就会和想象的天差地别。因此，一定要尽可能地突出实体店的优势，从而吸引意向客户前来购买。

### 11.5.2　企业被线上电商冲击时该发起何种活动

企业被线上电商冲击时，一定要学会融合，同时突出传统企业的优势。一般情况下，企业可以发起下列活动。

**（1）O2O 促销活动。**线上电商之所以比较火热，是因为购买的便捷性和品牌与消费者的距离比较近。那么，传统企业也可以在互联网上发起活动，通过活动将参与者引导到线下。这样，就能够最大限度地争取曝光度和客流量。

**（2）限时秒抢活动。**线上电商的抢购活动，参与者根本无法知道产品的质量，而实体店举办限时秒抢活动就打消了参与者的这一疑虑，能够使参与者通过相对低廉的价格买到质量较高的产品，进而大大增加了参与者的信任度。

**（3）*N*天内可退换活动。**众所周知，在电商平台退换货，需要经过与店家协商，同时还得自己约快递员给店家寄回商品。这样，就会给购买者造成很大的麻烦。而实体店铺则不同，需要退换货时，可以直接到店里找店员办理，方便、快捷。

Tips：当传统企业被线上电商冲击时，一定要具有相融合的姿态。通过发布线上线下相结合的活动，将产品与品牌展示在大众面前。同时，突出传统企业产品看得见、摸得着的特点，吸引参与者到店购买。

# 11.6 企业预算少

资金链问题是很多传统企业面临的重大危机。很多时候，企业必须通过发布活动来争取曝光度和市场份额，但却没有足够的资金来发布活动。那么这时候企业又该如何做呢？本节就来针对这一问题为你进行详细阐述。

## 11.6.1 企业预算少时该如何做

当企业预算少时，需要想办法找到资金来源，以及思考该用何种免费的方法来增加曝光度。因此，企业需要做下列事情。

**（1）抱团取暖。**很显然，如果一件事情只有一家企业去做，影响力有限，耗费的财力、物力太大，很容易被拖垮。但是，如果这次活动由三五家企业共同发起、共同出资，那么对每家企业而言都是一件轻松的事情。

**（2）拍卖价值。**很多企业的服务都是大众比较渴望享受的，但却没有机会享受。那么在企业预算少时就可以通过拍卖的方式来刺激大众抢夺资源。比如，唱片公司可以拍卖唱片服务，让渴望出唱片的人群来通过拍卖的方式进行资源抢夺，出资高的人可以享受到服务。

## 11.6.2 企业预算少时该发起何种活动

当企业预算少时，可以发起如下活动。

**（1）众筹活动。**当企业的产品确实具备一定价值和潜力时，就可以采用发布众筹活动的方式来吸引大众出资。当活动形成引爆以后，很多风投公司便能够看到企业的潜力，进而选择投资企业。

**（2）会员卡推广。**很多商超开业初期，都会大张旗鼓地展开会员推广活动。

通过鼓励大众使用会员卡的方式，来为企业进行资金回流。这样做可以使企业在短时间内聚拢大量资金，解决一时之需；大众也可以使用会员卡来购买商品，享受到切实实惠，一举两得。

**（3）招商共融。**如果企业没有足够资金来举办活动，则可以通过举办招商活动的方式来吸引赞助商进行竞标。这样，活动就会由多家企业共同出资，企业的压力就会小很多。

### 11.6.3　案例：以张经理的矿泉水公司为例详解企业预算少时该如何发起活动

张经理经营一家矿泉水公司，他想要发起“关爱偏远儿童，让所有人都喝上放心水”的活动。但是，由于他们设定的活动地域比较大，靠自己公司的一己之力很难实现。这让张经理非常头疼，他该怎么做才能解决资金问题，将这个活动一直进行下去呢？

根据上面的案例背景资料可知，张经理发起的是一个以“关爱偏远儿童，让所有人都喝上放心水”为主题的公益活动。因此，在树立企业形象上显得柔和与顺利很多，大众很容易就会记住企业的这一暖心活动。

如果有多家企业一起来做，那么这就从公益活动变成了回报社会、彰显企业实力、由几家核心企业发起的暖心行动了。无论是企业自身影响力，还是事件本身的影响力，都会不断增强。

所以，此次活动比较适合通过招商的方式来吸引有相同意向的企业共同出资、共同举办。

Tips：当企业预算少时，可以通过不断强化企业实力、宣传企业潜力、展示活动本身影响力与潜力的方法，吸引更多企业或个人来为企业出资。当然，如果预算与实际相差不多，也可以通过会员卡推广活动来进行短期资金回流，解决一时之需。

## 11.7 企业想要吸纳经销商却没有信任基础

很多企业在做大做强之前，都会经历一段品牌信任塑造期。当企业没有足够的知名度时，如果想要吸纳经销商，则是一件非常困难的事情。因此，如何建立起经销商对品牌的信任，就显得尤为重要了。本节就来为你进行详细阐述。

### 11.7.1 企业想要吸纳经销商却没有信任基础时该如何做

当企业想要吸纳经销商却没有信任基础时，首先要思考的问题就是，该如何建立起彼此之间的信任？针对这一问题，企业要做好下列三件事。

**（1）展示企业实力。**展示企业实力不用多说，企业的硬件、软件实力决定着经销商是否对其信任。如果经销商可以明确地看到企业吸纳了多少投资，企业与哪些知名品牌进行了合作，有哪些人评价企业确实不错，以及企业厂房、人才、产品工艺方面及技术确实高于同行业，那么经销商就会信任企业。

**（2）展示过往案例。**经销商其实最害怕的是加盟企业后赔了怎么办？能不能赚到钱？因此，我们只需要率先找一些比较知根知底、乐于尝试的合作伙伴进行合作，将真实效果、真实流水做成案例，就会打消他们的顾虑。

**（3）最大让利。**如果企业毫无知名度，也没有什么客户资源，那么就可以通过最大让利的方法让经销商先去尝试，在后续确实赚到钱、得到实惠以后再补齐加盟费。这样，能够起到建立信任、促进合作的作用。

### 11.7.2 企业想要吸纳经销商却没有信任基础时该发起何种活动

企业想要吸纳经销商却没有信任基础时，我们可以发起下列活动。

**（1）免费试运营。**企业通过免费提供原材料，帮助选址开店的方式来使加盟者暂时不用投资，先去经营店铺。等到店铺获得收益时，根据每月所赚金额通过抽成的方式来补齐开店所用费用。这样，在加盟初期，加盟者不用付出金钱，只需要用心经营即可。相对来说，风险会比较小，因此加盟者乐于接受。

**（2）厂区探营。**很多人不放心企业是因为不知道企业所说的话到底是否可信，因此，不妨举办一个厂区探营活动。这样，参与者就可以非常直观地了解厂区的原材料都是如何加工的以及培训等相关问题，进而对企业产生信任。

**（3）名家讲座。**当经销商对品牌不信任，不了解加盟规则时，还可以通过名家讲座的方式，让经销商对品牌和加盟规则进行详细了解。只有经销商弄明白以后，才会做出加盟与否的选择。

### 11.7.3　案例：以赵经理的烤串店为例详解企业想要吸纳经销商却没有信任基础时该如何发起活动

赵经理经营一家连锁烤串店，有一套成熟的原材料加工、调料加工、制作培训、烤串车生产等产品线，烤串以干净卫生著称。但是，当他在其他地区吸引加盟商时却发现，由于大众对烤串店缺乏了解，很多人不愿意来加盟。这让赵经理非常着急，不知道该如何解决。如果你是赵经理，该如何解决这一问题呢？

根据上面的案例资料可知，赵经理遇到的问题是，他的烤串店在其他地区没有名气，无人愿意尝试加盟。那么，赵经理可以这样做：

（1）发起探营活动。邀请感兴趣的人群到厂区实地参观，并且拿一些原材料回家，先给家里人试吃。

（2）发起先加盟后付费的活动。将一系列优惠政策释放给感兴趣的人群，让他们先加盟后付费，最大限度地规避加盟商的风险。

Tips：当企业想要吸纳经销商却没有信任基础时，不妨先让感兴趣的人群到厂区进行实地参观，并且率先让他们免费开店。当店铺盈利后，再按照抽成的方法抽取成本费用。这样，就能够最大限度地为加盟商规避风险，建立信任。

第 12 章

# 传统企业展开 O2O 活动时如何突出优势

在新媒体时代，传统企业也会想尽办法在网络上分一杯羹。因此，O2O 活动便成为传统企业营销推广的必要手段。那么，传统企业在 O2O 活动中有哪些优势是互联网电商无法比拟的呢？本章就针对这一问题进行详细探讨。

# 12.1　突出现场模拟性

你可以在互联网上购买食物，但却无法看到店家是如何进行制作的，更加无法监察店家的卫生环境。而传统店铺则不同，你在到店消费的时候，不仅能够看到店内卫生环境，甚至有些店家就在你面前制作餐点。因此，传统企业的现场模拟性是互联网电商行业永远都无法比拟的。所以，传统企业可以在活动中突出这一点来刺激消费者到店消费。

## 12.1.1　如何突出现场模拟性

（1）**晒出卫生状况。**很多餐饮企业在网络上的照片都比较精美，但实际上只是一个小作坊。因此，作为传统企业而言，一定要在 O2O 活动中晒出店内的真实照片，以及后厨的真实照片。通过反复提醒大众卫生状况对人体的影响，来刺激他们到店内就餐、监察卫生状况。

（2）**烘托实践互动。**互联网电商企业只能卖产品，却无法教会你这个产品是如何制作的。那么作为传统企业就可以打击这一弱点，鼓励参与者到店内学习产品的制作方法，亲手制作一个产品送给家人。当亲手操作实践的意义被凸显出来以后，大多数人都会选择亲自体验。

（3）**邀请明星到场。**如果企业能够请到明星到店，或者提供服务，效果可想而知。因此，传统企业可以通过邀请明星到场的方式来刺激大众到店消费。

## 12.1.2　哪些企业适合突出现场模拟性

根据以上描述，我们接下来应该思考的是，哪些企业是大众必须要到店消费才能揭开疑惑的？没错，就是餐饮等服务业，具体内容如下。

（1）**餐饮店。**只有大众亲自到店进行消费，才能明确地知道这家餐厅的卫生状况。所以，餐饮店在进行 O2O 活动时，应该让大众对餐厅卫生环境产生必须要亲自去看一看的需求，进而吸引其到店。

（2）**蛋糕店。**网上蛋糕店不会告诉你蛋糕是如何制作的。因此，蛋糕店在进行 O2O 活动时，就应该突出亲手制作对于亲友的意义，从而吸引大众到店亲手制作蛋糕送给亲人和朋友。

**（3）服饰店。**在网络上购买衣服很容易出现试穿后与样图不符的情况，甚至衣服面料根本就不是店家所讲的那样。那么，服饰店在做 O2O 活动的时候，就可以突出试穿、亲自触摸面料的必要性，进而吸引大众到店试穿与购买。

**（4）健身房。**网络上的健身软件只能按照常规告诉你减肥操该怎么做、瑜伽该怎么做等，但却不可能根据你的实际身体状况进行针对性的训练。那么健身房在发起 O2O 活动的时候，就应该针对针对性训练、专业针对性训练计划对人体健康的重要性进行详细说明，进而吸引大众亲自到健身房与教练沟通，拟订更加符合自己身体状况的健身计划。

### 12.1.3 突出现场模拟性时应注意的问题

突出现场模拟性时应注意如下问题。

**（1）巧用对比。**传统企业在突出现场模拟性的时候，一定要学会使用案例，利用对比的方法让大众一目了然地知道现场体验的重要性。

**（2）言简意赅。**要知道，大众是不具备专业素养的，因此在活动中，传统企业需要利用言简意赅的语言来为大众讲解并突出现场体验的重要性。千万不要出现一些生涩难懂的字眼，否则会让大众听不懂，从而也就无法有效地接收到信息了。

### 12.1.4 案例：以庄经理的咖啡店为例详解如何突出现场模拟性

*庄经理经营一家咖啡店，怎料由于互联网的火热，店内人流量越来越少，这让庄经理非常着急，他不知道该如何应对。如果你是庄经理，你知道该如何应对吗？*

根据上面的案例资料可知，庄经理遇到的问题是，咖啡店受到互联网冲击，人流量越来越少。那么，怎样才能让大众到店消费呢？我们可以利用大众对咖啡专业知识的缺乏，提醒大众现磨咖啡必须要亲眼看着磨。

因此，庄经理可以在活动中突出下列几点：

（1）花上百元却只能买到速溶咖啡，××咖啡店邀请你到店认识好咖啡。

（2）好咖啡就应该现磨现喝，任何一种外带/包装都会影响口感。

（3）买得来咖啡，却买不到品质。

Tips：传统企业在突出现场模拟性的时候，一定要注意突出卫生状况、实践的意义，甚至可以邀请明星助阵。只有当大众意识到网购与到店消费的区别，以及到店消费的必要性后，才能自发到店消费。

## 12.2　突出可反悔性

众所周知，网店消费最容易产生分歧的部分就在退换货方面。很多人在网购商品后 $N$ 天不发货，或者买到自己不想要的商品后退货迟迟得不到店家的回应。就算店家允许你换货，那么也需要大众自己掏钱垫付邮资，从而造成了退货难、换货麻烦的问题。因此，传统企业在发布活动时就可以针对这一问题进行说明，突出到店消费退换货非常方便。

### 12.2.1　如何突出可反悔性

**（1）允许退货。**实体店允许退货，而且无条件退货，可以极大地增强大众来购买商品的决心，同时也会在无形当中增加大众对企业的信任感。和互联网电商的退换货需要协商相比，实体店到店就退显得容易很多。

**（2）无限尝试。**在互联网上买东西是无法进行尝试的，只有买或者不买两种选择。而在实体店碰到喜欢的东西可以进行尝试，适合自己就买，不适合就走人。这样，能够大大增加大众买到心仪产品的可能性。

**（3）退货跑腿活动。**互联网电商退换货是需要协商的，还要大众自己去联系快递员邮寄货品。而实体店则可以发起退货跑腿活动。需要退货时，不用客户亲自到店，公司可以上门提供退货服务。

### 12.2.2　突出可反悔性时应注意的问题

突出可反悔性时应注意如下问题。

**（1）不要设置门槛。**既然传统企业已经让大众退货了，那么就应该零门槛、零理由。这样，大众才能感受到企业的诚意。如果退货时设置了门槛，那么就会给大众造成恶劣体验，进而使品牌失信。

**（2）态度要好。**既然已经允许退换货，那么在客户退换货时，服务人员的态度一定要好，要让大众知道无论购买还是退货，企业都会一如既往地全心全意为其服务。当企业的诚意被大众看到后，相信很难有人不回购。

Tips：传统企业在 O2O 活动中突出可反悔性时，一定要注意服务态度，让你的客户能够感受到企业的诚意，这样才会对品牌形成追随。当然，退货的畅通度也是非常重要的。既然允许退货，那么就要无条件为客户办理。这样，当大众下次再有需求的时候，就会第一时间想起来你这里购买。

## 12.3 突出归属感和温馨感

与网上购物相比，很多人更喜欢到实体店体验真实的购物氛围。传统企业对于新老客户的维系是互联网电商企业无法比拟的。因此，作为传统企业，应尽可能地在活动中突出归属感和温馨感，进而吸引大众追随。

### 12.3.1 如何突出归属感和温馨感

**（1）发布联谊会。**新老客户联谊会是企业营造归属感和温馨感的一种手段。在联谊会中，大众不仅可以欣赏到好看的节目、吃到可口的冷餐，还能够结交很多良师益友。久而久之，新老客户就会对企业产生依赖感，进而形成归属感。

**（2）成立交流群。**很多电商企业在售卖完产品之后就不闻不问了，购买者有疑问找客服，也解决不了实际问题，无法手把手地教给购买者产品到底该如何使用。而传统企业可以通过成立交流群的方式，邀请专家和大咖在群里进行实时讲解。当购买者的问题总能够在第一时间被解决时，就会对企业产生好感。

**（3）节假日赠送礼品。**众所周知，在大众购买完商品以后，如果没有回购需求，企业就会逐渐被淡忘。作为传统企业，可以通过节假日赠送小礼品的方式来与购买者建立联系。当购买者再有需求时，就会第一时间选择你的商品进行购买。

### 12.3.2　突出归属感和温馨感时应注意的问题

突出归属感和温馨感时应注意如下问题。

**（1）一定要舒适。**在营造归属感和温馨感时，一定要注意舒适度。如果购买者不愿意参与，那么也不要强制其参与。当然，在为老客户策划活动时，切忌硬性推销商品。否则，只会让你的老客户感觉企业没诚意，进而选择放弃追随你。

**（2）以客户为中心。**营造归属感和温馨感时，一定要以客户为中心，发现并解决他们的切实问题。只有这样，购买者才会意识到企业的确是在为客户着想，进而对企业产生依赖感。当购买者开始依赖企业时，归属感便被营造出来了。这样，购买者很难再另择企业进行购买。

### 12.3.3　案例：以王经理的电脑配件店为例详解如何突出归属感和温馨感

王经理经营一家电脑配件店，但由于互联网的火热，很多人开始在网络上购买电脑配件。这使得王经理丢失了很多老客户。为此，王经理非常着急，但又想不出该用什么方法来留住老顾客。如果你是王经理，你知道该怎么办吗？

众所周知，电脑配件购买完还需要安装，而且电脑本身在使用过程中就有可能出现这样或者那样的问题。而一般网络店铺并不会针对电脑出现的问题进行及时解答，而且很多电脑问题只有当面看到后，才能确定和解决。

因此，王经理可以为他的老客户成立微信群，让他们将自己遇到的问题发布在群内。这样，王经理就可以随时接收到老客户的提问，并第一时间给予解决。久而久之，其客户黏度就会被营造出来。

Tips：传统企业可以利用到店方便、有问题能够当面解决的便利性来进行新老客户的维系，让新老客户在不知不觉中对企业产生依赖性。这样，客户在一般情况下就不会再另寻别家购买了。当然，在维系新老客户的时候也要注意体验的舒适度，以及以客户为中心，解决实际问题。

# 12.4 突出文化与层次感

互联网电商平台只能够提供给顾客购买的机会，但却无法让顾客感受到通过文化所带来的附加价值，无法为顾客营造一个良好的体验环境。而传统企业则不同，企业可以通过营造文化与层次感、增强体验性，来将客户吸引到自己周围。那么，文化与层次感到底该怎样突出呢？

## 12.4.1 如何突出文化与层次感

**（1）成立兴趣交流组。**比如，有人喜欢吉他，就会在网络上买一把。但是，如果没有人教而自己又确实研究不明白，购买者就会放弃做这件事。而传统企业则不同，购买吉他后可以邀请顾客加入吉他交流小组，免费进行吉他课程培训。当购买者感受到这种艺术氛围，并且从中学到了很多时，就会对企业形成追随。

**（2）提供娱乐场地。**比如，有人喜欢棒球，就在网上买了棒球服和棒球用品。但是，却找不到场地来玩，从而会选择放弃。而传统企业则可以为顾客提供场地，让顾客享受到最完美的服务。久而久之，顾客就会追随企业。

**（3）专人专项服务。**人们可以通过互联网购买产品，但却享受不到一对一的针对性服务。那么传统企业就可以针对这一点做文章，当顾客购买器具和硬件以后，设立专人对其进行跟踪服务，帮助购买者解决实际操作中遇到的问题。这样，购买者就会对企业产生依赖性。

**（4）创造平台。**比如，喜欢朗诵的顾客会购买朗诵的书籍，喜欢萨克斯的顾客会购买萨克斯。但其实顾客更喜欢在人前进行表演。那么作为传统企业，就可以定期为顾客提供展示自己爱好的机会，满足顾客进行技术交流和展示的欲望，从而形成追随。

## 12.4.2 突出文化与层次感时应注意的问题

突出文化与层次感时应注意如下问题。

**（1）避免打扰。**在营造文化与层次感时，也要避免对顾客造成打扰。如果顾客不喜欢一对一服务，那么也不要强求。

**（2）避免强制。**在邀请顾客加入兴趣组或者进行展示时，也要遵从顾客的个人意愿，避免给顾客一种被绑架的感觉。

**（3）突出成就。**在为顾客营造文化与层次感时，要让顾客意识到他自己得到了怎样的成长、有哪些方面的提升。这样，才能使顾客对企业产生依赖感。

### 12.4.3　案例：以纪经理的西餐厅为例详解如何突出文化与层次感

纪经理经营一家西餐厅，但由于受到互联网的冲击，其店铺的客流量越来越少。这可让纪经理愁坏了，他不知道该如何做才能留住顾客。如果你是纪经理，你知道该如何做吗？

读完上面的案例资料，我们首先要思考的问题是，大家吃西餐吃的是什么？没错，外国的菜品，以及外国的文化。其实，去西餐厅吃饭的人更加想要了解外国的风土人情，真正感受到外国人是如何吃饭的、外国人的生活是什么样子的。

因此，纪经理就可以将西餐厅的风格西方化。从餐具使用，到用餐礼仪，再到菜品味道，都设置得西化一些，甚至还可以邀请一些外国人到店内吃饭。这样，才能使食客真正地感受到餐厅的文化氛围，从中了解到西方人到底是怎么用餐和生活的，进而持续追逐。

Tips：当传统企业受到互联网电商行业的冲击时，可以通过营造文化氛围和层次感来将顾客锁定在自己周围。企业可以通过建立兴趣组、打造主题文化、提供场地和展示平台等方法让购买者意识到企业带来的附加价值及个人的成长，这样购买者才会对企业形成追逐和依赖。

## 12.5　突出定制特殊性

虽然大家能够在网上购买到很多产品，但却无法要求店家根据自己的需求来生产产品。而传统企业就不同了，由于自有生产线的便捷性，可以让购买者根据自己的需求设定产品的样式和图案，甚至可以将购买者的名字刻在产品上。本节就来为你讲述突出定制特殊性对传统企业的必要性。

### 12.5.1 如何突出定制特殊性

**（1）根据要求制作。**传统企业可以在售货阶段告知顾客，店内所有产品都可以根据顾客的要求来进行制作，从而引导顾客提出个性化要求，进而使购买者购买到专属产品，拥有良好的购物体验。

**（2）不合心意可改。**对于互联网电商平台而言，很多产品卖出去后无法为顾客提供后续的调改服务，更无法根据客户的附加要求进行修改。而传统企业因为自有生产线，所以可以在外观、功能上为顾客提供个性化服务，根据顾客的后续要求不断进行整改和翻新。久而久之，顾客就会对企业产生依赖感。

### 12.5.2 突出定制特殊性时应注意的问题

突出定制特殊性时应注意如下问题。

**（1）工期问题。**在根据购买者的需求进行定做时，一定要注意工期问题。预留工期时间不要太长，也不要太短。太长会增加顾客的等待时间，进而流失客源；太短会使企业制作出来的产品质量无法保证，影响购买者体验。

**（2）不要大改。**众所周知，机器在制造的时候都是批量化生产的，因此我们在让客户提出要求时，也应该避免在产品的核心部位进行大改。否则，只会给企业造成负担。所以，可以在外观、样式、保养、翻新上进行调整。

**（3）真实反馈。**顾客为企业提出个性化需求后，企业要做到如实反馈，能改的地方就改，不能改的地方要及时说明。千万不要为了生意，不管顾客提出的要求是否合理都进行承诺。否则，只会给顾客造成不好的体验。

### 12.5.3 案例：以刘经理的床业制作公司为例详解如何突出定制特殊性

刘经理经营一家床业制作公司，经营儿童床、成人用床、沙发床等。现在，他发现厂内的儿童床出现了滞销现象。这让刘经理很是苦恼，他不知道该怎么做才能扭转滞销局面。如果你是刘经理，你知道该怎么做吗？

根据上面的案例资料可知，刘经理面临的问题是儿童床滞销。那么我们接下来要思考的问题就是，为什么儿童床会滞销？其实，答案很简单，就是很多家长怕孩子长大以后儿童床没法用，从而造成浪费。

所以，刘经理应该在促销时发布“儿童床终生修改服务”活动，让顾客在购买儿童床时签订一个终生修改协议。这样，当孩子长大以后，顾客就可以凭协议对企业提出要求，让企业根据要求将儿童床改成成人用床。企业从中收取一些工本费。这样既方便了顾客，又使儿童床的销量有所提升，何乐而不为？

Tips：传统企业可以通过允许个性定制，提供后续修改服务的活动来增加企业自身的竞争力。当然，在执行的过程中也应该注意工期和实际的技术问题，不要让客户等待太久。同时，针对客户所提出的需求，能满足的尽量满足，不能满足的要提前告知。

# 12.6　突出服务品质

与互联网电商企业相比，服务是传统企业决胜的核心。那么作为传统企业，又该如何突出服务品质呢？本节就针对这一问题为你进行详细阐述。

## 12.6.1　如何突出服务品质

**（1）微笑。**如果大众在购买商品时看到了店员的笑容，那么就会在潜意识里形成记忆，并对企业产生好感。

**（2）整洁。**在互联网电商平台，大众购买商品时看不到卫生情况。而传统企业则可以将店面打扫得干干净净，从而利于顾客前来体验时形成记忆。

**（3）及时。**众所周知，互联网电商行业针对顾客所提出的问题，很多时候无法及时解决。而传统企业则可以很好地做好这方面的服务，当顾客遇到问题时第一时间予以解决，从而使顾客选择传统企业进行消费。

**（4）细致。**无微不至的服务在很大程度上也能起到讨好顾客、锁住顾客的作用。这就需要企业具备细致入微的观察能力，能够了解顾客到底需要什么样的服务。在顾客开口之前，企业已经为其提供了服务，就会使顾客对企业产生好感，进而持续追逐。

### 12.6.2 突出服务品质时应注意的问题

突出服务品质时应注意如下问题。

**（1）避免尴尬。**企业在为顾客进行服务时，一定要注意避免尴尬，不要刻意去进行过多的关注，否则只会让顾客感到尴尬和别扭，进而不再光顾。

**（2）具有洞察力。**很多人在有需求时并不会主动提出要求，这就需要企业的服务人员具有洞察力，能察觉出顾客想要怎样的服务，进而最大限度地予以满足。

Tips：作为传统企业，要想通过完美的服务品质来吸引顾客，就需要具备洞察力，在第一时间察觉出顾客想要的服务，进而最大限度地予以满足。这样，才能给大众树立良好的企业形象，进而吸引到更多顾客。

## 12.7 突出靠谱踏实

大众在互联网电商上购买产品时，一般都看不到企业的规模，也看不到产品的生产过程。所以，一旦大众购买的物件比较昂贵，就会转而在线下的实体店进行购买。因此，作为传统企业，突出企业靠谱踏实显得尤为重要。

### 12.7.1 如何突出靠谱踏实

**（1）专家验证。**专家在大众心目中的地位可想而知。针对名贵产品，大众在无法分辨真伪时，喜欢听专家的意见。因此，传统企业可以邀请专家或者第三方机构来针对产品进行验证，从而最大限度地增强信任度。

**（2）亲自触摸。**很多购买者知道该如何分辨产品的好坏与真伪，但却因为无法触摸到而选择观望。因此，企业可以让购买者通过亲自触摸的方式来了解产品，进而选择购买。

**（3）全程透明。**很多购买者会担心产品在制作、运输、包装的过程中被掉包，那么企业就可以将产品从生产制作到包装封箱的全过程透明化，毫无保留地呈现在大众眼前，从而消除疑惑，促成购买。

## 12.7.2　突出靠谱踏实时应注意的问题

突出靠谱踏实时应注意如下问题。

**（1）不用太过殷勤。**企业不用太过殷勤，或者特地将一些细节展现给购买者，否则只会给大众一种虚伪感，进而选择观望。

**（2）不必刻意追求。**本节前边所提到的手段，一定要在一种水到渠成的环境下展示，千万不要刻意追求任何一个环节，刻意将产品与顶尖产品进行对比。否则，会给购买者一种可以比较的感觉，让购买者觉得不踏实。

Tips：传统企业在突出靠谱踏实时，不妨找专家来进行验证，还可以将生产制作全过程透明化。同时，一定要注意避免刻意和过于殷勤。否则，只会给大众一种另有所图、不太靠谱的感觉，从而使大众产生观望的态度。

第 13 章

# 哪些线上活动可以与线下活动相结合

在新媒体时代，每个企业都离不开互联网。作为传统企业，只有通过线上线下相结合的方法，才能够迅速突围，吸引更多意向客户。那么，到底有哪些线上活动可以与线下活动相结合呢？本章就来为你进行详细阐述。

# 13.1 线上线下同时抽奖

很多企业在策划发起线下活动时，都会选择抽奖这一形式。但对于一个大型活动来说，来访者众多，稍不注意就会漏掉。而且，奖券的发放也非常麻烦。那么有没有办法来克服这一点呢？本节就来为你详细讲述“线上线下同时抽奖”这一活动形式，帮助传统企业利用现代技术解决棘手问题。

## 13.1.1 如何发起线上线下同时抽奖活动

一般情况下，线上线下同时抽奖活动有下列三种方法。

**（1）在线报名+现场电脑抽奖。**这种方法需要活动参与者在活动发起时填写在线报名表。当活动开始时，通过展示报名页面的方式入场。同时，活动现场服务人员需要对已报名的来访者进行标注。当活动现场抽奖环节开始时，技术人员将已报名的来访者手机号导入抽奖系统，并启动抽奖按钮。界面自动弹出获奖者手机号码。

**（2）扫码入场+现场抽奖。**这种方法需要活动参与者在入场前扫描指定二维码，这样系统后台就能够锁定参与者的微信号。当抽奖环节开始时，通过微信号进行抽奖。

**（3）附近的人抽奖。**这种方法比较简单，同时更加便于操作。与前两种方法相比，这种方法不需要通过专业的技术手段来实现，只需要活动主持人在抽奖环节开始时号召大家打开微信“附近的人”功能。当抽奖活动开始时，主持人拿手机查看附近的人，进行随机抽奖（可规定以主持人的手机为准，附近的人第××位可获奖）。

## 13.1.2 活动中应注意的问题

线上线下同时抽奖活动中应注意如下问题。

**（1）提前测试。**在活动中，如果是通过抽奖系统来进行抽奖，那么一定要注意提前测试，千万不要在活动现场出现抽奖系统卡顿、无法使用的情况。

**（2）Wi-Fi 信号要强。**由于这种抽奖方法是在线上，因此一定要注意活动现场 Wi-Fi 信号要足够强，可供 100～500 人连接，从而确保活动的正常进行。

Tips：线上线下同时抽奖方法比较新颖，为了确保活动正常进行，要提前测试抽奖系统，避免无法抽奖的意外发生。另外，活动现场的 Wi-Fi 信号至关重要，一定要确保可供 500 人左右同时在线，这样才不至于造成由于连接人员太多而无法抽奖的状况，进而使企业陷入尴尬。

# 13.2 线上游戏线下兑奖

对传统企业而言，实体店铺的人流量决定着店面的火热程度。尽管企业在互联网上做得风生水起，也需要吸纳一部分人到店消费，从而形成热闹的氛围，进而吸引更多人来店消费。那么，作为传统企业，又该怎样将客流量从线上引到线下呢？本节就来针对这一问题进行详细阐述。

## 13.2.1 线上游戏线下兑奖的方式

线上游戏线下兑奖，顾名思义，就是企业通过在线上发起活动的方式，吸引参与者到店进行兑奖和消费。这种活动形式一般情况下有两种方式，具体内容如下。

**（1）线上活动+线下促销会。**一般情况下，企业首先通过发起线上活动，吸引参与者进行参与；当获奖结果确定以后，参与者需要凭获奖界面到线下实体店面参与促销活动。

需要注意的是，在这里，为了确保线下活动的人数，线上获奖人员基数可以放大。获奖界面充当了线下活动的门票作用。

**（2）线上活动+线下领奖。**这种活动方式比较容易理解，即企业在线上发布活动，参与者凭借获奖界面到线下实体店进行兑奖。

### 13.2.2　执行过程中应注意的问题

在线上游戏线下兑奖活动执行过程中应注意如下问题。

**（1）提前测试。**在这里，一定要注意提前测试活动模块，这样才能够避免在活动中活动模块无法使用的尴尬。

**（2）奖品要具备吸引力。**这样的活动核心在于刺激参与者到实体店来参与活动或进行兑奖。因此，奖品一定要具备吸引力，让参与者认为值得到实体店进行兑奖或参与。

> Tips：线上游戏线下兑奖活动一定要注意活动礼品的吸引力，选择一些确实足够吸引参与者到店的礼品来进行发放。另外，还要在活动发起之前对活动模块进行测试，避免在活动中出现活动模块无法使用的情况。

## 13.3　留言上墙

由于新媒体的不断发展，很多传统媒体也开始通过使用新媒体技术来调动线下活动参与者的积极性。其中，以留言上墙比较多见。那么，留言上墙该如何使用呢？本节就来针对这一问题为你进行详细阐述。

### 13.3.1　留言上墙如何操作

留言上墙一般有两种方法：模块助力法和手动操控法。

**（1）模块助力法。**这种操作方法比较简单，只需要找到现成的留言上墙活动模块，然后找相关技术人员进行调试，并且在活动中使用即可。现成模块的好处是可以有效过滤负面评价，能够给参与者眼前一亮的感觉。

**（2）手动操作法。**这种方法比较原始，即当有参与者留言时，企业直接将电脑屏幕投射/连接到大屏幕上。这样，现场参与人员就能够直观清晰地看到最近的留言动态了。弊端是负面评价无法过滤。

### 13.3.2 执行过程中应注意的问题

留言上墙活动在执行过程中应注意如下问题。

**（1）做好硬件调试。**在活动中进行留言上墙之前，一定要做好充足的硬件设备调试与连接工作，确保活动执行过程中模块的稳定性。

**（2）烘托现场氛围。**如果只是让参与者自己来看屏幕，那么很显然，参与者看不懂，也不明白为什么要看。因此，主持人一定要做好活动现场的氛围烘托工作，从而使参与者能够被氛围所感染，进而感受到活动现场的热闹氛围。

**（3）选择靠谱的合作公司。**如果企业选择现成的留言上墙模块，那么一定要选择具备专人到场进行操作与维护服务的企业。这样，才能确保活动现场万无一失。

Tips：如果企业想要调动活动现场氛围，烘托活动现场的火热程度，那么就可以选择留言上墙这种手段。当然，在选用现成的留言上墙模块之前，一定要做足调查工作，选择服务质量较好的公司来进行合作。只有这样，才能使活动顺利进行。另外，活动现场主持人的氛围烘托也必不可少。

## 13.4 晒状态写好评

如果传统企业想要将企业内部信息、产品信息传递给更多的人，那么就一定少不了引导消费者晒状态写好评。那么，消费者怎样晒状态写好评才能吸引更多的人群到店消费呢？企业该发布怎样的活动才能吸引更多的消费者晒状态写好评呢？本节就针对上述问题为你进行详细解析。

### 13.4.1 晒状态写好评活动如何操作

企业引导消费者晒状态写好评，无非就是想吸引更多的人来进行消费。而消费者之所以能够晒状态写好评，一是因为的确喜欢这家店铺，二是因为晒状态写好评之后能够获得实惠。那么，企业就可以针对后者来刺激消费者多晒状态写好评。一般情况下，有如下两种方法。

**（1）附加活动法。**消费者在参与完活动后、临领奖之前，需要在朋友圈里晒出真实的体验、消费状态，晒完以后才能够获得礼品。

**（2）返券折扣法。**消费者在就餐以后，需要将消费的状态、店铺环境、菜品样式等拍摄成照片，并附上此次的消费感受，这样才能够享受到菜品打折或者返券的优惠。

## 13.4.2　执行过程中应注意的问题

晒状态写好评活动在执行过程中应注意如下问题。

**（1）照片美观度。**很多实体店铺，诸如餐厅、服饰店，都需要通过照片来吸引更多的人群到店消费。因此，照片的美观度至关重要。所以，一定要引导参与者拍摄清晰、大方的照片，这样才能使其他人看到照片之后有前来消费的欲望。

**（2）感受要真实。**当参与者晒出自己的体验感受时，一定要引导参与者说出真实感受，千万不要写"为了折扣……"或者"打折"等字样。这样，会有强制的嫌疑，进而使品牌失信。

**（3）注意提醒。**很多晒状态写好评活动都是由于店员没有提醒到位而无法保证参与率，因此，一定要提醒自家店员对顾客做到及时提醒。这样，才能保证活动的参与率和人气。

**（4）注意发布重要信息。**很多顾客拍了照片，也说出了感受，但却没有说清楚是哪家店，这也起不到为店铺进行宣传的作用。因此，一定要提醒参与者写出店铺的具体名称及具体位置，这样才能够起到吸引更多人参与的作用。

> Tips：如果企业想要吸纳真实口碑，那么可以引导顾客晒状态写好评。当然，一定要注意真实性，以及夹杂诸如店铺名称、地址等基本要素。这样，才能够起到刺激更多人参与的作用。

# 13.5 关注即享免费 Wi-Fi

Wi-Fi 对现代人来说必不可少。因此，很多传统企业就看到了这一点，通过增设免费 Wi-Fi 的方法来吸引大批人群的关注。那么，关注即享免费 Wi-Fi 到底是如何操作的呢？本节就来针对这一问题为你进行详细讲解。

## 13.5.1 关注即享免费 Wi-Fi 如何操作

现在很多公司都拥有这一技术，企业只需要购买他们的 Wi-Fi 设备，使用他们的专业人员现场安装、现场教学使用即可，方便快捷。当设备安装调试好后，企业只需每天将设备打开即可。

当有顾客到店消费或者路过想要上网时，搜索到你的 Wi-Fi 后会自动弹出你企业的新媒体账号。顾客只有关注后，才可以正常上网。这样，企业新媒体账号的关注度就会越来越高，后续企业发布活动和动态后就会有更多的人进行关注。

## 13.5.2 执行过程中应注意的问题

关注即享免费 Wi-Fi 在执行过程中应注意如下问题。

**（1）注意设备调试。**企业在通过提供 Wi-Fi 为新媒体账号吸纳粉丝，争取更多关注度时，一定要注意设备的调试，让安装人员教会你如何使用及保养设备。另外，还要知道 Wi-Fi 可供多少人同时在线。这样，企业才能最大限度地确保吸纳到更多的意向客户。

**（2）注意通电及保养。**要知道，Wi-Fi 要靠电来维持正常使用。因此，一定要注意通电和保养，从而确保 Wi-Fi 的正常使用。

**（3）找好合作企业。**由于这样的 Wi-Fi 一般企业都不会维修和安装，因此一定要找信誉度比较好、行业内好评度比较高、比较注重服务的企业来进行合作。这样，才能确保当企业 Wi-Fi 出现问题时，有专业人员及时到场维修。

Tips：当企业选择通过提供 Wi-Fi 为新媒体账号吸纳粉丝，争取更多关注度时，一定要选择口碑和信誉比较好的企业进行合作。这样，才能确保在 Wi-Fi 出现问题时，有专业人员及时到场维修。

# 13.6　资料大礼包推送

众所周知，传统企业具有非常深厚的技术底蕴，所以很多企业意识到这一点后，将过往经验总结成资料大礼包，通过公众号进行推送，进而吸引了大批粉丝的关注与追随。那么，资料大礼包推送具体该如何操作呢？本节就来针对这一问题为你进行详细讲解。

## 13.6.1　资料大礼包推送如何操作

根据目的不同，一般情况下资料大礼包推送有两种方式。

**（1）为新媒体账号拉拢粉丝。**其操作过程可分为四步：

①在新媒体账号内设置关键词图文回复，并将大礼包云盘地址添加到图文消息内。

②通过微博、微信等新媒体官方账号释放资料大礼包免费放送的消息。

③当阅读者扫码并关注新媒体账号后，回复指定关键词即可弹出大礼包下载地址。

④阅读者根据大礼包下载地址进行下载。

**（2）促成成交。**这种操作方式也很简单，可分为三步：

①通过新媒体账号释放购物即可额外领到价值 ×× 元的增值资料大礼包。

②当阅读者在实体店或者企业的网店完成购物以后，引导其扫码或添加微信。

③将大礼包推送过去（若引导扫码，需回复指定关键词）。

## 13.6.2　执行过程中应注意的问题

资料大礼包推送在执行过程中应注意如下问题。

**（1）资料大礼包要具备含金量。**所赠送的资料大礼包一定要具备一定的含金量，让参与者能够在阅读完以后切实学到一些东西。这样，才能够起到形成口碑宣传的作用。如果礼包含金量太低，阅读者并没有切实学到东西，就会形成负面口碑，进而影响活动的曝光。

**（2）注意资料大礼包的大小。**所赠送资料大礼包的大小一定要适中，千万不要造成阅读者需要下载 1～2 个小时的局面。否则，会让阅读者失去耐心。但如果太小，下载几秒就完事，也会让阅读者感觉企业的诚意不够。因此，资料大礼包的大小一定要适中。

**（3）注意引导传阅。**资料大礼包推送的目的是争取曝光，因此，还可以在执行过程中为阅读者增设任务（如将本消息告诉给其他人、转发到好友群等），从而最大限度地争取曝光。

Tips：当企业通过资料大礼包推送的方式来为新媒体账号吸纳粉丝、促成成交时，一定要注意资料大礼包的含金量和大小。既要占据阅读者一定的时间来下载，又要让阅读者能够从中学习到一定的知识，这样才能够使活动形成口碑效应，便于曝光。

# 13.7　线下客户线上维护

如果你想要将意向客户时刻锁定在你的周围，那么还可以将线下的新老客户和意向客户聚拢到线上，通过微信群、微博群来进行维护。那么，这又该如何进行操作呢？本节就来为你进行详细讲解。

## 13.7.1　线下客户线上维护如何操作

一般情况下，线下客户线上维护有两种方法，具体内容如下。

**（1）线上增值服务/培训。**这种活动的操作方法比较简单，即企业将新老客户通过扫码的方法聚拢到指定的新媒体账号、微信群、QQ 群内，然后不定期地在群内发布直播链接，并且告知培训地址。这样，客户就能够通过观看在线直播的方式来了解企业产品的使用方法。当然，培训时也应该允许客户进行自发提问，从而使客户的问题能够在第一时间被解决，进而增加体验感。

**（2）群友优惠。**这种活动的操作方法其实也并不难，即当客户完成购物以后，企业引导其进行扫码，加入指定的微信群或 QQ 群。当客户回购时，可以凭群员身份获得一定的优惠。当然，在群内客户也能够获得关于店铺的其他第一手消息和福利，进而增加客户对企业的好感度。

### 13.7.2　执行过程中应注意的问题

线下客户线上维护在执行过程中应注意如下问题。

**（1）避免打扰。**很多客户之所以不愿意加入微信群或 QQ 群，其实原因很简单，即讨厌被打扰。而且，由于说话的人过多，会导致手机空间不够用。因此，一定要设定群规，规定大家在何时可以说话，其他时间不要说话。这样，才能避免打扰客户，同时又能让客户看到重要信息。

**（2）及时提醒。**如果想要让客户加入微信群或 QQ 群，就一定要让店员及时提醒客户加入。千万不要造成群已经建了，但由于店员怕麻烦，执行不到位的情况。否则，不仅客户享受不到增值服务，而且还会造成客户流失。

**（3）避免强制。**有些客户确实不愿意加入具备营销性质的群，那么企业也不要强制和打扰。只要起到提醒作用即可，一定要遵从客户本人的意愿。

**（4）网络要畅通。**既然企业邀请客户加群，那么就一定要确保店铺内的网络是畅通的，这样才能够起到聚拢客户的作用。如果网络不畅通，客户就会因为流量问题或者其他原因不去加群，进而造成客户流失。

> Tips：当企业使用线下客户线上维护的方法来拉拢新老客户的时候，一定要注意避免打扰，要规定好说话的时间，这样才能够确保既不对新老客户造成打扰，又能够使其阅读到重要信息。同时，还要注意网络畅通，使客户可以顺利扫码进群，从而在最大程度上避免客户流失。

## 13.8　攒积分得优惠

如同传统的会员卡积分一样，很多传统企业也在另辟蹊径，通过发布线上游戏的方式引导阅读者积攒积分；然后凭借积分到店消费，获得一定的优惠。这样做能够刺激阅读者首先成为企业的宣传者，然后变成忠实客户。那么，这种攒积分得优惠的方法又该如何操作呢？本节就来为你进行详细讲解。

### 13.8.1 攒积分得优惠如何操作

对于传统企业而言，攒积分得优惠的操作方法非常简单，现在很多微信公司都已经开发出了现成的活动模块，企业只需采购后设定好规定动作和相应的积分分数即可。

规定动作和积分分数到底该如何设定呢？其实，这里的“规定动作”就是你想要让阅读者做什么动作，如邀请好友关注、将图文消息转发给好友、在网络上发布企业推广链接等。这里的“积分”就是指完成每个动作后能获得多少积分。下面，笔者总结了一个表格，供大家在日常工作中参考使用。

| 规定动作 | 可获积分 |
|---|---|
| 邀请好友关注 | 10 分/人次 |
| 将图文消息转发给好友 | 5 分/次 |
| 在网络上发布企业推广链接 | 3 分/条 |

当企业设定好规定动作后，就可以请微信公司的技术人员在活动后台进行输入和填充了。这样，企业只需确定活动开始时间，并且释放活动信息即可。具体每个人都做了哪些动作、获得了多少积分，活动模块后台会自动统计。

除此之外，企业还需要确定好阅读者获得一定数量的积分后能够得到什么优惠。比如，100 积分可到店享受五折优惠，80 积分可以领取一个纪念品等。

### 13.8.2 执行过程中应注意的问题

攒积分得优惠在执行过程中应注意如下问题。

**（1）找靠谱的微信公司合作。**这样的活动由于技术和服务性要求都比较高，因此一定要选择靠谱的微信公司进行合作。这样，才能确保当活动模块出现问题时，微信公司会派出专业的技术人员进行调试和处理。

**（2）活动模块要提前测试。**这样的线上活动一定会形成引爆效应，因此在活动之前一定要做好前期的调试工作，同时也要了解到底多少人同时登录游戏模块后台才会造成拥挤，从而在最大程度上避免因参与者众多而造成的活动模块瘫痪现象。

**（3）对店员做好培训。**这样的活动还需要实体店店员进行配合，因此做好培训工作尤为重要。一定要确保每个人都知道该如何查看参与者的积分数额，以及在参与者使用积分过后，如何在活动后台减去相应的数额。这样，才能确保参与者与企业的切实利益。

Tips：如果企业采用攒积分得优惠的活动模式，就一定要找靠谱的微信公司进行合作。当然，还要注意设定好参与者的动作和可获积分。与此同时，对于店员的培训也至关重要。只有让每位店员都清楚该怎样查看积分、怎样减去参与者所消耗的积分，才能使活动顺利进行。

第 14 章

# 传统企业展开 O2O 活动时应注意的问题

众所周知，当传统企业开始试水 O2O 活动时，就难免会遇到这样或者那样的问题。本章笔者根据实操经验，从选择微信公司、活动组件的测试、客服人员的培训等方面，为你详细解析 O2O 活动中应注意的问题。

# 14.1　选择靠谱的微信公司

现在广告公司和微信公司的技术水平参差不齐，大家所说的话语都非常专业，作为传统企业，根本无法分辨这些公司的实力强弱，不知道该选择怎样的微信公司来合作线上活动比较靠谱。本节就来针对这一问题为你进行详细讲解。

## 14.1.1　如何分辨靠谱的微信公司

在互联网行业，尤其是近五六年才兴起的新媒体公司，单靠人员数量是无法辨别公司实力的。因为随着近年来万众创业的势头猛增，很多广告公司和微信公司高管也出来创业，但规模一般都不太大。那么作为传统企业，到底该如何分辨微信公司的实力和服务质量呢？其实非常简单，你只需查阅如下几方面即可。

**（1）过往案例。**查阅过往案例，能够使你非常清楚地意识到该公司之前都做过哪些活动，每个活动产生了什么样的效果，以及该公司的微信运维能力和排版能力如何，进而考察出对方的实力。

**（2）公司大号。**作为微信公司或者新媒体公司，一般都拥有属于自己的大号。因此，我们只需要查看对方的大号，就能够清晰地得知这家公司的新媒体运营实力，进而选择是否合作。

**（3）执行项目。**除查看上述两点内容外，查看微信公司正在执行的项目也尤为重要。这样，不仅能够清晰地感受到对方的服务态度，也能够看清他们的执行力及实力。

**（4）公司架构。**对微信公司或新媒体公司而言，就算是初创业的公司，也会拥有销售、文案、设计、技术这几方面的人才。如果微信公司具备这几方面的人才，那么就说明其服务至少是全面的。如果连这几方面的人才都不具备，那你可要小心了。

**（5）是否具备研发能力。**研发能力对于微信及新媒体公司来说非常重要。因为线上活动虽然大致的规则和流程相同，但活动背景和活动算法，以及积分的规则要求都不同。这就意味着需要技术人员针对每个活动进行独立开发。如果微信公司不具备研发能力，那么也就意味着活动可能很难落地。

### 14.1.2 选择靠谱的微信公司时应注意的细节

选择靠谱的微信公司时应注意如下细节。

**（1）营业执照。**营业执照不用多说，只要是正规公司，就都应该拥有。你只需要要求对方出示一下，证明公司是正规公司即可。

**（2）员工状态。**新媒体公司的员工一般都非常亢奋，他们对自己的事业和工作会充满激情。因此，一定要注意查看微信公司的员工状态。如果激情满满，那么也就意味着这家公司的员工对自己的实力充满信心，是渴望闯出一片天地的。如果毫无激情，那么很显然他们的技术能力也值得质疑，还是不去合作为好。

**（3）服务态度。**在合作之前，也要注意查看微信公司员工的服务态度。在去洽谈合作和签单的时候，如果对方手机打进电话，那么你要留意他们处理问题的态度。如果生硬或者拒接，那么就意味着可能存在问题。如果大大方方接听，则意味着他们的服务是以客户为中心的。

**（4）是否轻易承诺。**正规的微信公司从不轻易承诺，因为一旦承诺就意味着他们在技术上就要实现。因此，一般情况下，当客户提出创意和要求后，他们都会和技术人员进行沟通。如果微信公司无论你说什么都敢于承诺，那么也就意味着他们根本就没有思考创意的可行性，也没有和技术人员进行沟通，甚至不知道能否实现。因此，你要慎重了。

> Tips：当传统企业选择靠谱的微信公司进行合作时，应当主要查阅对方公司的案例和大号，这样能够在最大程度上看出对方的实力。与此同时，还要查阅对方是否具备研发能力，这是线上活动创意能否落地的关键。

## 14.2 做好活动组件的测试

当企业发布线上活动的时候，都会针对活动组件进行测试。那么，作为从未深入接触过网络的传统企业，该如何与微信公司相配合，做好活动组件的测试呢？本节就针对这一问题为你进行详细讲解。

### 14.2.1　如何做好活动组件的测试

**（1）查看简易度。**查看普通大众是否能够通过查阅图文消息的方式，根据活动界面上的提示顺利参与活动。此时，你可以邀请公司中 50 岁以上的员工或员工的小孩来对活动组件进行测试。如果连他们都能够搞清楚，则说明活动界面上的提示比较清晰明确。

**（2）活动模块的稳定性。**活动模块的稳定性对于线上活动来讲至关重要。因此，一定要在活动之前进行一轮压力测试。可以让公司内所有员工同时参与游戏，看是否会出现界面卡顿或者活动模块瘫痪的现象。

**（3）活动是否达到预期。**看活动是否达到预期，主要是看活动是否按照公司所设想的规则在进行，这就需要活动规则的设定人员亲自体验。

### 14.2.2　做活动组件测试时应注意的问题

做活动组件测试时应注意如下问题。

**（1）活动背景是否突出企业。**企业发起一个活动的目的是宣传自身，以及宣传产品。因此，一定要注意活动背景是否包含公司 Logo 等元素。当陌生人参与到活动中来时，使其能够清晰地知道这次活动是由谁发起的。只有这样，才能达到宣传企业的目的。

**（2）搜集活动数据。**在测试活动组件时，一定要注意活动数据的搜集情况，知道活动数据是怎样搜集的。这样，才能确保在活动结束的时候，企业能够看到活动结果，进而根据活动结果来发起下一轮活动。

> Tips：当传统企业与微信公司配合进行活动组件测试时，不妨找自己的家人来进行测试，这样更能还原活动发起时的效果，确保所有人都能够看得懂活动界面上的提示，并参与到活动中来。另外，也不要忘记进行一轮压力测试，从而确保活动参与人数众多时活动模块不至于瘫痪。

# 14.3 对客服人员进行培训

很多传统企业在涉足互联网的时候都没有注意对客服人员的培训，认为客服人员会基本的电脑操作即可。实际上，这大错特错。本节就针对这一问题为你进行详细讲解。

## 14.3.1 传统企业如何对客服人员进行培训

当传统企业转战线上，开辟互联网渠道时，不仅要对在线客服人员进行电脑操作培训，同时也要对其进行专业知识培训。

**（1）电脑操作。**电脑操作一般是指店铺的商品上架、下架、活动的展开、商品文案的撰写、在线客服聊天工具的使用，以及基本的电脑知识。一定要确保在线客服人员具有超快的打字速度，这样才能确保多人同时针对客服进行提问时，客服能够及时回复。

**（2）专业知识。**在线客服人员除接待投诉和抱怨的客户外，还需要针对这些投诉和抱怨进行及时处理。如果客服人员懂专业技术知识，能够处理一些简单的问题，就会为企业减轻很多负担。同时，也能给客户良好的购物体验。

## 14.3.2 对客服人员进行培训时应注意的问题

对客服人员进行培训时应注意如下问题。

**（1）抗压能力。**在线客服一定会接到大量的投诉和抱怨，因此抗压能力至关重要。当大面积的问题出现以后，客服主要的工作就是舒缓客户心中的愤怒。因此，无论客户如何抱怨，客服都要从容应对，千万不能出现客服向客户抱怨自己劳累的现象。否则，只会激化客户对企业的反感。

**（2）打字速度。**如果客户在咨询完在线客服后并没有得到及时回应，那么他们就会认为企业的服务和宣传不到位，进而对企业失去信心。因此，客服的打字速度很关键，关系到能否为客户及时解答问题。

Tips：企业在线客服除需要缓解客户的负面情绪外，还需要在第一时间解决客户所提出的问题。因此，一定要注意针对客服进行电脑操作和专业技术的双向培训，让客服具备一定的抗压能力和极快的打字速度，从而给客户良好的购物体验。

## 14.4　做好对店内人员的告知与培训

每一次活动的成功举办，都离不开线上线下的配合。如果企业线上活动做得非常好，但线下兑奖时却没有进行及时服务和到位的促销，那么企业同样不能收获良好的活动效果。因此，做好对店内人员的告知与培训就显得尤为重要。

### 14.4.1　对店内人员进行哪方面的告知

对店内人员进行如下告知：

**（1）告知活动。**在活动开始时，一定要对实体店的人员进行告知，并让他们参与活动。这样，实体店的人员才能够对活动拥有全面认知。

**（2）告知兑奖方法。**告知店内人员兑奖方法，使其够在第一时间熟悉兑奖事宜，进而在有人兑奖时及时招待。

**（3）告知兑奖规则。**除告知兑奖方法外，还应告知店内人员兑奖规则，从而最大限度地避免奖品的多发和漏发，避免企业与顾客之间的误会。

**（4）告知如何促销。**还应告知店内人员参与者进入店铺后，我们应该在何时对其进行促销。这样，才能使被吸引来的意向客户变成我们的忠实客户，最大限度地确保活动效果。

### 14.4.2　对店内人员进行告知与培训时应注意的问题

对店内人员进行告知与培训时应注意如下问题。

**（1）确保全部明白。**在对店内人员进行告知与培训时，一定要进行实战演练，让店内人员真正明白兑奖流程及兑奖凭证。

**（2）设立专人。**对于实体店的员工来讲，其工作任务并非只有兑奖这一项，更多时候，他们还要进行销售与看店，甚至是摆放与搬运商品。所以，忙起来很容易忘记兑奖这件事。因此，我们要设立专人专门负责兑奖与促销，从而确保顾客来店兑奖时能够得到及时的招待。

> Tips：当传统企业展开互联网活动时，一定要做好对实体店内人员的告知与培训，让店内人员清楚兑奖流程及兑奖规则。另外，还要设立专人来负责兑奖事宜。只有这样，才能确保有顾客来兑奖时有专人及时接待。与此同时，选择好对兑奖顾客进行营销的时机也尤为重要。

# 14.5　兑奖方式明晰

当传统企业通过线上活动将意向客户吸引到店时，一定要注意兑奖方式的明晰，让大众明确知道该如何兑奖。这样，在调动大众参与活动积极性的同时，也能够减轻实体店内人员的工作量。本节就来为你进行详细讲解。

## 14.5.1　使兑奖方式明晰的方法

使兑奖方式明晰的方法如下。

**（1）尽可能简化。**如果想要使兑奖方式明晰，那么最简单的做法就是简化兑奖流程，能一步进行操作的不要变成两步，能出示兑奖界面的不要提供电话和身份证号码，能机器自动核实的不要选择人工。

**（2）兑奖口醒目。**在实体店进行兑奖时也要注意引导，一定要将线上活动兑奖口设置得醒目、简单，从而便于参与者到店后第一时间找到兑奖处进行兑奖。

**（3）专人讲解。**设置专人针对兑奖的流程进行讲解，从而起到促使兑奖者快速兑奖的作用，进而让顾客享受到良好的服务体验。

## 14.5.2　执行过程中应注意的问题

在使兑奖方式明晰的执行过程中应注意如下问题。

**（1）缩短等待时间。**在兑奖的时候，一定要尽可能地缩短顾客在兑奖过程中的等待时间，这样顾客才能够拥有良好的体验，进而对品牌产生好感。如果兑奖等待时间过长，则会使顾客产生厌倦心理，进而不再参与企业的其他活动。

**（2）切忌遗漏。**现场兑奖服务人员一定要时刻保持警惕，切忌发生有人没照顾到的事情。否则，就会使顾客的舒适度降低，进而对品牌产生负面情绪。

> Tips：企业设定兑奖方式时，一定要尽可能简化兑奖流程，从而减轻实体店铺服务人员的工作压力。另外，如果是线下兑奖，就一定要使兑奖处的标识醒目，从而便于参与者第一时间找到兑奖处进行兑奖。

# 14.6　实体店相关信息的告知

当传统企业发布活动邀请大众到店参与时，一定要注意实体店相关信息的告知，从而使参与者能够根据实体店的实际情况，选择合适的时机、使用合适的交通工具来参与。那么，在活动中我们该明确告知实体店的哪些信息呢？下面就让我们来针对这一问题进行详细解析。

## 14.6.1　活动中应告知实体店的哪些信息

活动中应将实体店的如下信息进行告知。

**（1）车位信息。**活动发布以后，一定要明确告知大众这次活动现场的车位信息，这样参与者才能选择合适的时机来参与，从而确保自己的车辆有地方停放。如果在活动中没有明确告知车位信息，则会使大众认为私家车没地方停靠，从而选择不去参与活动。

**（2）就餐信息。**活动发布后还需明确告知活动现场附近的就餐信息，从而使参与者就近选择就餐地点。否则，参与者会因为担心就餐问题而选择放弃参与活动。

**（3）住宿信息。**如果你举办的活动比较大型，持续的时间比较长，那么也一定要及时告知住宿信息。这样，才能够最大限度地避免参与者走错路，盲目寻找住宿地点，进而选择离开活动现场。

**（4）路线信息。**对于线下活动而言，活动现场的交通便利程度也是重中之重。因此，在活动发布时一定要明确告知到达活动现场的路线，以及可以乘坐的车辆，从而让参与者感到便利，进而参与到活动中来。

**（5）服务点信息。**企业举办大型线下活动时，为避免参与者迷路，或者无法找到自己感兴趣的区域，一定要在活动发布时告知活动的服务点在哪里，从而便于参与者有需求和遇到困难时能够在第一时间寻求帮助。

**（6）应激电话。**有时候参与者在活动现场找不到服务点，那么企业也可以在活动发布时公布一个应激电话。这样，当参与者遇到困难与问题时，就可以站在原地不动，拨打应激电话，等待服务人员前来处理。

### 14.6.2 执行时应注意的问题

在告知实体店相关信息时应注意如下问题。

**（1）消费场所分梯度提供。**针对活动现场的餐饮、住宿等消费场所，作为活动的主办方，一定要想办法分梯度提供。让参与者明确地知道，哪些消费场所的价格比较昂贵，哪些消费场所的价格比较大众亲民。这样，才能使大众根据需求来进行消费，找到适合自己的餐饮和住宿地点。

**（2）确保应激电话畅通。**在大型活动中，参与者难免会出现这样或者那样的问题，因此一定要确保活动现场应激电话的畅通。当参与者拨打电话时，有人在第一时间接听。只有这样，才能够提升参与者的满意度，进而对企业产生信任。

> Tips：在活动中，一定要注意实体店相关信息的告知，明确告知参与者活动现场周边的餐饮、住宿等信息，同时也要告知参与者到达活动现场的路线，以及活动现场的车位等相关情况。这样，才能够最大限度地提升参与者的舒适度。另外，在活动现场设置应激电话也是非常必要的。

# 14.7　不要隐藏二次消费

作为活动的主办方，一定要注意在活动中不要隐藏二次消费。如果参与者在兑奖之前还需要进行额外付款，那么就难免会产生心理落差，产生被欺骗的感觉，进而对企业和品牌失去信任。那么，哪些属于二次消费，会使企业在不经意间忽略掉呢？下面就来为你进行详细讲解。

## 14.7.1　哪些属于二次消费

**（1）细碎的小物件。**对于实体企业来讲，一般都会针对细碎的小物件进行额外的费用收取，如果不提前告知，就会影响参与者的体验。那么，细碎的小物件都包括哪些呢？针对餐饮行业而言，碗筷、餐巾纸、烧烤用炭、锅底、调料等都属于细碎的小物件的范畴；对于化妆品行业而言，包括睫毛、修眉、粉扑等；对于住宿而言，包括毛巾、牙膏、牙刷、香皂等；对于摄影行业而言，包括相框、服装、照片版权等。企业在发布活动之前，一定要进行严格自查，如果确实收费，一定要提前说明。这样，才能让活动参与者有被尊重的感觉，进而持续参与。

**（2）额外服务。**比如，你发布了免费为大众按摩的服务，在按摩时使用了精油，却没有告知参与者这个精油是需要参与者自己花钱来购买的，那么这就属于额外服务、额外付款。就算参与者最后付了款，也会对企业产生负面情绪。因此，针对需要付款的额外服务，一定要及时告知，以免事后出现误会。

## 14.7.2　执行时应注意的问题

在执行时应注意如下问题。

**（1）提醒要醒目。**如果企业在发布活动时有切实不可避免的，针对小物件、额外服务进行收费的项目，就要通过醒目的方法来进行告知。在醒目的地方贴上额外消费项目的价目表，同时在参与者参与之前也要进行口头提醒。这样，就会大大提升参与者的满意度，进而使参与者更加乐于接受这些额外的收费项目。

**（2）切忌强制。**如果参与者确实只是想来免费体验，用低廉的价格享受服务，那么作为企业，也不要强制。千万不要出现不花钱就享受不到优惠的局面，否则只会让参与者对你的品牌失去信任。

Tips：如果企业选择通过活动的方式来吸引更多的消费者进行参与，那么一定要最大限度地避免参与者的二次消费。如果活动中确实有一些细碎的小物件和额外服务必须要收费，则一定要醒目地张贴出来，同时在口头上进行告知。这样，参与者才能够更加乐于接受。否则，就会给参与者一种被欺骗的感觉，进而使其对品牌产生负面情绪。

## 14.8 注意客户的留存率

在活动中，我们除要吸引更多的人到实体店进行消费外，还需要注意客户的留存率。那么，怎样做才能在活动中找出客户呢？本节就针对这一问题为你进行详细解析。

### 14.8.1 如何在活动中找出客户

**（1）发放售后卡。**当参与者在活动中购买商品后，企业可以通过发放售后卡的形式，引导参与者填写姓名和联系电话，然后将售后卡的副卡发放给客户。这样，企业只需查看这次活动发放了多少张售后卡，就能清晰地知道这次活动开拓了多少客户。

**（2）引导扫码。**如果感觉发放售后卡的方法比较老套和麻烦，那么也可以引导客户在购买商品后加入售后群。这样，不仅能够使客户的问题在第一时间得到解决，还能够使企业清晰地了解这次活动所带来的客户有多少。

**（3）后续赠送。**在顾客购买一些大型或者特别昂贵的产品后，企业还可以以后续定期赠送杂志和小礼品的方式，吸引客户填写姓名、电话、联系地址等基本反馈单。这样，企业就可以清晰地知道这次活动到底挖掘了多少客户。

### 14.8.2 留住客户时应注意的问题

企业在留住客户时应注意如下问题。

**（1）避免强制。**如果客户实在不想填写自己的姓名、电话，或者不愿意扫码，那么也不要强制，应当遵从客户的意愿，最大限度地为其提供舒适的购物体验。

**（2）注意信息的真实性。**在客户填写完基本信息后，你可以以确保服务到位的名义来核对客户所填写的相关信息。这样，企业就能够在第一时间了解到信息的真实性。

Tips：在企业发布活动的同时，也要注意活动中客户的留存率。企业可以通过发放售后卡、引导扫码、后续赠送等方式来留存客户信息，从而便于二次营销。当然，如果客户实在不愿意留下基本信息，那么也不要强求，应当遵从客户本人的意愿。

# 14.9　突发事件的处理

当传统企业展开 O2O 活动时，难免会遇到这样或者那样的问题。针对这些突发事件，企业不可能坐视不管。那么，当突发事件来临时，企业应该如何做呢？本节就针对这一问题为你进行详细讲解。

## 14.9.1　如何处理突发事件

突发事件有两种形式：线上突发事件和线下突发事件。

**（1）线上突发事件。**线上突发事件一般包括活动模块故障、活动规则不对位、活动界面扭曲等情况。当这些问题发生以后，企业首先要将事故告知给客服人员，并与客服人员统一口径。其次，尽快给合作的新媒体公司拨打电话，沟通问题的解决方案。

**（2）线下突发事件。**当线下活动现场出现突发事件时，企业可以派出应激安保小组来进行解决。必要时，尽快拨打报警电话。同时，还要确保活动现场的正常秩序，让现场的安保人员引导参与者第一时间撤出活动现场。

## 14.9.2　处理突发事件时应注意的问题

处理突发事件时应注意如下问题。

**（1）沉着冷静。**在活动展开时，无论线上还是线下出现问题，企业都不必惊慌。有些时候，你认为很难处理的问题，在专业人士的眼里根本不值一提。因此，企业只需做好参与者的安抚工作，并联系相关人员在第一时间解决即可。

**（2）不躲避。**当遇到突发事件时，企业一定不要躲避。很多时候，参与者只是因为扫了兴所以才会怒火中烧，并不代表你的活动和企业实力不行。因此，当突发事件来临时，企业一定要在第一时间站出来，不躲避，积极联系各方人员处理问题，同时做好参与者的安抚工作。

**（3）动作及时。**当突发事件发生时，企业一定要动作及时，在第一时间站在参与者眼前，这样才能给参与者一种安全感，进而在下次购物时依旧选择你的产品进行购买。

Tips：当活动遇到突发事件时，企业一定要保持冷静。首先做好参与者的安抚工作，其次积极联系相关人员进行协商解决。

# 14.10 进行二次营销的方式

众所周知，企业发布活动的目的是营销和进行二次营销。有些企业在进行二次营销之后，会发现参与者的关注度越来越低，一时摸不着头脑。那么，本节就来教给你二次营销的方式，帮助你顺利进行二次营销。

## 14.10.1 企业进行二次营销的方式

企业进行二次营销的方式如下。

**（1）文章推广。**这种方式最为普遍，即在活动中引导参与者关注企业的官方新媒体账号，然后企业在活动结束后通过不断推送文章的形式来进行营销和推广。

**（2）发放杂志。**这种方式一般适用于高端品牌。当参与者购买商品后，企业会记下他们的联络地址，进而定期发放杂志。这样，参与者就能够在第一时间了解到企业最近的产品动态。

**（3）慰问短信。**慰问短信在企业中应用得也非常普遍。企业在节假日或者特殊日子来临时，会给已经购买产品的参与者发慰问短信，从而起到提醒参与者关注品牌的作用。

**（4）跟踪电话。**跟踪电话一般是指参与者在购买产品后的几个月内，企业根据使用状态对参与者进行电话跟踪。询问参与者在使用产品的过程中都遇到了哪些问题，使用得是否满意。然后再向参与者告知企业最近的商品动态。

### 14.10.2　进行二次营销时应注意的问题

企业在进行二次营销时应注意如下问题。

**（1）切忌频繁。**企业在进行二次营销时切忌频繁，最好每个季度一次或者每月一次，推送文章每周两三次即可。否则，就会给活动参与者一种强制消费的感觉。

**（2）找准时间。**要知道，每个人的时间都是有限的，如果你进行二次营销的时间选在工作时间段内，那么很显然活动参与者就会有一种被骚扰的感觉，进而对你的品牌产生负面情绪。所以，进行二次营销时一定要选择合适的时间段来操作。

Tips：当企业需要对活动的参与者进行二次营销时，一定要注意营销的频次和时间，千万不要让活动参与者感觉到被骚扰了，否则不仅起不到二次营销的作用，还会使参与者产生厌烦情绪，进而对品牌产生厌倦感。

第 15 章

# 举办活动时应注意的其他问题

当企业举办活动时，难免会遇到这样或者那样的问题，因此作为活动的策划人员，一定要提高警惕并具备全局观念，不放过活动现场的任何一个细节。除本书前面所提到的注意事项外，在举办活动时还应注意哪些问题呢？本章就来与你进行详细探讨。

# 15.1　将服务人员和参与人员区分开

在活动中，参与者往往会遇到这样或者那样的问题，那么当他们产生疑问、渴望得到帮助时，又该向谁发起询问呢？由此可见，让活动参与者在活动现场快速找到服务人员是非常必要的。因此，作为活动的主办方，我们应该想办法将服务人员与参与人员进行区分。

## 15.1.1　如何将服务人员和参与人员区分开

**（1）统一着装。**在大型活动中，让服务人员进行统一着装是非常有必要的。一来能够让活动参与者一目了然地知道这次活动的服务人员在哪里，二来还能树立企业形象，让活动参与者认为这次活动非常正式、专业。

**（2）佩戴挂牌。**如果让活动服务人员统一着装，那么佩戴挂牌就显得尤为重要了。这样，能够使活动参与者快速、轻松地辨认服务人员，还能够起到加速了解的作用，使活动参与者快速找到相关负责人。

**（3）设立服务岗亭。**如果活动比较大型，企业还可以通过设立服务岗亭的方式来让参与者快速找到服务人员。这样，只要活动参与者走到服务岗亭，就会有人在第一时间为其服务，解决他们所遇到的问题。

## 15.1.2　将服务人员和参与人员区分开时应注意的问题

将服务人员和参与人员区分开时应注意如下问题。

**（1）避免撞衫。**如果企业选择用统一着装的方法来区分服务人员和活动参与人员，那么一定要选择一些非常规的款式或者比较特殊的面料，最好使用带有统一 Logo 的服装作为服务人员的着装。这样，才能最大限度地避免服务人员的服装与活动参与人员的服装撞衫，进而避免尴尬。

**（2）颜色醒目。**无论选择使用佩戴挂牌还是统一着装的方式来区分服务人员和参与人员，都一定要使用相对显眼的颜色，从而确保活动参与者能够在大型会场快速地找到服务人员。

Tips：为了能够提供给活动参与者完美的服务体验，在活动现场我们有必要要求服务人员统一着装，佩戴挂牌。另外，也要注意颜色醒目。这样，活动参与者在遇到问题时就能够快速地找到服务人员进行处理。

## 15.2 做好参与人员信息登记

企业发起活动的另一目的是最大限度地搜集意向客户信息。因此，活动参与人员的登记问题就成为整场活动能否成功举办的关键。那么，企业该如何做好参与人员的信息登记呢？本节就来为你进行详细讲解。

### 15.2.1 如何做好参与人员的信息登记

**（1）设置登记处。**很多活动参与者之所以不进行登记，并不是因为他们不想留电话号码等信息，而是根本不知道入场时应该在哪里进行登记。因此，作为活动的主办方，一定要设置登记处，并且将其设置在活动现场最为显眼的位置。只有这样，才能方便活动参与者在入场时就看到并且主动登记。

**（2）发放伴手礼。**一般很多大型活动都会在登记后发放伴手礼，这样做的好处是：第一，能够最大限度地确保活动参与人员的登记率；第二，能够让主办方清晰地知道有多少人进入了会场。

**（3）登记换门票。**如果你害怕活动现场的登记率达不到预期，那么可以针对活动的关键环节设置门票，让活动参与者在登记后领取门票，凭票进行体验和观看。

### 15.2.2 进行参与人员信息登记时应注意的问题

进行参与人员信息登记时应注意如下问题。

**（1）不要造成拥堵。**众所周知，活动登记处一般都会设置在活动的入口位置，因此一定要确保登记处的服务人员数量及登记速度，千万不要造成拥堵或者参与者等待时间过长的情况出现。

**（2）登记处要显眼。**既然企业需要活动的参与者在入场之前进行登记，那么就一定要将登记处设置在显眼位置，从而便于参与者快速找到并登记。

**（3）提供便利。**很多人在参与活动时不会自备水性笔和白纸，因此登记处一定要准备一些水性笔和白纸，从而确保登记的顺利进行。同时，在登记时给活动参与者提供较大便利，使其顺利进行登记。

Tips：如果企业想要最大限度地吸引到意向客户，广泛地积累客户资源，那么就一定要做好活动参与者的登记工作。通过设置登记处、发放伴手礼、登记换门票等方式，来刺激活动参与者自行登记。当然，在登记时一定要注意不要造成拥堵，登记处要显眼，同时最大限度地为活动参与者提供登记时的便利。

# 15.3　设置茶水区域

在活动中，企业除要考虑参与者的购买问题外，还应考虑到参与者的舒适度。所以，在大型活动中一定要留有茶水区域，从而增加活动参与者在活动现场的逗留时长。那么，活动现场的茶水区域又该设置在哪里呢？在设置时又该注意哪些问题呢？本节就来与你进行详细探讨。

## 15.3.1　如何设置茶水区域

为大型活动设置茶水区域，一定要遵循两大原则：卫生、便利。因此，活动的茶水区域一般情况下应该设置如下。

**（1）在活动的一侧。**很多大型活动都会在活动现场的某一侧设置专门的茶水及用餐区域。这样做的好处是，便于活动参与者找到，并且没有车辆及服务人员搬运物料时需要路过，干净卫生。

**（2）在活动现场中央和四周。**在较大的活动现场，活动参与人员走到活动现场核心区域后就会感到疲惫。因此，一定要在活动现场核心区域中的某个角落设置茶水区域，从而便于活动参与者休息。

**（3）在活动的出入口。**很多人为了能够很好地参与到活动中来，是不会在活动现场购买饮料和食物的，但却会在走进去之前或者走出之后想起要喝水或吃东西。因此，我们就可以在活动的入口周围设置用水区域，在活动的出口周围设置茶水及用餐区域。

### 15.3.2 设置茶水区域时应注意的问题

企业设置活动现场的茶水区域时应注意如下问题。

**（1）远离活动主要用道。**在设置茶水区域时，一定要远离活动的主要用道，避免来往车辆过多，或者服务人员搬运物料的来往次数过多，这些都能够掀起灰尘，进而影响活动参与者用餐。

**（2）餐厅不露天。**为了确保食品加工的安全性和卫生性，活动现场的茶水区域尽量做到不露天。这样，不仅能够保证卫生，还能够给活动参与者留出一个完美的、不受打扰的用餐环境。

**（3）卫生环境。**茶水区域一定要拥有正规营业资格证，同时一定要派专人进行打扫和清洗，从而确保活动参与者能够在参与活动的同时，吃到放心的菜品。

> Tips：为了能够使活动参与者拥有完美的参与体验，在活动现场也应该设置一些茶水区域。这样不仅能够解决活动参与者的饮食问题，还能够提供给活动参与者一个落脚休息的场所。当然，一定要注意茶水区域远离活动主要用道，避免来往车辆过多，或者服务人员搬运物料的来往次数过多。同时，也要避免茶水区域露天。这样，才能在最大程度上使茶水区域更加卫生。

## 15.4 为突发事件预留绿色通道

针对大型活动现场，一定要在布展时，设置好关键时刻逃生的绿色通道。这样，才能确保当突发事件来临时，活动参与者的财产和人身安全得到保障。那么，作为活动发起者，该如何预留绿色通道呢？本节就针对这一问题为你进行详细讲解。

### 15.4.1　如何为突发事件预留绿色通道

我们都不是消防和安保方面的专家，所以应当将事关生命和财产安全的事情交给专业的组织和部门。在活动之前，一定要与消防和安保相关部门进行沟通，让他们站在专业角度慎重考虑，为活动现场设置安全逃生绿色通道。

### 15.4.2　为突发事件预留绿色通道时应注意的问题

企业为突发事件预留绿色通道时应注意如下问题。

**（1）避免遮挡。**在设置安全通道时，一定要注意不能堆积任何物料。这样，才能够最大限度地避免安全事故的发生，保证当突发事件来临时，所有人都能够顺利地通过这条通道逃生。

**（2）避免紧锁。**绿色通道一定要随时保证畅通，避免大门紧锁。这样，当事故真正来临时，才能确保所有人从容逃生。如果绿色通道大门紧锁，则会在事故来临时使活动现场造成混乱，进而发生不可想象的后果。

**（3）避免狭窄。**绿色通道一定要宽敞，这样才能最大限度地使所有人在短时间内及时撤出活动现场。如果绿色通道狭窄，那么就可能会造成拥挤、踩踏等事件的发生，进而产生不可挽回的后果。

Tips：大型活动在发起之前，一定要预留绿色通道。为了使通道更加科学，确保所有活动参与者都能够在突发事件来临时从容应对、及时逃生，一定要与专业的消防或安保部门进行合作，让专业的人来设定绿色通道。同时，也要避免绿色通道堆积杂物、大门紧锁、过于狭窄的问题。

## 15.5　选取小礼品

在活动现场，很多企业都会给活动参与者发放一些小礼物，但久而久之，有人发现，有些小礼品并不能使参与者记住企业。这是为什么呢？本节就来为你进行详细解析。

### 15.5.1 如何选取小礼品

企业在活动中发放怎样的小礼品才能被大众所记住呢？可以参考如下四个方面。

**（1）实用性。**这方面自然不必多说，一定要选择相对来说比较实用的小礼品。这样，当参与者拿到手以后多半会进行使用，从而在短期内记住企业。

**（2）创意性。**在为活动选取小礼品时，一定要注意创意性。选取一些参与者在生活中很难看到的、新奇的东西来作为小礼品。只有参与者感到新奇，才能在短时间内对企业形成记忆。

**（3）使用频率。**企业在为活动选取小礼品时，也应该考虑到小礼品的使用频率，最好选择大众都能用得上的东西。如果礼品发放完以后，活动参与者每天都会使用它，那么这就相当于企业每天都在和参与者打招呼。潜移默化中，参与者就会对企业加深印象。

**（4）价值。**如果企业发放的小礼品具备一定的价值，或者说看起来价格比较昂贵，那么很显然参与者就会如获至宝，至少不会随手丢弃。因此，企业在为活动选取小礼品时，一定要选择一些看起来较昂贵、具备一定价值的东西。

### 15.5.2 选取小礼品时应注意的问题

企业在选取小礼品时应注意如下问题。

**（1）印上公司 Logo。**如果你想通过发放小礼品的方法来加深参与者对企业的印象，那么就一定要在小礼品上印上公司 Logo。这样，参与者在使用小礼品时，就会下意识地看到你公司的 Logo，进而形成记忆。

**（2）注意发放的仪式感。**参与者通过努力获得的礼品，才会懂得珍惜。因此，在发放礼品的时候一定要注意礼品发放的仪式感，最好在活动参与者进行互动后发放。这样，才能够起到加深参与者对企业的印象的作用。

**（3）根据需求发放。**纵然作为活动主办方，要给所有来访人员发放伴手礼，但是如果你仔细观察就会发现，有很多人会将伴手礼默默留在活动现场。因此，礼品也应该按照需求发放。

Tips：企业在为活动选取小礼品时，一定要注意四个方面：实用性、创意性、使用频率与价值。选择一些参与者切实用得上，而且具备一定价值的东西，来作为活动现场所发放的礼品。另外，还需要适当地在礼品上印上公司 Logo，这样才能使参与者对品牌加深印象。

# 15.6　为服务人员设置休息区

在活动现场，除要给活动参与者提供舒适的体验感外，对于服务人员也要做好安顿工作。为确保活动服务人员能够更加专注于服务，我们也应该在活动现场为活动服务人员设置休息区。那么，我们应该怎样为服务人员设置休息区呢？本节就来为你进行讲述。

## 15.6.1　如何为活动服务人员设置休息区

企业只需在活动现场外的某个角落，搭建一个临时房屋，可供活动服务人员休息、小憩、吃饭即可。当然，一定要干净卫生，便于和活动主会场进行联络，这样才能确保活动现场遇到问题时活动服务人员能及时赶到。

## 15.6.2　为服务人员设置休息区时应注意的问题

企业为服务人员设置休息区时应注意如下问题。

**（1）空间要大。**一场大型活动举办下来，服务人员的数量也不占少数，因此为服务人员设置的休息区域要足够大，足够容纳现场所有服务人员休息、吃饭。

**（2）干净整洁。**既然是休息区域，就一定要确保环境整洁。这样，才能在最大程度上给服务人员舒适感。同时，也给服务人员提供一个适合的休息区域，便于服务人员养精蓄锐。

**（3）可供食宿。**既然是休息区域，那么就一定有食宿这两大需求。因此，休息区域一定要可以满足服务人员的食宿问题。这样，既能够为活动现场的餐饮点进行分流，又能够使活动服务人员吃好、休息好。

**（4）便于联络。**在活动的休息区域一定要设置电话，保持网络和电话的畅通。这样，才能最大限度地确保在活动现场出现问题时，服务人员能够第一时间赶到。

Tips：无论活动的参与者还是活动的服务人员，都需要休息，因此作为活动的主办方，不仅要考虑活动参与者，也要给活动服务人员留出足够的休息和用餐空间，同时确保干净整洁。这样，才能使服务人员休息好，进而更加卖力地投入到活动现场的服务工作中去。另外，服务人员休息区域的电话和网络一定要保持畅通，从而确保活动现场出现问题时服务人员可以及时赶到。

# 后　记

受到互联网与电商行业的冲击，传统企业要想举办一场极为吸睛的活动已经不再是一件容易的事情。不仅需要企业具备全局观念，把握好线上线下活动现场的每一个细节，同时还需要企业与时俱进，将创新思维和时下热点完美结合。

随着大众对体验度、舒适感需求的不断提升，企业在策划活动时不仅要考虑好活动内容本身，还要将活动现场的交通、参与者食宿、礼品的实用程度等问题考虑周全。

但这并不意味着在互联网电商时代传统企业不再具备优势。传统企业所特有的文化氛围，产品看得见、摸得着，便于与顾客零距离沟通，便于面对面售后跟踪服务等优势依旧是其他新兴行业无法比拟的。

本书所讲述的内容，全部依托笔者实操中遇到的真实问题进行总结，以期为你的活动策划提供参考。但由于受到笔者学术、眼界、阅历的限制，书中内容多有偏颇之处，还望各位读者批评指正。

轻松注册成为博文视点社区用户（www.broadview.com.cn），扫码直达本书页面。

- **提交勘误**：您对书中内容的修改意见可在 提交勘误 处提交，若被采纳，将获赠博文视点社区积分（在您购买电子书时，积分可用来抵扣相应金额）。

- **交流互动**：在页面下方 读者评论 处留下您的疑问或观点，与我们和其他读者一同学习交流。

页面入口：*http://www.broadview.com.cn/33536*